宪法学

SCIENCE OF CONSTITUTIONAL LAW

许莲丽 杜文勇 编著

知识产权出版社
全国百佳图书出版单位

图书在版编目（CIP）数据

宪法学/许莲丽，杜文勇编著. —北京：知识产权出版社，2017.1

ISBN 978-7-5130-4671-8

Ⅰ.①宪… Ⅱ.①许… ②杜… Ⅲ.①宪法学—中国—教材 Ⅳ.①D921.01

中国版本图书馆CIP数据核字（2016）第319154号

责任编辑：刘 爽　　责任校对：王 岩

装帧设计：吴晓磊　　责任出版：卢运霞

宪法学

许莲丽 杜文勇 编著

出版发行：知识产权出版社有限责任公司　　网　　址：http://www.ipph.cn

社　　址：北京市海淀区西外太平庄55号　　邮　　编：100081

责编电话：010-82000860转8125　　责编邮箱：13810090880@139.com

发行电话：010-82000860转8101/8102　　发行传真：010-82000893/82005070/82000270

印　　刷：北京科信印刷有限公司　　经　　销：各大网上书店、新华书店及相关专业书店

开　　本：787mm×1092mm 1/16　　印　　张：16

版　　次：2017年1月第1版　　印　　次：2017年1月第1次印刷

字　　数：310千字　　定　　价：48.00元

ISBN 978-7-5130-4671-8

序

宪法学是一门博大精深的学问。从孩提时听说宪法，到近二十年前第一次学习宪法，到十年前再次学习宪法，到日前研究宪法，宪法学始终在心中是那么“高大上”。心中这份崇敬，这份敬畏，让我渴望写这样一本介绍宪法基本理论和我国宪法基础知识的书，却又不敢写。是的，宪法学的内容太多太多了，宪法学的内容也太深太深了。

这样纠结的心情在昔日同窗兼老友杜文勇教授的激励下，终于走向了毅然决然的明确——写吧。宪法学的丛林里既要有参天大树，也要有鲜花朵朵，还要有烂漫的小花小草。今早，女排夺冠的欢呼声不绝于耳，女排精神在心中荡气回肠。“女排精神不是赢得冠军，而是有时候明知不会赢，也要竭尽全力，是你一路虽走得摇摇晃晃，但站起来抖抖身上的尘土，依旧眼中坚定。”

愿读者在阅读这本书时，能收获欣赏小花小草的清新和喜悦；愿我们的宪法学和宪法，始终秉持女排精神，最终赢得金牌。

最后，非常感谢北京市属高等学校青年拔尖人才培育计划的大力支持和资助，衷心感谢北京青年政治学院领导们的积极支持和帮助。

非常感谢本书的合作者杜文勇教授，正是有了彼此之间的鞭策和鼓励，才能顺利完成本书的撰写。衷心感谢知识产权出版社及刘爽编辑的支持和辛劳，使得本书最终能够呈现给读者。衷心感谢宪法学研究学术共同体，为我们撰写本书提供了积淀、借鉴和参考。

笔者水平有限，书中错误难以避免，敬请读者批评指正。

许莲丽

目　录

第一章　宪法的基础理论

开篇事例

北京一老人手持宪法抵制强制搬迁①

我国宪法序言宣示："本宪法以法律的形式确认了中国各族人民奋斗的成果，规定了国家的根本制度和根本任务，是国家的根本法，具有最高的法律效力。全国各族人民、一切国家机关和武装力量、各政党和各社会团体、各企业事业组织，都必须以宪法为根本的活动准则，并且负有维护宪法尊严、保证宪法实施的职责。"2004年3月，北京有关部门贴出布告，称要对崇文区花市一带的胡同进行危旧房改造。黄某某的房子位于改造区域内，但他认为自己的房子尚可居住，反对拆迁。2004年4月1日上午，当强制搬迁的人员来到他家时，黄某某拿着一本《宪法》进行抵制。黄某某在屋前插了一面国旗，又从《宪法》中摘出一句"国家尊重人权和保障人权"大写了放在门口。警察和来拆迁的民工们无奈地撤走了，使得这座建于清朝的院落暂时保留了下来。据称，这是2004年修宪后北京市第一例抵制强制搬迁的事件。

第一节 宪法的概念

一、宪法的含义

1. 宪法词源的演变

"宪法"一词无论在中国还是在西方国家，古已有之，但其含义却与近现代意义的"宪法"迥然不同。所以，有必要追本溯源，探讨西方国家和中国的"宪法"的含义是如何演变的。

(1)西方国家宪法词源的演变。

近代西方的宪法一词，源于拉丁文的constitutio一词，原本为组织、确立、结构、整体等含义。在古代西方，"宪法"一词主要有以下几种与法律有关的含义。

在古希腊，"宪法"是法律的一种，是关于城邦组织和权限的法律。它主要包括有关

① 包丽敏. 北京一老人手持宪法抵制强制搬迁［N］. 中国青年报 2004-04-05.

公民资格、公民权利和义务的法律以及城邦议事机构、行政机构和法官的选任、权限、责任的法律，类似于近现代的政府组织法。亚里士多德曾在《政治学》一书中将古希腊各城邦的法律分为宪法和普通法律。他认为，政体（即宪法）是城邦一切组织的依据，尤其着重于决定政治的“最高治权”组织。

在古罗马，“宪法”被用来指称皇帝的“诏令”“谕旨”“敕令”等，以区别于市民会议通过的法律文件。宪法或宪令，经常出现在罗马的法律和法学著作中。由查士丁尼皇帝钦定并被赋予法律效力的《法学总论》的序言中，曾四次使用“宪令”一词，[①] 都是在上述意义上使用的。在历史上的同一时期，已开始出现了具有根本法特征的法律文书，以及与之相适应的根本法观念。

在中世纪，“宪法”是用来表示教会和封建主特权以及他们与国家关系的法律。前者如12世纪英王亨利二世曾用《克拉朗顿宪法》来规定英王与教士的关系；后者如1215年英王约翰所颁布的《大宪章》，就是规定英王与英国贵族、诸侯及僧侣关系的具有法律效力的文件。在这一时期，欧洲社会的根本法观念继续存在，并出现了早期的代议制。由于当时英国人将代议制称为constitution，人们便把规定代议制度的法律也称为constitution，即汉语所说的宪法。

随着17至18世纪欧洲文艺复兴时期人文主义思潮的出现，宪法的词义发生了根本性的变化。

(2)中国宪法词源的演变。

在中国古代文献中，也有“宪法”“宪”之类的说法，通常在两种含义上使用。

宪法作为名词时一般指法、法律、典章制度。如《国语·晋语》里有“赏善罚奸，国之宪法”之说；《尔雅·释估》里有“宪，法也”之说；《尚书·说命》里有“监于先王成宪，其永无愆”，其意为，根据先王的旨意制定典章、法度，将永无过错，“宪”即典章、法度。《康熙字典》释“宪”曰：“悬法以示人，曰宪，从害者从心目，观于法象，使人晓然，知不善之害接于目，怵于心，凛乎不可犯也。”这里的“宪”也是指一般的法律、法度。但这类“宪法”或“宪”，都只是具有律令、格式等含义。

由于古代中国诸法合体，民刑不分，而法又以惩罚性的刑法为主，即所谓“法，刑也”，所以古代“宪”“宪法”主要是指刑法。

宪法做动词时常指公布法律、遵守法律、实施法律制裁等。如《管子·七法》曰：“有一体之治，故能出号令，明宪法矣。”其意为，国家只有统一进行治理，才能发号令，

① 查士丁尼．法学总论——法学阶梯［M］．张企泰，译．北京：商务印书馆，1989：序言．

使天下人明白法律。这里指的就是颁布法律。《四书章句》对宪章的解释是："宪章者，迎守其法。"《地官·小司徒》里提到的"令群吏宪禁令"，《南齐书·沈仲传》里提到的"中丞案裁之职，被宪者多结缘"等，其中的"宪"都是做动词使用。

比较古代中西方关于"宪法"的含义，可以发现"宪法"一词都具有法律的含义。所不同的是，在西方，宪法被视为与普通法律不同的法律，类似今天的政府组织法；而在中国则没有这种区别。近现代意义的宪法概念，正是在这种与普通法律不同的意义上发展起来的，并用"宪法"这一符号来表示一种新的法现象，且其内容与组织法仍有一定关系。

2. 近现代意义的宪法含义

近现代意义的宪法出现于17至18世纪，是资产阶级革命的产物；特别是18世纪美国独立战争和法国资产阶级革命后，近代意义上的宪法概念才得以确立。被马克思称之为"第一个人权宣言"的美国《独立宣言》声称，"人人生而平等，人均由上帝赐予一定的天赋权利，其中有生命的权利、自由的权利以及追求幸福的权利。为了保障此种权利，所以才在人们中间成立政府，而政府所具有的权力应基于被统治者的同意。任何形式的政府，凡是破坏此种目的时，人民即有权利予以更废，并建立以此原则为基础的新政府"。法国1789年通过的《人权宣言》第16条规定："凡权利无保障和分权未确立的社会，就没有宪法。"因此，近代意义的宪法是与确立国家的根本组织、权力的划分和权利的保障密切相关的。在近代立宪国家里，宪法必须限制政府权力，保障人民的权利和自由。

在近代中国用语中，"宪"表示的是"权威""纪律"的意思。例如，宪兵即维持军队纪律的兵种、宪纲即官职尊卑等。"宪法"一词则是由日本移植过来的"舶来品"。日本的宪法含义也非自古就有，19世纪末（大约在1882年），明治天皇派遣伊藤博文去欧洲考察，将欧洲的"宪法"一词翻译到日本，并在宪法的诏敕《训条》第1款中第一次正式出现"宪法"字样。从此，作为近代意义上的国家根本法的宪法在日本正式确立。在19世纪80年代，中国近代改良派康有为等先后提出了"立宪法""设议院""开国会"等主张，要求改君主专制政体为君主立宪政体。1887年，清朝廷派驻日本的外交官黄遵宪将宪法一词引入中国，1904年张之洞奏请清廷立宪，宪法一词已被赋予了近现代的意义。1905年，清政府派五大臣去外国考察宪政。1908年，清政府颁布了《钦定宪法大纲》，从而中国宪法的近现代含义正式从法律上得以确立。

由上述可知，古代宪法与近现代宪法在形式上虽然都具有组织法的内容，但两者的区别却是根本性的。这体现在以下两个方面：一是在古代，宪法只是法的一种形式；近现代的宪法不仅是法的一种形式，更重要的是最高法。二是古代意义的宪法与人权无关，近现代宪法与人权保障密切相关。

3. 宪法的定义

给宪法下一个确切的定义，并非易事，学界也颇不一致。一般认为，“宪法是法的组成部分，它集中反映各种政治力量的实际对比关系，规定国家的根本任务和根本制度，即社会制度、国家制度的原则和国家政权的组织以及公民的基本权利义务等内容。宪法是根本法，具有最高的法律效力”。[①] 还有学者认为，“宪法是规定国家根本制度和根本任务、集中表现各种政治力量对比关系、保障公民权利的国家根本法”。[②] 近年来，学者们又对宪法区分了词源学意义上的概念、法学上的宪法概念和宪法的法律意义上的概念，在学术和专著中主要是后两种意义上的概念。

对宪法进行定义，既要遵循宪法产生原初目的，又要联系宪法关系的核心命题。因此，我们认为，宪法是近代以来产生的、用以规范国家权力的运作，保障公民基本权利实现的根本法。

二、宪法的特征

宪法作为一个部门法，必然与其他法律一样，具有法的属性。但宪法与普通法律不同，既具有法律的特性又有政治的特征。

1. 宪法的法律特性

宪法作为国家法律的一种，具有根本法的属性，体现在以下三个方面。

(1)宪法内容具有根本性。

从宪法的内容看，宪法规定了一个国家最基本的问题，如政权组织制度、社会制度、公民的基本权利和义务等内容，具有根本性和全面性的特质。宪法还必须包括有关政权组织运作的程序、政府相对于个人所享有的权力、修宪的程序等内容。所有关于国家权力的活动宗旨、组织原则等均应当遵循宪法的规定。

---

① 魏定仁，主编. 宪法学（第二版）[M]. 北京：北京大学出版社，1994：15－16.

② 许崇德，主编. 中国宪法（修订本）[M]. 北京：中国人民大学出版社，1996：27.

(2)宪法制定和修改程序的特殊性。

17 世纪以后，世界各国大都趋向于成文法的规定，并使宪法的制定和修改在程序上成为刚性。

制定程序：第一，制定宪法的机关往往是特别成立的，而非普通立法机关。一般要设立专门机关按照特定程序制定宪法。第二，宪法通过的程序，比一般法律也要严格。如 1787 年制定的美国宪法直到 1789 年，也就是法定建国日的 13 年后，获得 13 个州中的 9 个州的批准才最后生效。再如 1995 年 8 月，哈萨克斯坦以全民公决的方式通过新宪法，重新规定了国家政体。

修改程序：第一，宪法修改权的主体是特定的。美国宪法规定，宪法修正案必须经国会两院 2/3 的议员同意，或者应 2/3 的州议会或 3/4 的州制宪会议批准，才能成为宪法的组成部分，并发生法律效力。我国宪法第 64 条第 1 款规定："宪法的修改，由全国人民代表大会常务委员会或者 1/5 以上的全国人民代表大会代表提议，并由全国人民代表大会以全体代表的 2/3 以上的多数通过。"当然，不成文宪法国家，如英国，其宪法就不具有这一特点。第二，宪法修改有一定的限制性。如法国宪法（1958 年）第 89 条规定："当宪法的修改有损于领土完整的时候，任何修改程序都不得着手进行或继续进行，政府的共和政体不得成为修改对象。"

(3)宪法效力上的最高性。

宪法具有最高的法律效力这一原则，现已为世界上各成文宪法国家所承认和接受，并且是宪法作为根本法的又一重要属性。主要表现在以下方面：(1) 宪法是一切法律的立法基础，任何法律的制定都必须以宪法为依据，任何法律、行政法规等都不得同宪法相抵触（立法者也必须服从宪法，不得制定同宪法相违背的法律），否则无效。(2) 宪法是国家和社会根本的活动准则；任何国家机关、政党、社会组织和个人都必须在宪法的范围内活动，并以宪法作为根本的活动准则。我国现行《宪法》第 5 条第 4 款规定："一切国家机关和武装力量、各政党和各社会团体、各企业事业组织都必须遵守宪法和法律。一切违反宪法和法律的行为，必须予以追究。"

2. 宪法的政治特征

宪法是民主政治的产物。民主政治建立的首要前提是，承认公民在法律上的充分权利与自由。但这种权利和自由的实现，是建立在排除国家权力的非法干预基础上的；而排除国家权力的非法干预的最好办法，就是把国家权力的行使限制、规范在法定的范围内。因此，宪法与普通法律相比，其政治性主要表现在两个方面：一是保障公民权利。

就宪法的内在原理而言，保障公民在法律上的权利和自由是宪法的核心价值；就宪法的外在作用而言，宪法的基本功能就是保障公民在法律上的权利与自由。二是控制国家权力的运作。宪法主要规定人民与国家机关整体的关系，即作为主权者的人民与国家权力之间的授权与被授权的关系。国家机构如何组织、赋予这些机构何种权力以及权力如何行使并接受何种监督等，都是宪法不可或缺的内容。

三、宪法的分类

宪法的分类，是指从宪法学研究的角度，依据一定的标准，对宪法进行的划分和归类。由于分类的标准不同，宪法分类的方法也是多种多样的。

1. 传统的宪法分类

从总体上说，最为典型的是形式上的分类和实质上的分类。英国法学家布莱斯（J. Bryce）首先提出了成文宪法与不成文宪法的分类，开创了宪法形式分类的先河。后来，又出现了从实质上进行分类的方法。

(1)形式分类。

这是对宪法的外在形态和形成程序与过程的综合归纳。根据这种分类方法，可以将宪法分为以下几组类型。

① 成文宪法与不成文宪法。这是根据宪法是否具有统一的书面文件形式即宪法的外在表现形式所做的分类。

凡是用统一的、特定的书面文件的形式（通常表现为宪法典的形式）来规定国家根本制度的，叫作成文宪法。世界各国的宪法大多属于成文宪法，如1787年的美国宪法、1791年的法国宪法。也有一些国家的成文宪法并不是以宪法典的形式而是以几个书面文件共同组成的，如瑞典王国宪法、奥地利宪法和加拿大宪法被视为由几种书面文件组成的成文宪法的典型。凡是有关国家根本制度的规定，是散见于各个不同时期颁布单行的宪法性法律文件、判例或习惯之中的宪法，就是不成文宪法。英国、以色列和新西兰即采用不成文宪法形式。

成文宪法的特点在于结构条理清晰，内容明确，易于遵守；而不成文宪法的特点在于富有弹性，适应性强，能够被较好地用来化解宪法争端。从宪法发展的总体趋势看，无疑应当朝着成文宪法的方向发展。当然，这也并不排斥对宪法惯例、宪法判例等形式的运用。

② 刚性宪法和柔性宪法。这种分类也是布莱斯提出的。这是根据制定、修改宪法的程序难易、繁简程度而进行的分类。

凡是由特定的制宪机关制定且修改程序严于普通法律的宪法，称为刚性宪法；凡是制定、修改程序与普通法律相同的宪法，称为柔性宪法。一般来说，成文宪法基本上为刚性宪法，而不成文宪法则为柔性宪法。美国宪法是刚性宪法的代表，而英国宪法则是柔性宪法的代表。

刚性宪法的特点在于它的稳定性，可以维护宪法作为国家根本法的尊严；但缺点在于缺乏适应性，不能及时适应社会变化的需要。柔性宪法的特点在于弹性大，适应性强；但缺点在于缺乏稳定性。

③ 钦定宪法、民定宪法和协定宪法。这是以制定宪法的机关和主体为标准进行的分类。

以君主主权为基础，按照君主的意志由君主制定的宪法，是钦定宪法。例如，1814年法国国王路易十八颁布的宪法，1889年日本明治天皇颁布的大日本帝国宪法，1908年清王朝颁布的钦定宪法大纲等，都是钦定宪法。

协定宪法是指君主与人民双方进行协商而制定的宪法。19世纪中期前后，欧洲实现君主制国家的宪法多属于这一类型，如1688年的英国的《权利法案》、1830年的法国宪法、1850年的普鲁士宪法等。

凡是由国民代表机关、制宪机关或者公民直接投票制定或通过的宪法，称为民定宪法，现今世界绝大多数国家的宪法都属于这样一种类型，但各国制宪机关代表民意的程度有所不同。

对宪法做这种划分，能够让我们清楚地了解制宪权的归属，了解各国宪法发展的历史以及当时政治力量对比关系，因而是有一定意义的。

(2)宪法的实质分类。

宪法的实质分类，是指根据宪法所赖以建立的经济基础的性质和国家类型、阶级属性为标准对宪法所做的分类。根据历史唯物主义的基本观点，上层建筑是由经济基础决定的。当今世界上存在两种不同性质的经济制度：一为资本主义经济制度；一为社会主义经济制度。由这两种经济制度所决定，就存在两种类型的宪法，即资本主义类型的宪法和社会主义类型的宪法。

2. 现代宪法分类

除了传统的分类方法外，宪法学者们还根据不同的标准，对现代宪法进行了分类，主要有以下几种：

(1)创制性宪法和模仿性宪法。

也称原始宪法和派生宪法。这是以宪法制定来源为标准所做的划分，由美国学者卡尔·罗文斯坦（Karl Loewenstein）提出。

创制性宪法是为了形成政治权力和国家意志而新创造的、本源的宪法。即指直接产生于本国的宪政运动、在内容上和宪政制度上具有首创性的宪法。如以议会至上为核心的英国宪法、以三权分立为核心的美国1787年宪法等，都属于这种类型。

模仿性宪法或派生宪法是指以外国已存在的宪法为原型，结合本国实际情况吸收适合本国的内容而制定的宪法，大多具有继承性和借鉴性。目前，世界上大多数国家的宪法特别是现代国家的宪法都属于后者。

当然，这两种类型的区别只在近代宪政运动初期是比较明显的，在以后的发展中，逐渐有相互借鉴和融合的趋势。特别是第二次世界大战以后，随着世界范围内民主政治的发展，在借鉴外国宪政经验的基础上改革本国的宪法和宪政制度已成为现代国家宪法发展的基本趋势。

(2)规范性宪法、名义性宪法和标签性宪法。

这是以宪法的实施效果，或者以权力过程的现实是否与宪法规范相一致为标准，对宪法所做的分类。亦由美国学者卡尔·罗文斯坦首先提出。

规范性宪法，是指不但在法律上而且在实际上生效的宪法，它和国家的政治生活融为一体，支配着政治权力的运行，规范着社会生活的全过程。即规范性宪法是能够贯彻到社会生活中并且能发生实际效力的宪法。规范性宪法实际上是成文化的立宪主义的宪法规范，是一种“活着的宪法”。

名义性宪法是指宪法内容远离国家实际政治生活，不能在事实上规范国家政治生活的宪法。在这种宪法下，政治权力的形成与运作与宪法规定的程序和制度存在较大的差异。名义性宪法内容与政治现实之间存在距离，实际上只是一种将来应当成为现实的政治宣言，并没有贯彻到现实的政治生活和社会生活中去；只是作为一种法的形式起作用，政治过程不受宪法规范的制约，是一种缺乏现实适应性的宪法。

标签性宪法（又称字义性宪法、语义学上的宪法或标语性宪法），是指为维护实际掌握国家统治权力的统治者的独占利益，而将现有的政治权力状况，按其原状形式化的宪法。这种宪法是专制主义和极权主义国家用以掩盖其权力实质的政治装潢和政治标签。宪法的内容与实际的政治权力运行并没有实际的关系，宪法对现实的政治生活和社会生活也不产生实际的影响。

(3)社会学意义的宪法和法学意义的宪法。

这是依据宪法的概念所体现的宪法性质所做的分类。社会学意义的宪法是指宪法反映了一定的权力关系，具有政治现实和法律事实的双重属性。当人们将宪法看作政治现实或政治的事实状态时，便产生了社会学意义的宪法概念。拉萨尔认为，宪法是一个国家事实的权力关系。事实的宪法是作为法的宪法的基础，表现为“作为事实的权力关系的宪法”。① 法学意义的宪法是指具有法律属性的宪法，即从法的角度分析和评价宪法现象，更强调宪法的法律性质。

(4)优越性宪法和从属性宪法。

这是根据宪法是否由立法机关进行修改或修改过程是否容易为依据对宪法进行的分类。英国学者维尔提出，凡是由立法机关进行修改的宪法就是从属性宪法，凡不由立法机关修改的宪法就是优越性宪法。

宪法的分类方法不仅反映了宪法学家们对宪法分类问题的不同观点，丰富了宪法学的基础理论的内容，而且对于我们认识、了解宪法的特点和本质，掌握宪法的发展规律都具有重要意义。因此，各国宪法学者对宪法分类问题都非常重视。

第二节　宪法的历史发展

一、近代宪法产生的条件

宪法并不是随着法的出现而产生的，其产生有深刻的经济、社会、文化思想、政治和法律背景。

(1)经济条件。

比较发达的市场经济是宪法产生的经济条件，也是市场经济发展的必然结果。众所周知，商品经济的发展以自由、竞争为条件：①市场经济要求所有社会成员具有最基本的人身自由，以适应市场经济对“劳动力”的需求，这就要求公权力对公民的人身自由、职业选择自由和经营自由采取尊重的态度。②市场经济要求有统一的市场，打破封建社

① 胡锦光，韩大元．中国宪法（第二版）［M］．北京：法律出版社，2007：30．

会地方割据的局面，这就要求公权力采取切实措施，制定开放的市场规则，去除市场中的垄断和不正当竞争。③市场经济要求平等，反对特权。商品所有者之间只有平等、公平交易，才能实现商品的价值和商品所有者的利益的最大化，这就要求公权力建立统一而公平的规则，废除各种不平等的交易规则，给予全体人民以公平的市场交易环境。④市场经济的内在要求是建立民主制度，宪法的内容即民主制度，涉及市场主体在政治和经济上的根本利益，这是市场主体将宪法奉为国家根本法的决定性原因。

(2)政治条件。

比较发达的民主政治是近代意义宪法产生的政治条件。在欧洲封建制度下，人民在政治上受到双重压迫：神权压迫与君权压迫。资产阶级对这种不合理的政治进行了不懈的斗争。历史上有两个因素构成了宪法产生的政治条件：一是民族国家的形成，一是宗教改革运动。基于资本主义经济对统一市场的要求，促使君主与市民结成了联盟，共同反对教会的统治和实现民族统一。这时，“王权是进步的因素”。在这一过程中，市民阶级成了一股强大的政治力量。但是，当君权最终统一国家、确立了它对教权的优势地位后，君主们妄图保留或恢复旧有的封建等级制、世袭制。于是，市民阶级不断掀起争取民主、自由和平等的斗争。在反封建革命胜利后，市民阶级就将代表多数人统治的政治制度——议会制以国家根本法的形式固定了下来。在这种民主的社会秩序中，人们需要一种共同的政治行为规则，这就是宪法。

(3)社会条件。

政治国家与市民社会的分离，为宪法的产生与发展奠定了社会基础。宪法的要义在于权力制衡与权利保障，在市民社会与政治国家的分立和互动发展中，造就了私人领域和公共领域、个体权利和公共权力、多元社会和统一国家的分野、冲突与整合，产生了社会成员对自由和权利的价值关怀、对权力猖獗的高度警惕，从而促动了宪法的生成与发展。可以说市民社会在宪法产生中具有基础性的地位，或者说市民社会是宪法产生的基石。

(4)思想文化条件。

民主的、科学的理念是宪法产生的思想文化条件，特别是近代西方国家的资产阶级启蒙运动，为宪法的产生与发展奠定了思想理论基础。为了铲除封建制度的束缚，破除君权神授等思想观念的影响，资产阶级启蒙思想家提出了以自然法理论为基础的“社会契约论”，并进而提出了民主、自由、平等、人权等学说。这些思想家阐述了通过制定宪法来限制国家权力的行使，以保障公民的权利和自由等立宪主义思想，从而为近代宪法的形成提供了理论指导。如英国的洛克、法国的孟德斯鸠、美国的潘恩等提出了许多思想理论。如以“法治”批判“人治”，以“人民主权”取代“君权神授”，并提出“天赋人权”“自然权利论”“社会契约论”“权力分立论”“民主”“自由”“正义”等口号和理论。这些学说和理论在资产阶级夺取政权后，成为资产阶级制定和实施宪法的理论基础。

(5)法律条件。

随着资本主义市场经济的发展，社会关系日益复杂，使得封建社会的诸法合体的立法模式已经远远不能适应社会需要，要求根据社会关系的不同性质制定不同的法律。当越来越多的单行法律出现时，不同规则之间的矛盾与冲突就会越来越明显；这时宪法应运而生，因为只有宪法才能保证法律体系的统一性与内部的和谐一致。

二、西方五国宪法的产生与发展

1. 英国宪法

英国宪法的形成，从1640年英国资产阶级革命爆发，直到1688年历时近50年，大致经过了内战阶段、共和国阶段、克伦威尔军事独裁阶段和“光荣革命”四个时期。英国宪法就是在这个过程中逐步产生的，是资产阶级在各个不同时期同封建贵族斗争、妥协的产物。

(1)英国宪法的构成。

英国宪法大体由四个部分构成。第一，宪法性文件。如1215年的《自由大宪章》，1628年的《权利请愿书》等。第二，宪法性法律。包括关于确定国王权力，保障公民权利，推广普选权，设立法庭和政府行政权等。如1679年的《人身保护法》、1689年的《权利法案》、1701年的《王位继承法》、1832年的《改革法》、1911年的《国会法》、1918年的《国民参政法》、1972年的《共同体法》、1998年的《人权法》等。第三，宪法判例所宣示和确立的宪法原则。如有关法官特权、正当法律程序、人民控诉国家官员、颁发人身保护状、议会特权的判决等，就是由法院判例所宣示的宪法原则。第四，长期形成的宪法惯例。是指虽没有反映在正式的成文法中，但实际上具有宪法效力的习惯或传统。例如，英王的一些特权，内阁由下院多数党组成并对下院负责、首相由英王任命、大臣对国会与国王负连带责任等，都以惯例的形式表现。

(2)英国宪法的原则。

主要确立了三个基本原则：第一，议会主权原则，即议会拥有最高立法权，议会立法不受限制。具体来讲，议会是国家最高权力机关，在国家机关中处于最高地位；政府由议会产生，向议会负责，并接受议会的监督；议会具有创制法律的垄断权。法院必须执行议会通过的法律；议会以外的任何机关或任何个人都无权宣告议会通过的法律无效。第二，法治原则，即法律面前人人平等，政府和公民受同样的法律制约。法是至高无上的，任何国家机关和个人都必须根据法律进行活动，不能有超越法律之上或法律以外的任何特权；政府没有专横的自由裁量权，只有在触犯法律和依照法律正常程序，才能处以刑事或民事处分；法律平等。官吏执行职务的行为和私人行为一样都要受同一法院管辖，适用同一法律原则；英国公民的权利不是来源于宪法，而是由法院判例形成，表明普通法院的职责就是要保障公民的合法权利，纠正不公正行为。法治和议会主权两原则是密切关系、不可分割的。议会至上原则是法治原则确立的根源和出发点，而法治原则又保证议会通过的法律得到严格实施。第三，惯例原则，即宪法惯例与宪法法案具有同等的宪法效力。

(3)英国宪法的特点。

英国宪法产生过程的特殊性，决定了其自身的特点如下：①在形式上表现为不成文性。英国宪法不是把国家的基本制度和原则系统集中地规定在一个书面文件之中，而是分别地由许多宪法性文件、宪法性惯例和判例加以规定。英国宪法是在革命过程中逐步产生的，而这些宪法性法律、宪法性惯例和判例则是由不同历史时期所颁布的，或是在长期的国家管理活动中形成的。因此，英国宪法的不成文性表现得非常显著。②保留了王权及其制度外壳。由于英国宪法是在资产阶级与封建王权贵族相互妥协下发展起来的，致使王权及其所代表的制度外壳被保留了下来。③内容的变动性。一些旧的法律成为宪法的组成部分，如1215年的《大宪章》等成为新宪法的组成部分。在英国，人们要判断某一条法律是否具有宪法性，只有从法律的内容活动实质中认识。如果这条法律的内容涉及国家制度、社会制度、国家机关的组织和职权，以及公民的基本权利义务，那么这条法律是属于宪法性法律，否则就是一般性法律。这就使得英国宪法的内容很难确定。④在宪法的效力上，英国宪法不具有根本法的效力特征。英国宪法与一般法律是不分的，宪法只是法律的一部分，他们的法律效力没有区别。⑤制定和修改的柔性特征。英国宪法由于其法律渊源的多样性和分散性，不是集中规定在一个宪法性文件中，对其中的宪法性法律也没有制定和修改的特别程序，其制定和修改几乎与一般法律相同，故被称为“柔性”宪法。

2. 美国宪法

(1)背景过程。

1775年，英属北美殖民地爆发了反对宗主国的独立战争，次年7月4日发表了《独立宣言》，北美 13 个殖民地宣布脱离英国。各州以《独立宣言》为依据制定宪法，组织政府，成立了 13 个共和国。1779 年 11 月 15 日，大陆会议通过了《邦联条例》。《邦联条例》建构的形式是一种较为松散的国家联盟，虽然起到了建国立宪的作用，但很快就不适应新的国家政治经济发展和对外关系的需要。因此，建立一个能有效协调国内各种关系的国家已势在必行。1787 年 5 月 25 日，制宪会议召开，有 12 个州的 55 名代表与会，在经过历时 3 个多月的激烈辩论后终于达成妥协，通过了宪法草案。1789 年 3 月 4 日，第一届联邦国会集会，宣布宪法生效。

(2)内容概述。

美国宪法全称为《美利坚合众国宪法》，原文由序言和 7 条正文组成。规定立法权属于美国国会，并规定了国会的组成；行政权属于美国总统，以及规定总统产生的办法；司法权属于美国联邦最高法院，并规定最高法院的组成；各州的相互关系和义务；宪法修正案提出和通过的程序；联邦宪法和按照宪法制定的法律为全国最高法律；本宪法经 9 个州制宪会议批准后生效。

根据美国宪法第 5 条所规定的程序，美国国会可以通过宪法修正案。此外，美国 2/3 以上的州可以联合提出修改宪法的议案。一旦修正案获得通过，将被视为美国宪法的一部分，其效力等同于美国宪法主文。1791 年通过了一个由 10 条宪法修正案组成的《权利法案》，规定公民的基本权利成为美国宪法的组成部分。迄今为止，共批准颁布了 27 条宪法修正案。

(3)美国宪法的特点。

① 世界上第一部成文宪法。成文宪法的雏形，可以追溯到 1621 年的“五月花公约”。签署人立誓创立一个自治团体，这个团体是基于被管理者的同意而成立的，而且将依法而治。1776 年，弗吉尼亚州制定了第一个成文宪法典。但由于弗吉尼亚州不是一个统一的国家，因此它还不是一部完整意义上的宪法。1787 年，费城制宪会议通过的宪法才是世界上第一部成文宪法。

② 具有较强的稳定性和适应性。这部宪法自 1787 年制定以来，已经稳定运行了 200 多年。当然，200 多年来，美国宪法虽然在形式上变化不多，但其内容却在不断丰富和发展，通过议会立法、最高法院的解释等不断赋予宪法新的意义。

③ 确立了几个重要的宪法原则。第一，权力分立与制衡原则。美国国家权力分为三部分：立法权、行政权和司法权，这三权相互之间保持独立。在理论上，三权是完全平等，并且互相制衡，每种权力都有限制另外两种权力滥用的职能。第二，联邦体制。美国宪法规定美国采用联邦制的国体，联邦政府只拥有在宪法中列举的有限权力，而其余

未列明的权力都属于各州或者人民。联邦制有利于中央与地方权力的平衡，特别是在"新联邦主义"产生以后切实维护了公民个人权利与自由。第三，宪法至上，创立司法审查制度。美国宪法以及国会通过的法律的效力高于其他一切法律、行政法规和规定。自从1803年著名的马伯里诉麦迪逊案之后，美国联邦法院系统拥有了违宪审查权。这意味着联邦各级法院可以审查立法机关通过的法律是否与宪法相抵触，并且可以宣布违反宪法的法律无效。同时，法院还可以审查包括美国总统在内的各级政府颁布的法令的合宪性。第四，人人平等。根据美国宪法第十四修正案，人人都有平等地获得法律保护的权利。各州之间也保持平等地位，原则上任何州都不能获得联邦政府的特殊对待。根据宪法的规定，各州要互相尊重和承认彼此的法律，州政府和联邦政府要在形式上保持共和体制。第五，有限政府。有限政府是相对意义上的有限政府，即只能在一定权限范围内活动的政府。如果政府超越权限，其行为是违法的、无效的，并且必须承担责任。

3. 法国宪法

(1)概况。

法国宪法是18世纪末法国大革命的产物。大革命前的法国，全部社会成员都法定地属于社会的一个等级。第一等级是教士，第二等级是贵族，第三等级则包括其余的社会成员如工商业资产阶级、城市工人和穷困的农民。随着经济的发展、观念的进步，在社会生活中，等级制度逐渐被废弃，旧制度已经阻碍了社会的发展，并不可避免地成为大革命的对象。1789年7月14日，巴黎市民武装起义，攻占巴士底狱，法国大革命开始，直到1799年雾月政变后执政府的诞生而告结束。法国宪法的发展，从1789年资产阶级革命开始到现在200多年的时间里，随着政治形势的变化，陆续制定过许多部宪法，其中最有代表性的有：1789年的《人权与公民权利宣言》、1791年宪法、1848年宪法和1958年宪法。

法国宪法的发展大体经过了以下三个阶段：（1）第一阶段为大革命到第一帝国时期的宪法。这一时期共颁布了七部宪法，包括1791年宪法、1793年宪法、1795年宪法和拿破仑时期的四部宪法。（2）第二阶段为复辟王朝到第二帝国时期的宪法。这一时期共颁布了1814年宪章、1830年宪章、1848年宪法、1852年宪法四部宪法，其中比较有代表性的是1848年宪法。（3）第三阶段为第三共和国到第五共和国时期的宪法。此阶段共通过了三部宪法：1875年宪法、1946年宪法、1958年宪法，其中以1958年第五共和国宪法最为重要。

（2）法国宪法形成过程中的特点。

① 变动频繁、不稳定。从1791年宪法到1958年宪法的167年中，先后正式颁布过14部宪法，平均不到12年就有一部新宪法。尤其在1870年以前，由于法国资产阶级的统治还不巩固，政治制度的各个方面尚未最终确立，法国宪法变动尤为频繁，自1789年至1870年的81年中，平均约七年更换一部宪法。

② 形式多样。法国宪法形式多样，它们反映和记载了多种类型的政治体制：君主立宪制、帝制、民主共和制、独裁制等；议会制也有一院制、三院制和四院制；宪法形式有民定宪法、钦定宪法等；有的体现在一个统一的宪法文件中，有的如1875年宪法则是由三个宪法性文件所组成。

③《人权宣言》成为历次宪法的基础。1789年颁布的《人权宣言》在人类历史上具有划时代的意义，对世界各国宪法的产生和发展都产生过深远影响。它是法国第一个宪法性文件，也是法国宪法产生的基础。很多宪法以《人权宣言》为其序言，或者确认《人权宣言》的基本内容。如1791年、1793年、1795年宪法前面都有人权宣言，使其成为这些宪法的有机组成部分。

④ 保持成文宪法的传统，习惯法一般不起作用。

⑤ 法国宪法的发展，呈现出不断扩大政府的行政权力、削弱议会的立法权力、提高文官地位和增加委任立法等趋势。从拿破仑时代开始，设立行政法院专司行政诉讼，以禁止普通法院法官干预行政事务，形成了法国特有的普通法院与行政法院的双轨体系，并影响到大陆法系国家的司法制度。

（3）法国现行宪法的内容和特点。

1958年的《第五共和国宪法》是在戴高乐将军亲自主持下制定的，故又称《戴高乐宪法》，于1958年9月28日公民投票通过，并于10月4日生效。它分序言和15章，共92条。这部宪法最主要的特点是总统权力的扩大和议会权力的缩小，以及确立了兼具议会制和总统制的某些特点的被称作“半总统制”的政治体制。

新宪法保留了政府对议会负责的传统，同时加强了行政权对立法权的制衡，赋予了总统广泛的权力：总统任免总理，并根据总理提名任命各部部长；总统主持内阁会议，签署内阁会议法令和决议；总统有权责成议会重新讨论已通过的法案，有权将某些法案不经议会讨论直接提交全民公投通过；总统在与总理和议会两院院长磋商后可以解散议会。宪法第五条规定，总统作为仲裁者保证国家权力的正常行使和国家的持续性。

1958年宪法经过1960年、1974年、1995年和2000年等多次修改，最近一次是在2008年7月进行了一次大范围的修改，现行宪法有一半的条款有所改动。这是继1962

年总统选举方式改革，2000 年总统任期改革以来，法国政治制度的又一次重要改革。不同的是，这次改革是以加强议会的作用为主要方向，对国家权力关系进行调整和平衡。

总之，法国是欧洲大陆第一个拥有成文宪法的国家；法国宪法最明显的特点就是宪法变动频繁，错综复杂，为世界各国提供了经验和史料。1958 年，法国宪法即第五共和国宪法属于刚性宪法，即其制定和修改都有严格的程序，其宪法中用专门章节规定了有关宪法修改的内容。

4. 德国基本法

1848 年 3 月，德国爆发了资产阶级革命；5 月 18 日，德意志国民议会在法兰克福的圣保罗教堂召开，着手制定全德宪法。1849 年 3 月 28 日，颁布了《德意志帝国宪法》，又被称为“法兰克福宪法”。

1862 年，俾斯麦出任普鲁士首相，致力于德国的统一问题。他于 1866 年建立了以普鲁士为主导的“北德意志联邦”；北德意志联邦成立后，于 1867 年 4 月制定了《北德意志联邦宪法》。该宪法由俾斯麦一手主持起草制定。北德意志联邦成立三年后，于 1870 年发动了第三次普法战争，德国大获全胜，俾斯麦完成了德国政治上的统一。1871 年 4 月 20 日，他颁布了《德意志帝国宪法》。

1918 年，德国在第一次世界大战战败和俄国十月革命的影响下，于 11 月爆发了资产阶级民主革命，推翻了德国的封建君主制度，组建临时政府，并由临时政府着手制定宪法。1919 年 2 月 6 日，新选出的国民议会在魏玛召开，于 2 月 10 日宣布建立德国历史上第一个共和国。又经过数月的讨论，《德意志共和国宪法》最终于 8 月 11 日公布并于 14 日生效，又称《魏玛宪法》。从《魏玛宪法》的内容上可以看出，这部宪法广泛规定了公民的基本权利。一般认为，它的颁布标志着世界现代宪法史的开端，对第二次世界大战后德国宪法和其他国家宪法制定工作具有借鉴作用。但是该宪法中公民的基本权利由于缺乏保障，很快被法西斯势力所践踏。

第二次世界大战结束后，纳粹德国无条件投降，德国分为美英法三国占领的西区和苏联占领的东区。在西部占领区的德意志联邦共和国，于 1949 年 5 月 8 日通过、23 日公布并生效《德意志联邦共和国基本法》，又称“基本法”。德国基本法 1949 年 5 月 23 日获得通过，次日即 1949 年 5 月 24 日生效，标志着德意志联邦共和国的成立。后经过多次修改；最近一次修改在 2006 年 8 月 26 日，并于 2006 年 9 月 1 日生效。

基本法的主要内容，一是规定了公民的基本权利，规定公民在政治、经济、文化方面享有广泛的权利，这些权利大多是对《魏玛宪法》的继承。二是规定联邦与州之间的关系，各州恢复一定程度的独立地位，拥有主权并拥有一部自己的宪法，但州宪法要符合联邦宪法的内容。三是规定了按三权分立原则组织政府，削弱了总统权力，提高总理地位；规定立法机关由联邦议院和联邦参议院共同组成，联邦行政机关为联邦政府，联邦司法机关包括联邦宪法法院、联邦法院和各州法院。四是限制了本国国家主权，承认国际法的法律效力优于国内法。

1989 年，随着东西方两大阵营“冷战”的平息和东欧社会主义阵营的解体，德国重新统一。在德国统一前夕，两德签订了 3 个有关条约，采用东德加入西德的方式，于 1990 年 10 月 3 日实现重新统一。条约规定，统一后以《德意志联邦共和国基本法》为宪法用于全德境内。

统一后的德国国内形势发生了重大变化。为适应社会政治形式发展的实际需要，德国对基本法进行了修改，并成立了专门的联合宪法委员会。1992 年 7 月 14 日，对基本法做了首次修改，主要解决航空组织法律形态问题；1993 年 5 月 26 日，就庇护权问题进行修改；1993 年 12 月 20 日修改了关于联邦铁道民营化的相关内容；1994 年 10 月 27 日，根据联合宪法委员会报告书的内容对基本法做了较大的修改，有 20 多条，涉及男女平等、环境保护、联邦与州的立法权限划分、法律适用的过渡条款等诸多事项。这些对基本法的修改主要基于宪法的过渡性和探索性的修改，使基本法能够根据时局的变化而不断自我更新，以满足统一后德国的政治需要。

德国基本法的实施已有 60 年之久，经受住了时间的考验。它受到了德国民众的尊重，也得到了国外普遍的尊重和认可。德国基本法是联邦德国法律和政治的基石，特别是其中包含的基本权利（Grundrechte）由于有纳粹德国的经历而尤为重要。联邦宪法法院作为独立的宪法机构保障这些基本权利，维持国家政治组织体系，并对它们进行完善和发展。

5. 日本宪法

日本 1946 年宪法是美国制度与英国制度的结合物。1945 年 9 月，盟国占领日本后，负责占领日本事务的盟国远东委员会和麦克阿瑟领导的盟军东京总部，逐步对日本社会进行了民主改造，借以清除日本社会中的封建色彩，清除日本军国主义分子赖以发动战争的土壤。其中，需要解决的首要问题就是为日本制定一部符合近代西方君主国家模式的新宪法。

1945 年 10 月，《明治宪法》的修改工作开始。当时的日本首相币原喜重郎专门指定了一个委员会负责修改工作。1946 年 1 月，宪法修改委员会将新宪法草案初稿呈送麦克阿瑟将军。在美国等国法律学者的指导下，新宪法草案终于制定了出来。1946 年 11 月 3 日，宪法修改草案正式公布。随后，宪法草案被分发到日本各地进行讨论。1947 年（昭和 22 年）5 月 3 日，经过 1000 多处文字修改，《日本国宪法》正式生效施行。

日本新宪法共 11 章 103 条。其中第 2 章第 9 条规定：日本放弃以战争作为解决国际争端的手段。这一条款被形象地称为“和平条款”。因为有了这一条款，日本的战后宪法又被称作“和平宪法”。

三、中国宪法的产生和发展

1. 清末的“预备立宪”

20 世纪初的满清王朝已走到了尽头，“预备立宪”即为预备实行君主立宪所采取的一系列措施，又称筹备立宪。1908 年 9 月，公布《钦定宪法大纲》。1911 年 10 月 10 日辛亥革命爆发后，作为平息革命的一种手段，清朝政府于 11 月 3 日匆匆抛出了《十九信条》。《钦定宪法大纲》分为“君上大权”14 条、“臣民权利义务”9 条，共计 23 条。另有附属法“议会法要领”“选举法要领”。清末的“预备立宪”，主要涉及三个方面的内容：一是行政改革，包括司法改革、教育改革，其核心是官制改革；二是设立议会；三是实行地方自治。

清末的“预备立宪”虽然最终没有成功，但是意义仍然重大：是中国两千多年专制制度第一次向“宪制”的转变，是中国专制社会的第一次“政治改革”，也是中国专制向“宪制”的第一次“和平过渡”。

2. 中华民国时期的立宪活动

(1) 民国初年的立宪活动。

《中华民国临时政府组织大纲》是中国近现代第一部具有宪法性的文件，由各省都督府代表联合会于 1911 年 12 月 3 日决议通过，并由来自 10 省共 22 名都督府代表签字确认。其规定中华民国临时政府组织方法、临时大总统之权力等，是以孙中山为首的中华民国第一届政府得以成立的法律基础。

1912 年 1 月 1 日，中华民国临时政府在南京成立，它宣告了延续两千多年的中国封建制度的灭亡和资产阶级民主共和国的诞生。1912 年 3 月 8 日，由参议院通过《中华民国临时约法》，3 月 11 日颁布，全文共有 7 章（总纲，人民，参议院，临时大总统、副总统、国务院、法院，附则），分为 56 条。在正式宪法未制定以前，有与宪法相同的法律效力。其内容主要是：①规定“中华民国之主权，属于国民全体”“中华民国由中华人民组织之”，这是资产阶级“主权在民”原则的体现。②规定中华民国是统一的多民族国家。③根据资产阶级民主自由的原则，用专章规定人民享有的权利和义务。④根据资产阶级三权分立的原则，规定中央国家机关的设置，规定中华民国的统治权由参议院、临时大总统、国务院、法院行使。⑤在附则中规定了严格的修改程序。

（2）北洋政府时期的立宪活动。

辛亥革命结束后不久，中国进入了军阀统治时期。此间出现的宪法文件有四部，分别是《天坛宪草》《中华民国约法》《贿选宪法》《中华民国宪法草案》。

《天坛宪草》：1913 年 10 月 31 日由国会宪法起草委员会通过的《中华民国约法》（草案），简称《天坛宪草》（因宪法起草活动在北京天坛祈年殿进行而得名），是北洋军阀统治时期的第一部宪法性法律草案，共分为 11 章 113 条。它的具体内容反映了制宪过程中国会与袁世凯的权力争夺。

《中华民国约法》：1914 年 5 月 1 日由袁世凯正式抛出的《中华民国约法》，又称《袁记约法》，共 10 章 68 条。其基本特点是取消了责任内阁制和国会对总统行使权力的大部分限制，使总统集立法、行政、司法和军权于一身，成为国家至高无上的统治者。

《贿选宪法》：袁世凯死后，中国进入军阀混战时期，直系头目曹锟以“恢复法统”为护身符，用军队包围国会，以每票 5000 多元大洋收买“猪仔议员”，既“选”出曹锟为总统，又匆忙赶制一部宪法。这部宪法除前言外共 13 章 141 条，特点是在资产阶级民主的伪装下实行军阀的独裁统治。

《中华民国宪法草案》：曹锟倒台后，段祺瑞当上了“中华民国临时总执政”。他一上台就声明，法统已坏，无可因袭，随后下令撤销曹锟的《贿选宪法》，并宣告《中华民国临时约法》失效。1925 年 8 月 3 日，他成立“国宪起草委员会”负责起草案法。经过 4 个月的起草活动，炮制出一部《中华民国宪法草案》，于 12 月 11 日三读通过。由于段祺瑞政府在拥有“决议宪法权”的国民代表大会召开之前便垮台了，故这部宪法草案也就胎死腹中。

（3）南京国民政府时期的立宪活动。

北伐战争的胜利，宣告了北洋军阀制宪的终结。蒋介石在形式上统一全国后，在南京建立国民政府，先后制定了《中华民国训政时期约法》《五五宪草》和《中华民国宪法》。

《中华民国训政时期约法》：1931 年 5 月 12 日，国民党一手操办的“国民议会”通过了《中华民国训政时期约法》，该约法共8章89条。

《五五宪草》：1931年，全国掀起了抗日高潮。全国人民一致要求国民结束训政，还政于民。在这种社会背景下，为了缓和国内矛盾，1936年5月5日国民政府公布了《中华民国宪法草案》，史称《五五宪草》。全文8章，共计148条。

《中华民国宪法》：抗战胜利后，1946年1月在重庆召开了政治协商会议，通过了"政协关于宪草问题的决议"，确定了实行"国会制""内阁制"及"省自治"，保障人民权利自由及少数民族自治权等原则。但国民党在1946年12月25日非法召开了"国民大会"，并于1947年1月1日颁布了《中华民国宪法》。《中华民国宪法》共有14章175条，基本上是取自《五五宪草》。

3. 中华人民共和国宪法的产生与发展

（1）《共同纲领》。

1949年9月，中国人民政治协商会议第一届全体会议通过了《中国人民政治协商会议共同纲领》。这是一部具有根本大法性质的临时宪法。

（2）1954年宪法。

1954年9月，中华人民共和国第一届全国人民代表大会第一次会议通过了《中华人民共和国宪法》。该宪法除序言外，分总纲、国家机构、公民的基本权利和义务以及国旗、国徽、首都，共4章106条。

1954年宪法是一部较好的宪法。它虽然主要是在吸收苏联1936年宪法内容的基础上制定的，颁布后也未真正完全实施，但是该宪法汲取了中国立宪史上较好的东西，借鉴了某些外国宪法的精神，仍具有重要价值。如确认农民的土地所有权和其他生产资料所有权（第8条第1款）；法律面前人人平等原则（第85条）；居住与迁徙自由（第90条第2款）；法院独立进行审判，只服从法律原则（第87条）。因此，无论是它的内容，还是它产生的过程，都体现了人民在这个国家至高无上的地位。

（3）1975年宪法与1978年宪法。

1975年1月9日，第四届全国人民代表大会第一次会议召开。会议通过了修改后的《中华人民共和国宪法》，即1975年宪法。1978年3月5日，第五届全国人民代表大会第一次会议通过了修改后的《中华人民共和国宪法》，即1978年宪法。

1979年，第五届全国人大第二次会议通过了《关于修改中华人民共和国宪法若干规定的决议》，规定县以上地方各级人民代表大会设立常务委员会，将地方各级革命委员会改为地方各级人民政府，将县级人民代表大会代表改为由选民直接选举，将上级人民检察院同下级人民检察院的关系由监督改为领导等。

1980 年 9 月，第五届全国人大第三次会议又通过了《关于修改中华人民共和国宪法第 45 条的决议》，决定取消原第 45 条中公民“有运用大鸣、大放、大字报、大辩论的权利”的规定。

(4)1982 年宪法。

1982 年 12 月 4 日，第五届全国人大五次会议通过了修改后的《中华人民共和国宪法》。

1988 年 4 月 12 日，第七届全国人民代表大会第一次会议通过了 2 条宪法修正案。1993 年 3 月 29 日，第八届全国人民代表大会第一次会议通过了 9 条宪法修正案。1999 年 3 月 15 日，第九届全国人民代表大会第二次会议审议通过了 6 条宪法修正案。2004 年 3 月 14 日，第十届全国人大二次会议表决通过了 14 条宪法修正案。现行宪法先后经历的四次修改后共有 31 条修正案。

四、当代宪法的发展趋势

世界上自成文宪法产生以来，已有 200 多年的历史。随着人们对法律的认识不断深化，作为特定社会政治经济和思想文化条件综合作用的结果，为了适应时代、保证社会的平稳有序，宪法也必须不断发展变化。其发展趋势主要有下述几个方面。

① 公民权利内容的扩大。公民基本权利的范围从政治权利向社会、经济和文化权利深入，从而走向社会权与自由权并重的轨道。20 世纪以来，宪法对公民权利的规定日趋广泛，对公民权利的保障也出现了专门化的趋势。

② 人权保障方式的改变。人民对政府的要求由消极地防范其干涉公民的基本权利，逐步转变成积极地要求其致力于调和社会贫富不均、谋求人民的社会福利。国家权力的积极保护，日益成为人权保障的主要方式。

③ 违宪审查制度的强化。违宪审查权通常被赋予普通法院或专门的机关行使。这类机关通过宣告违反宪法的法律与命令无效，使宪法秩序得到广泛的尊重，公民的基本权利获得更为有效的保障。

④ 宪法的国际化趋势。人权问题日益国际化。第二次世界大战后《联合国宪章》和《世界人权宣言》的制定表明人权概念得到了重新认可：“某些权利属于任何时代任何地区所有的人，不管这些权利是否得到承认”。《公民权利和政治权利国际公约》和《经济、社会和文化权利国际公约》等国际公约相继通过和生效，从而加重了国家在基本权利保

护方面的责任与义务。随着人权保护领域的世界性发展，各国宪法或宪法性法律在社会保障、就业、教育等方面将做出越来越多的规定。

第三节 宪法原则

一、宪法原则的概念和特征

1. 宪法原则的概念

宪法原则是指制定和实施宪法时所依据的、反映宪法根本价值的基本标准、基本准则或者基本界限，是调整整个国家制度和社会制度的基本法则，是贯穿于立宪、行宪和守宪始终的基本精神。现代宪法研究总结出了带有普遍性的宪法原则，如人民主权原则、保障人权原则、分权与制约原则和法治原则。

2. 宪法原则的特征

宪法原则反映了宪法与一般法律的本质区别，也规制着制宪和宪法实施的整个过程，主要有以下特征。

① 本源性（普遍性）。宪法原则是一个国家的宪法理论和宪法制度得以存在的基础和来源，反映的是具有普适性的人类生活的基本价值。特定时期或特定国家的制宪者往往以它作为构筑国家宪政制度的原理，并将其视为国家宪政制度所以存在的正当性根据；除非有更明晰的前提和更充分的根据，不能将其推翻或拒绝使用。

② 特殊性。宪法有独特的调整领域，因而其调整对象有自身的特点。因此，宪法的基本原则必须符合宪法调整对象的特点，必须与宪法的特点相一致，而不能演化为法的一般原则。

③ 最高性。尽管宪法作为国家的根本大法，它的每一条规定都可以作为其他法律的基本原则，但宪法本身贯彻的原则中也有基本原则与一般原则之分。宪法的基本原则是宪法所调整的社会关系中某个领域的最高准则，因而具有最高性的特点。宪法的一般原则则是宪法基本原则的具体化，是宪法基本原则与各国国情和具体历史条件相结合的产物。

④ 抽象性（概括性）。宪法基本原则是人们在各种宪法现象和宪政实践基础上归纳、总结出来的，是人们抽象思维的结果；另一方面，对宪法基本原则的文字表述，又必须高度抽象概括。因此，除个别基本原则通过宪法规范予以明确确认以外，其他基本原则一般都寓于宪法规范之中。

⑤ 国别性与国际性。对于一个国家宪法的基本原则来说，总是直接依据国情而形成的，是一国制宪者对于该国社会中占统治地位的经济制度、政治制度和思想体系本质和规律认识在宪法中的集中反映。由于各国在政治、经济、文化、思想上存在不同，因而各国宪法的基本原则无论是内容和形式总是存在差异。但是，宪法在现代可以称之为世界通用文化。从其产生来看，各国之间也有着历史渊源或继承和借鉴的关系；特别是随着国际交往的加深，一些相互关联或一致的宪法观念在形成。因此，在认识宪法基本原则时，应该承认其国别性和国际性共存，而且国际性的趋势在进一步发展。

⑥ 恒定性（时间上）。它在宪法发展以及宪政实践中具有相当强的稳定性，并决定着宪法关系的持续性；绝不会因宪法具体条文或制度的变化而更改，恰恰这种变化应是为了更好地体现宪法基本原则。①

二、人民主权原则

主权是指国家的最高权力，是国家的公共权力抽象形成的外在符号体系。人民主权（popular sovereignty）是指国家或政府的最高权力来源于和最终属于人民，即国家或政府的最高权力的“民有”，并且这种来源是政府或国家权力的合法化依据或前提。这种含义的人民主权作为一种观念在西方较早就出现了。

1. 人民主权学说的历史发展

近代意义的主权观念，一般认为由法国人布丹所首倡。布丹认为，“主权（maiestas）之第一性的且最为重要的特征是为公民立法的资格，这一立法资格既是单一的也是集合意义上的；而且，这无须征得上级、平级和下级的同意”。② 主权是不受外来权力限制、不受法律约束的最高权力，也是不受时间限制的永恒权力。

英国思想家霍布斯从集权专制出发，主张君主主权，并认为主权者的权力也不受法

① 曹继明，黄基泉．关于宪法基本原则的探讨［J］．理论与改革，2002（2）．

② 凯利．西方法律思想简史．王笑红，译．北京：法律出版社，2002：166．

律的限制。他认为构成主权的各项权力都是统一不可分的，认为主权如果由几个机构分掌就会使国家机能失调。他将国家分为三种政体，即君主政体、贵族政体和民主政体；并认为君主政体最好，因为君主政体能避免内乱。

洛克提出议会主权，反对君主主权。他把政治权力分为立法权、行政权和对外权三种。他认为立法权高于其他两权，但立法权仍要受到人民的制约。当人民发现立法行为与他们的委托相抵触时，人民仍享有最高的权力来罢免或更换立法机关。

卢梭系统阐述了人民主权学说。卢梭认为：主权是社会公约赋予政治体的、支配其成员的绝对权力；因此，主权是至高无上的，既不可分割也不可转让，是一个集体的生命，只能由人民来掌握。他说："主权既然不外是公意的运用，所以就永远不能转让，并且主权者既然不过是一个集体的生命，所以就只能由他自己来代表自己；权力可以转移，但是意志却不可以转移。"①

2. 人民主权原则的内容和要求

人民主权原则是现代宪法的第一个基本原则，它主要阐明了国家权力的来源和归属的问题。其内容和要求主要体现在如下几点。

① 赋予人民制宪权。制宪权的主体属于人民；宪法的制定和颁行只有经过人民的同意，才能获得正当性。因此，至少在程序上，一个国家宪法的通过和生效，须经过全民投票或组成代议机构审议通过。

② 国家权力运行机制上的分权与制约。人民主权原则要求国家权力必须受到限制和制约，建立代议制度和责任政府。

③ 赋予由人民选举的代议机关拥有立法权和国家事务的决策权。但国家代议机关的权力仍然是一种派生的权力，其受到人民的罢免权的限制。

④ 确认公民的基本人权。规定公民享有政治、经济和文化生活中广泛的权利和自由，这是宪法实现人民主权原则的重要途径。尤其是参加公共事务的权利和监督权的行使，更是人民主权原则的直接体现。

⑤ 确立社会自治、经济自由和思想自由原则。这几个原则要求，在社会自治、经济自由和思想自由领域，免于国家权力的任意干涉；它划定了人民自由与国家权力的界限，是人民主权原则的间接体现。

---

① 卢梭．社会契约论［M］．何兆武，译．北京：商务印书馆，1983：31．

3. 人民主权原则在各国宪法中的体现

① 明确规定人民主权原则。如法国 1946 年宪法第 3 条规定："国家主权属于法国国民全体。任何一部分人或任何个人不得擅自行使国家主权。" 1949 年德国基本法第 20 条第 2 项规定："主权属于人民。它由人民通过选举和全民投票方式，以及通过立法权、行政权和司法权的专门机构行使之。" 日本 1946 年宪法宣布："兹宣布主权属于国民，并确定本宪法。国政仰赖国民的严肃信托，其权威来自国民，其权力由国民代表行使，其福利由国民享受，这是人类的普遍原理，本宪法即以此原理为根据。凡与此相反的一切宪法、法令及诏敕，均予排除。"

② 通过规定人民行使国家权力的形式来保障人民主权。既然人民是国家主权的所有者，国家的一切权力（包括作为最高权力的主权和一般国家权力）属于人民，那么，人民只有有效行使自己的权力，才能真正实现所有者的地位和作用。因此，各国宪法都规定人民通过两种形式实现人民主权原则。一是间接的代议制形式。如前述的法国宪法和菲律宾宪法对此都有明确规定。朝鲜宪法规定："劳动人民通过自己的代表机关——最高人民会议和地方各级人民会议行使权力。" 二是直接的形式。有些国家宪法规定，公民有创制权、复决权等即是这方面的具体表现。如俄罗斯宪法规定："人民行使权力的最高的表现形式是全民公决和直接选举" 等。

③ 通过规定公民广泛的权利和自由来体现人民主权。人民主权作为宪法的一项抽象原则，一方面通过人民的委托表现为国家机关的权力，有关国家机关也因此取得派生的权力主体地位；另一方面，则表现为公民享有政治、经济、社会和文化生活中广泛的权利和自由。虽然宪法的内容主要包括公民权利的有效保障和国家权力的正确行使，但这绝非地位平行的两部分，保障公民权利始终处于核心的支配地位。因此，规定人民享有广泛的权利和自由是宪法实现人民主权的重要途径。

4. 人民主权原则在我国宪法的体现

①"中华人民共和国"的名称本身即表明，我们"共和国"主权的所有者属于"人民"。

②《宪法》第 2 条第 1 款规定："中华人民共和国的一切权力属于人民。"

③《宪法》同时规定实现人民主权的具体形式与途径，如《宪法》第 2 条第 2 款、第 3 款规定："人民行使国家权力的机关是全国人民代表大会和地方各级人民代表大会。""人民依照法律规定，通过各种途径和形式，管理国家事务，管理经济和文化事业，管理社会事务。"

④ 宪法第二章对公民基本权利和义务的规定，也是人民主权原则的间接体现。

⑤ 为了体现人民主权原则，我国宪法还规定了选举制度的主要程序，以实现宪法的人民主权原则。

三、保障人权原则

人权（基本人权或自然权利）是指“人，因其为人而应享有的权利”，是在一定的社会历史条件下每个人按其本质和尊严享有或应该享有的基本权利。其本质特征和要求是自由和平等，实质内容和目标是人的生存和发展。它主要的含义是：每个人都应该受到合乎人权的对待。人权的这种普适性和道义性，是它的两种基本特征。尊重和保障人权是民主政治的基本要求，是现代政治文明的基本标志。

1. 人权理论的历史发展

在历史上，人权作为一种主张，早在古代奴隶制社会即已出现。在古希腊和罗马时期斯多葛学派世界一体论的思想中，即有根据自然界的规律性推导出人类的普遍理性并由人人具有理性而确认人的平等权利的观点。但近现代意义的人权理论则是商品经济发展的产物，启蒙学者霍布斯、洛克、卢梭等人提出的自然权利说、社会契约论、天赋人权学说奠定了人权原则的理论基础。现代学者提出的三代人权学说，又使人权理论得到进一步完善和发展。

霍布斯的自然权利说：霍布斯论证了人的“自然权利”。他认为，在国家产生以前，人们处在“自然状态”中，每个人都有自我保存的同等的自然权利。所谓自然权利，即天赋人权。它是人在自然状态下就享有的权利，是与生俱来的，不是国家恩赐，也非政治社会的让与，因此是不可转让、不可剥夺的。

洛克的人权思想：洛克被称为自由主义奠基人的思想家。他总结修正和概括前人关于人权理论的成果，形成了一个天赋人权的理论体系。洛克对“自然权利”做了个人界定：在自然状态下，“人们既毫无差别地生来就享有自然的一切同样的有利条件，能够运用相同的身心能力，就应该人人平等，不存在从属或受制的关系”；“人们既然都是平等和独立的，任何人就不得侵害他人的生命、健康、自由或财产”。[①] 而在自然状态下，人们的自然权利难以保障，人们必须放弃一部分自然权利，交给政府，但如果政府违反约

① 洛克．政府论（下篇）[M]．叶启芳，瞿菊农，译．北京：商务印书馆，1964：3-4.

定，“人民有权行使最高权力，并由他们自己继续行使立法权，或建立一个新的政府形式，或在旧的政府形式下把立法权交给他们认为适当的新人”。①

卢梭的人权思想：卢梭按照自然法的原则，以社会契约论为基础，论证了人权的正当性。他认为，人们要在完全平等的基础上自愿结合，建立国家，制定法律，以便保证每个人的天赋权利——自由、生命和财产。“每个人都生而自由、平等，他只是为了自己的利益，才会转让自己的自由”。② 因此，“放弃自己的自由，就是放弃自己做人的资格，就是放弃人类的权利，甚至就是放弃自己的义务”。③

三代人权学说：这一学说由法国学者卡莱尔·瓦萨克教授首先提出。1979 年 7 月，法国学者在人权国际协会第十届研究会议的开幕讲演中认为，世界经历了三次大的革命运动。他把这三次大革命运动相应地产生的三代人权分别叫做“自由权利”“平等权利”“社会连带权利”。

第一代人权是指 18 世纪资产阶级革命时期形成的人权观，以美国《独立宣言》、法国《人权宣言》为代表，主要包括生命权、自由权、追求幸福的权利（美国主张）和自由权、财产权、安全权、反抗压迫的权利（法国主张）等基本人权，还有由罗斯福总统倡导后被写入《世界人权宣言》的“四大自由权”。第二代人权是指 20 世纪初期，以经济、社会和文化权利为主要内容的人权。第三代人权是指 20 世纪五六十年代形成的，以自决权、发展权和环境权为主要内容的人权。其精神反映在《联合国宪章》《国际人权宪章》等一系列国际法文件中，其内容包括民族自决权、生存权、发展权、和平权、自然资源所有权、继承人类共同遗产权等基本权利。

2. 保障人权原则的内容和要求

通过立宪和立法确认本国人民的宪法地位，以最高法的形式保障人民在生命、身体、财产和思想方面的自由、平等与安全，以防止和对抗一切可能的侵害，特别是来自国家和国家机关的侵害。

确定国家权力在保障人权的义务与职责，必须确定包括立法、行政和司法等权力，在保障人权方面各自应该履行的职责，旨在通过建立国家公共权力体系来保障人权。这是保障人权最基本的手段和途径。

赋予司法机关独立的宪法地位，建立公正、公平、有效的司法救济制度，以拯救和

---

① 洛克．政府论（下篇）［M］．叶启芳，瞿菊农，译．北京：商务印书馆，1964：157.

② 卢梭．社会契约论［M］．何兆武，译．北京：商务印书馆，2003：5－6.

③ 卢梭．社会契约论［M］．何兆武，译．北京：商务印书馆，2003：12.

恢复受到强势侵害的人权。

3. 保障人权原则在各国宪法中的体现

保障人权从作为一种理念的阐发，到逐步成为一项国际性、普适性的原则，经历了漫长的历史过程。从英国 1215 年的《大宪章》、1628 年的《权利请愿书》和 1689 年的《权利法案》，到 1776 年的美国《独立宣言》和 1791 年的《人权法案》（美国宪法第一个十条修正案）、1789 年的法国《权利宣言》，最终形成了较完善的由联合国在 1948 年 12 月 10 日通过的《世界人权宣言》。从世界各国宪法的规定看，各国宪法对基本人权原则的体现主要有以下几种形式：

① 采用权利法案的形式增加人权内容。例如，美国宪法及其权利修正案，也只有公民权利的具体规定，而没有用文字宣布基本人权原则；比利时宪法也只是在第二章“比利时国籍及国民的权利”中规定了国民的具体权利；丹麦、荷兰等许多国家的宪法也都是如此。

② 既明确规定基本人权原则，又以公民基本权利的形式规定基本人权的具体内容。例如意大利宪法，在基本权利中承认基本人权，又以专章具体规定公民权利的内容。这种形式为当今大多数国家所采用。日本宪法不仅明确规定“我们确认，世界各国国民同等享有在和平中生存并免除恐怖与贫乏的权利”，而且在第三章“国民的权利与义务”中规定了人权的基本内容；白俄罗斯宪法同样既规定了“努力确立的俄罗斯共和国每个公民的权利和自由”又在第二部分“个人、社会、国家”中规定了基本人权的具体内容。

③ 并不明文规定基本人权原则，只是规定公民的基本权利。例如德国基本法，只是具体规定公民的基本权利，并不规定基本人权原则，甚至不出现“人权”的字样。

④ 原则上确认基本人权，但对公民基本权利的内容却规定较少。例如法国 1789 年《人权宣言》宣称：“在权利方面，人们生来是并且始终是自由平等的”；“任何政治结合的目的都在于保存人的自然的和不可动摇的权利。这些权利就是自由、财产、安全和反抗压迫”。它还特别强调指出，凡权利无保障的地方，就没有宪法。并对人权的具体内容做了补充，即“自由传述思想和意见是人类最宝贵的权利之一”，“财产是神圣不可侵犯的权利”等。但在宪法的具体条文中则对公民的基本权利规定较少。当然，在世界各国的宪法中，采用这种形式的很少。

⑤ 在不成文宪法国家里，决定公民基本权利内容依靠法律至上的原则，即只要是法律未加禁止的，就是公民自由的范围，如英国宪法就是典型。

4. 保障人权原则在我国宪法中的体现

① 2004 年宪法修正案确认了“国家尊重和保障人权”的基本理念，由此可以认为，我国宪法也是以保障所有人的基本人权为根本目标的。

② 宪法第二章对公民的基本权利做了专章规定。以最高法的形式保障公民在政治、人身和精神文化方面的自由、平等与安全，以防止和对抗一切可能的侵害，特别是来自国家机关的侵害。

③ 宪法作为根本法，其有关公民权利的规定，成为普通法律的立法依据。我国宪法确认国家立法机关在保障人权方面的权力与职责，旨在通过适当的立法来保障人权。

④ 赋予司法机关独立行使审判权，不受行政机关、社会团体和个人干涉的原则，从而为建立公正、公平、有效的司法救济制度，以拯救和恢复受到强势侵害的人权。

四、分权与制约原则

1. 分权与制约思想的历史发展

分权与制约是指国家权力在划分为不同的职权范围基础上，各部分之间相互监督、彼此牵制，以保障公民权利的原则。

在历史上，权力制约思想由来已久。古希腊的亚里士多德是最早阐述这一问题的著名思想家。他从人性恶的角度，分析了权力制约的必要性。“人类倘若由他任性行事，总是难保不施展他内在的恶性。”①

近现代资产阶级思想家、政治家发展了权力制约理论，其最典型的主要是以洛克、孟德斯鸠和汉密尔顿等为代表的分权学说。

洛克第一个倡导了权力的分配。他把政治权力分为立法权、行政权和对外权三种。认为立法权高于其他两权，但立法权仍要受到人民的制约，当人民发现立法行为与他们的委托相抵触时，人民仍享有最高的权力来罢免或更换立法机关。另外，立法权属于议会；行政权属于国王；对外权涉及和平与战争、外交与结盟，也为国王行使。

孟德斯鸠则是近代分权学说的完成者。他不仅把国家权力分为立法权、行政权和司法权，由三个不同的机关来行使，而且认为“一切有权力的人都容易滥用权力，这是亘古不易的一条经验”。在他看来，“有权力的人们使用权力一直到遇有界限的地方才休

① 亚里士多德. 政治学［M］. 吴寿彭，译. 北京：商务印书馆，1965：324.

止”。因此，他得出结论：“从事物的性质来说，要防止滥用权力，就必须以权力约束权力”。[①]

作为1787年美国宪法主要起草人的汉密尔顿，根据洛克、孟德斯鸠的分权思想阐述了美国政府的建制，并且提出立法、行政、司法三权应该分立，而且应该相互牵制与平衡。“把权力均匀地分配到不同部门；采用立法上的平衡和约束；设立由法官组成的法院，法官在忠实履行职责的条件下才能任职；人民自己选举代表参加议会——凡此种种，完全是崭新的发现，或者是在现代趋向完善方面取得的主要进步。”[②] 汉密尔顿认为，一个国家的统治者和被统治者都不是天使而是人，否则“如果人是天使，就不需要任何政府了；如果是天使统治人，就不需要对政府有任何外来的或内在的控制了。在组织一个人统治人的政府时，最大的困难在于必须首先使政府能管理被统治者，然后再使政府管理自身”。[③] 为此，必须把国家权力分为不同的部门，并彼此相互制衡。

2. 分权与制约原则的内容和要求

① 国家权力在各不同部门之间配置。一般将国家权力分为民意机关、执行机关和司法机关等，各自行使由宪法授予的立法、行政和司法等权力。

② 各部门权力有限。权力有限是指每种权力都有其特定的范围，权力必须按宪法和法律授予的职权和职责来运行。本部门超越宪法和法律授权的范围行使权力，构成越权而无效。

③ 各部门受到制约和监督。除了人民通过宪法上确认的权利制约权力以外，在各权力运行机制的设计上，要建立一种由权力抗衡其他权力或者权力之间相互制约的体制。

④ 权力必须依宪法行使，非法行使的权力是无效的。从原则上讲，没有一个国家权力部门可以使用宪法授予其他部门的权力。比如，立法部门不能行使行政部门的执法权，行政部门也不能行使司法权。

⑤ 违宪和违法的权力要受到处理，并承担相应的法律责任。国家权力违宪，主要是立法行为违宪，一般通过特殊的程序来矫正。如美国的司法审查制度、德国的宪法法院制度等。国家权力违法，通常是行政行为违法，一般通过行政诉讼制度来矫正。

---

① 孟德斯鸠．论法的精神（上册）［M］．张雁深，译．北京：商务印书馆，1982：154.

② 汉密尔顿，等．联邦党人文集［M］．程逢如，在汉，舒逊，译．北京：商务印书馆，1980：40－41.

③ 汉密尔顿，等．联邦党人文集［M］．程逢如，在汉，舒逊，译．北京：商务印书馆，1980：264.

3. 分权与制约原则在各国宪法中的体现

尽管由于各国国家政权的本质、具体历史条件、政治文化传统等诸方面的不同，分权与制约原则在各国宪法中表现也不一样，但大致说来可以认为，在各个国家宪法中主要有三种基本形式。

① 美国式。美国是运用分权制衡原则最典型的资本主义国家，其分权与制衡的关系极为明确、具体。根据美国宪法的规定，立法权属于由参众两院组成的国会，行政权属于美利坚合众国总统，司法权属于联邦法院及其下级法院。同时宪法明确规定了立法权、行政权和司法权三者之间的制衡关系。如国会有权要求总统条陈政策以备审议，有权批准总统对外缔结的条约，有权通过弹劾审判案撤换总统；有权建议、批准总统对联邦最高法院法官的任命，有弹劾审判联邦最高法院法官并撤销其职务之权，参议院对弹劾案有审判权。总统对国会通过的法案有有限的否决权。联邦最高法院首席法官担任总统弹劾案的审判庭主席。根据宪法惯例，联邦最高法院有权解释法律，宣布国会通过的法律违宪无效等。实行总统制的现代各国采取的一般都是美国式。

② 英国式。英国运用分权原则的特点在于立法权胜过行政权，下议院胜过上议院，立法权是三权的重点，并建立以议会为重心的责任内阁制。英国责任内阁制的基本内容是：内阁由下议院多数党的党魁组织；内阁成员对下议院负连带责任。如果下议院对内阁不信任，不是内阁集体辞职，就是内阁解散下议院。日本是君主立宪制国家。它在运用分权原则过程中，具有英国式的特点。日本宪法规定：国会是唯一立法机关，行政权属于内阁，司法权属于最高法院及下级法院。国会有权提名内阁总理大臣，提请天皇任命，有权通过不信任案迫使内阁集体辞职。内阁在国会通过不信任案时，有权在十日内提请天皇解散众议院；最高法院有权决定一切法律、命令、规则是否符合宪法等。

③ 法国式。法国在运用分权原则过程中，既吸收了总统制的特点，也借鉴了议会制的特点，通过加强总统的权力、削弱议会的权力，从而把分权与制衡的权力重心由立法转移到行政，并建立起半总统半议会制的体制。根据 1958 年宪法的规定，总统以仲裁人和保证人的地位行使国家权力。他有权任命政府总理并根据总理的建议任免其他政府成员；他有权主持内阁会议，签署内阁会议所决定的法令和命令。宪法还规定，总统有权就一切涉及公共权力组织的法律草案提交公民复决；总统有权以命令宣布议会特别会议的召开和闭会。宪法还规定，总理就内阁会议讨论通过的施政纲领或者总政策，得对国民议会提出由政府承担责任的说明，当国民议会通过不信任案或当它不同意政府的施政纲领或总政策说明时，总理必须向共和国总统提出政府辞职，等等。

从资产阶级各国政治实践看，分权原则对于确立和巩固资产阶级民主制度，使国家政权服务于有产阶级也的确起到了非常重要的作用。如美国总统尼克松被迫辞职，尽管是资产阶级垄断集团相互倾轧的结果，但不能否认分权原则也是一个重要的原因。不过，随着资本主义国家行政权的日益扩大和立法权的日益削弱，分权原则正在日趋走向衰落。

4. 分权与制约原则在我国宪法中的体现

一般认为，我国宪法主要是监督原则，但其内容实际上包含了分权与制约，只是我国现行宪法的制度设计是内部制约和外部制约并重。

① 我国《宪法》第三章（国家机构）将国家权力分为四种：立法权、行政权、审判权和检察权，由权力机关、行政机关、审判机关和检察机关分别行使，是为分权，并划定了四种国家权力的职权范围。在这四种国家机关中，立法机关处于优越的地位，决定行政机关、审判机关和检察机关的组织和行为。《宪法》第 3 条第 3 款规定，“国家行政机关、审判机关、检察机关都由人民代表大会产生，对人民负责，受人民监督”。这是权力机关对一府两院的内部监督和制约关系。

② 各级人民代表大会，受人民的监督和制约。《宪法》第 3 条第 2 款规定，“全国人民代表大会和地方各级人民代表大会都由民主选举产生，对人民负责，受人民监督”。同时，人民有权罢免其选出的人大代表。如《宪法》第 77 条规定，“全国人民代表大会代表受原选举单位的监督。原选举单位有权依照法律规定的程序罢免本单位选出的代表”。这是主权者对权力机关的制约。

③ 各级人民代表大会有权罢免其产生的公职人员。例如《宪法》第 63 条规定，“全国人民代表大会有权罢免下列人员：（一）中华人民共和国主席、副主席；（二）国务院总理、副总理、国务委员、各部部长、各委员会主任、审计长、秘书长；（三）中央军事委员会主席和中央军事委员会其他组成人员；（四）最高人民法院院长；（五）最高人民检察院检察长”。同时，《宪法》第 65 条第 3 款还规定，“全国人民代表大会选举并有权罢免全国人民代表大会常务委员会的组成人员”。这构成了权力（立法）机关的内部制约。

④ 人民行使具体的监督国家权力的权利，包括批评、建议、申诉、控告和检举等权利，直接行使监督权。例如《宪法》第 27 条第 2 款规定，“一切国家机关和国家工作人员必须依靠人民的支持，经常保持同人民的密切联系，倾听人民的意见和建议，接受人民的监督，努力为人民服务”。第 41 条第 1 款规定，“中华人民共和国公民对于任何国家机关和国家工作人员，有提出批评和建议的权利；对于任何国家机关和国家工作人员的违法失职行为，有向有关国家机关提出申诉、控告或者检举的权利，但是不得捏造或者

歪曲事实进行诬告陷害”。这是人民通过行使监督权对国家权力的制约。

⑤ 法院、检察院和行政机关通过不同的运作规则，形成相互制约关系。例如《宪法》第 126 条规定，“人民法院依照法律规定独立行使审判权，不受行政机关、社会团体和个人的干涉”。这里的法院独立行使审判权“不受行政机关……的干涉”构成了法院对行政机关的制约。《宪法》第 131 条规定，“人民检察院依照法律规定独立行使检察权，不受行政机关、社会团体和个人的干涉”。这里的检察院独立行使检察权，“不受行政机关……的干涉”同样构成了检察院对行政机关的制约。

五、法治原则

1. 法治原则的含义及其发展

(1)法治的含义。

一般认为，法治即法的统治，是指按照良法把国家事务法律化、制度化，并严格依法进行管理的一种治国理论、制度体系和运行状态。法治，是给公民以最充分的自由，是给国家公共机构以尽可能小的权力。其核心内容是：法律必须是良法，依法治理国家，法律面前人人平等，反对任何组织和个人享有法律之外的特权。

(2)法治理论的历史发展。

古希腊著名思想家柏拉图明确主张贤人政治，提出应由哲学家当他构想中的“理想国”的国王；而亚里士多德则坚持法治优于一人之治，被认为是近代法治理论的历史渊源。他明确指出：“法治应当优于人之治”,① 这是因为，“常人既不能完全消除兽欲，虽最好的人们（贤良）也未免有热忱，这就往往在执政的时候引起偏向。法律恰恰正是免除一切情欲影响的神祇和理智的体现”。② 亚里士多德提出了法治的两重含义，“已成立的法律获得普遍的服从，而大家所服从的法律又应该本身是制定得良好的法律”。③ 亚里士多德的法治核心思想是强调法律的公允性、权威性、完备性以及普遍遵守法律的重要性。

近代资产阶级思想家的论述使法治理论产生了质的飞跃。洛克认为：“谁握有国家的立法权威或最高权力，谁就应该以既定的、向全国人民公布周知的、经常有效的法律，而不是以临时的命令来实行统治。”④ 他提出法律面前人人平等的思想。立法机关所创立

① 亚里士多德. 政治学 [M]. 吴寿彭，译. 北京：商务印书馆，1965：171.
② 亚里士多德. 政治学 [M]. 吴寿彭，译. 北京：商务印书馆，1965：172.
③ 亚里士多德. 政治学 [M]. 吴寿彭，译. 北京：商务印书馆，1965：202.
④ 洛克. 政府论（下篇）[M]. 叶启芳，瞿菊农，译. 北京：商务印书馆，1964：80.

的“这些法律不论贫富，不论权贵和庄稼人都一视同仁，并不因特殊情况而有出入”。①

卢梭是近代法治理论的奠基人。他的法治理论主要包括：人民拥有立法权，法治与共和政体相结合，法治意味着平等。他认为，“凡是实行法治的国家——无论它的行政形式如何——我就称之为共和国；因为唯有在这里才是公共利益在统治着，公共事物才是作数的”。② 他还指出：“不管一个国家的政体如何，如果在他的管辖范围内有一个人可以不遵守法律，所有其他的人就必然会受这个人的任意支配。”③

英国法学家戴雪主张“法律主治”，共含三个旨意：第一，法律具有超越包括政府的广泛裁量权在内的任何专制权力的至高无上的权威；第二，人民在法律面前之平等，任何公民都必须服从在一般法院里实施的国家一般法律；第三，个人权利不是建立在抽象的宪法性文件上，而是建立在法院的实际判决上。④

进入20世纪以后，西方各国的思想家对法治的内涵进行了不同的阐释。1959年，在印度召开的“国际法学家会议”上通过的《德里宣言》，将法治概括为三条原则：一是立法机关的职能在于创设和维护使每个人保持“人类尊严”的各种条件；二是不仅要为制止行政权的滥用提供法律保障，而且要使政府能有效地维护法律秩序，借以保证人们具有充分的社会和经济生活条件；三是司法独立和律师自由是实施法治原则必不可少的条件。⑤

美国自然法学家富勒，在论证法的道德基础时，提出了法治的八项原则：一般性或普遍性；公开性；不溯及既往；明确性；不矛盾或避免矛盾；有遵守可能；稳定性；官方行为与公布的规则的一致性。⑥

英国法哲学教授拉兹认为，法治的字面含义是“法律的治理”。广义的法治是指人民应服从法律并根据而受统治。但是在政治和法律理论中，法治应做狭义之理解，即政府应受法律统治并隶属于法律。拉兹也提出了法治八项原则：①法不溯及既往，应公开明确；②法律应相对稳定；③特别法的制定应受公开、稳定、明确的一般规则指导；④保障司法独立；⑤遵守自然正义的原则；⑥法院应对其他原则的执行握有审查权，即审查议会和行政立法等；⑦法院应易于接近，省时省钱；⑧预防犯罪的机构在行使裁量权时

---

① 洛克. 政府论（下篇）[M]. 叶启芳，瞿菊农，译. 北京：商务印书馆，1964：89.

② 卢梭. 社会契约论 [M]. 何兆武，译. 北京：商务印书馆，1980：48.

③ 卢梭. 论人类不平等的起源和基础 [M]. 李常山，译. 北京：商务印书馆，1962：52.

④ 戴雪. 英宪精义 [M]. 雷宾南，译. 北京：中国法制出版社，2001：244－245.

⑤ 王人博，程燎原. 法治论 [M]. 济南：山东人民出版社，1989：131.

⑥ 张文显. 西方法哲学史纲 [M]. 北京：中国政法大学出版社，2008：306－308.

不得滥用法律。①

2. 法治原则的内容和要求

① 宪法是国家的最高法律，其他任何法律都不得同宪法相违背。一切国家机关、社会组织和个人都必须以此为活动准则；尤其国家机关的一切行为都不得违背宪法精神，否则要追究违宪的责任。

② 法律面前人人平等，这就要求国家机关平等对待社会组织和公民个人。同时，任何政治主体，包括国家公权力主体，一旦违反法律，也要受到法律的制裁。

③ 国家制定的法律必须是良法，即保护公民权利的法律，未经正当法律程序不得剥夺任何人的权利和自由。

④ 各国家机关的权力必须由宪法和法律授予。国家机关的构建、改组和解散，都必须依照有关法律的规范和程序，否则，不具有合法性。同时，国家权力必须依法行使，其运作过程必须以明确的法律规定为标准而非临时的意志来进行。

⑤ 保障司法独立。要求国家司法机关，在整个国家政权体系中，保持相对独立和超然的地位，遵守自然正义原则，实施公开审理，不得以偏见司法，以保障法律的权威性和普遍性。

3. 法治原则在各国宪法中的体现

既然法治是一种治国的理论、原则和方法，那么作为国家的根本法的宪法无疑应将其确认为基本原则，并在宪法的具体内容中予以充分体现。

(1)形式体现。

从当代各国宪法对法治原则的体现方式来说，主要有以下几种形式：

① 在宪法序言中明确宣布为法治国家。《葡萄牙共和国宪法》序言写道："制宪会议庄严宣布：葡萄牙人民决心保卫国家独立，捍卫公民基本权利，确立民主制度的基本原则，确保法治在民主国家中的最高地位。"

② 在宪法正文中明文规定自己是法治国家。如《土耳其共和国宪法》第 2 条规定："土耳其共和国是一个民主的、非宗教的、社会的法治国家。"《摩纳哥公国宪法》第 2 条第 2 款规定："公国是一个法治国家，尊重自由和基本权利。"

③ 虽不直接使用"法治"一词，但其内容却清楚地表明该宪法以法治为原则。如前

---

① 张文显. 西方法哲学史纲 [M]. 北京：中国政法大学出版社，2008：292－293.

联邦德国基本法不仅规定了它要实行三权分立的联邦政体，而且在其基本法第 97 章第 1 节中明文规定："法官应该独立，并仅服从法律。"同时它还规定基本法是具有切实效力的最高法律。1958 年法国宪法第 1 条规定："共和国的原则是：民有、民治和民享的政府。"法国《人权宣言》、美国宪法和日本宪法等也是如此。

④ 既不直接宣布实行法治，也不用其他条文间接反映法治精神，而是用"基本原则"为章名或在其他各章中体现法治的政治体制。

(2)内容体现。

纵观各国宪法的规定，在体现法治原则时一般都包括以下内容：第一，宪法是国家的最高法律，其他任何法律、法令不得与之相抵触，一切机关、组织和个人都必须以之为根本的活动准则。例如日本宪法规定，宪法是国家的最高法规，与宪法相违背的法律、命令、诏敕以及有关国务的其他行为的全部或部分，一律无效，"任何人非依法律所定手续不得剥夺其生命或自由，或科以其他刑罚"，等等。第二，法律面前人人平等。如作为 1791 年法国宪法序言的《人权宣言》明确规定："凡未经法律禁止的行为即不得受到妨碍，而且任何人都不得被迫从事法律所未规定的行为。""法律对于所有的人，无论是施行保护或处罚都是一样的。在法律面前，所有的公民都是平等的。""除非在法律所规定的情况下并按照法律所指示的手续，不得控告、逮捕或拘留任何人。"第三，未经正当法律程序，不得剥夺任何人的权利和自由。例如美国宪法规定，联邦宪法、法律是全国的最高法律，各州宪法和法律不得与之相抵触；未经正当法律程序，不得剥夺任何人的生命、自由和财产。第四，各国家机关的职权由宪法和法律授予，其权力必须依法行使。第五，司法独立。

4. 法治原则在我国宪法中的体现

① 以抽象的原则形式确立了法治原则是我国宪法的基本原则。中国 1999 年的宪法修正案，明确规定"中华人民共和国实行依法治国，建设社会主义法治国家"，从而从总体上确立了中国的法治国家原则。

② 宪法确认了其本身的最高效力。它规定了各种主体都有遵守宪法和法律的义务和责任。一切政党、团体、组织和个人必须在宪法和法律范围内活动。序言中确认，宪法具有最高的法律效力，一切政党、团体、组织和个人必须在宪法和法律范围内活动。

③ 确立了社会主义法制统一的原则。在总纲中明文规定："国家维护社会主义法制的统一和尊严"，"任何组织或个人不得有超越宪法和法律的特权"。国家维护社会主义法制的统一和尊严，任何组织或个人不得有超越宪法和法律的特权。

④ 公民在法律面前一律平等。在“公民的基本权利和义务”一章中确认“中华人民共和国公民在法律面前一律平等”等。“任何组织或者个人都不得有超越宪法和法律的特权。”

⑤ 宪法维护司法独立，以使宪法和法律的尊严得到维护。在国家机构中规定：人民法院和人民检察院依法独立行使职权，不受社会团体、行政机关和个人的干涉（司法独立于行政机关）。在国家机构中规定：人民法院和人民检察院依法独立行使职权，不受社会团体、行政机关和个人的干涉。

从上述四项原则的相互关系来看，首先，人民主权原则是达到宪法形成的基本前提和根据。人民主权所阐明的是，国家权力的终极来源在于人民，它是实行法治原则和分权原则的前提和根源之所在。其次，分权与制约原则是达到目的的基本手段。实行人民主权的体制和机制有很多，但必须与分权制度紧密结合，即必须在国家制度上建立可行的法制机制和体制，才能实现国家的一切权力属于人民。再次，保障人权原则是制宪的根本目的。人民主权、分权和制约都是为了实现保障人权的最终目的。即人民主权和人权保障原则分别从源头和终极目的两个不同方向决定了法治和分权的内容、性质和形式。最后，法治原则既是这三项原则的基本内涵，又是这三项原则的外在表现。

第四节 宪法的价值与功能

一、宪法价值

1. 宪法价值的概念

宪法价值这一范畴包括相辅相成的三个方面：第一，宪法在实施过程中能够保护和促进哪些社会价值；第二，宪法本身所具有的价值因素；第三，宪法所包含的价值评价标准。这三方面相互联系、相互依存，共同构成宪法价值的完整内涵。

宪法在社会生活中所促进的价值，也即宪法的目的，是宪法价值的核心内容。它反映着宪法在国家政治生活中对社会关系进行调整、发挥所要达到的目的，体现着在一定社会经济、利益关系条件下，立宪者赋予宪法的社会价值观念；宪法本身所具有和反映的价值则是宪法本身的科学性、严谨性问题，它关系到宪法是否反映社会的需要，是否能充分发挥作用，它是保障目的性价值有效实现的必要条件和有力补充；宪法的价值评价标准是目的性价值的延伸和演绎，它反映了宪法对于它所促进的各项价值的重视和表现程度，体现着宪法的发展趋向。

宪法的价值既包括对实然的认识，更包括对应然的追求。宪法价值的研究不能只以现行的实在宪法为限，它还必须采用价值分析、价值判断的方法，来追寻什么样的宪法才是最符合人的需要的。这种追求就是所谓的“绝对超越指向”，是指宪法价值在主体处理主客体关系时对于主体始终具有的不可替代的指导意义和目标意义。“绝对”是指宪法的价值具有永远的、不断递进的而又不可彻底到达其极致的性质；“超越”是指人总是无限地接近宪法价值，并在这种无限接近中得到发展，也是指宪法与宪法价值的实现状况总是无限地接近于理想的状态；“指向”是指宪法的价值具有目标、导向等含义。

2. 宪法价值的内容

① 人民主权。人民主权价值——作为人民对社会政治关系的至上权力——指引宪法发展的最终目的，就是“政治国家返回实在世界”，国家与社会的统一。人民主权是人类长期追求并为之不断奋斗的理想和目标，也是深深植根于一定物质利益关系的社会价值，二者的统一集中反映在宪法尤其是宪法的内在精神之中，甚至可以说，宪法就是人民主权价值的最高法律表现。在否定人民主权和人民权利至上性的专制社会，就没有宪法；只有肯定并保障人民主权，才能产生真正现代意义上的宪法。

② 宪政秩序。宪政秩序是一种民主政治秩序，是现代社会政治文明的重要标志，是民主存在的一种基本形式。它不仅是宪法、宪政的价值追求，而且是现代政治社会的基础。尽管不同社会、不同国家和不同时代的宪政秩序并不一定相同，但其建立和发展却存在共同的规律。其有宪政实体、宪法规范、宪法至上权威等三个要素。

③ 社会正义。社会制度的公正性、合理性的核心是分配制度。这是宪法追求的结果和程序价值的反映。这就要求一个国家宪法设计公平正义的程序和分配规则。确定民主对社会利益再分配，发展程序政治；对于在制定和实施过程中出现的矛盾和偏差，只有通过宪法进行协调和纠正，才能确保法律对于社会价值的促进作用的最大发挥。

二、宪法的功能

宪法要发挥巨大作用，必须具备一定的条件：首先，民主的宪法和宪法能够得到普遍遵守是宪法在现实社会中发挥根本法作用的基本前提；除此以外，还要求宪法规范具有确定力、拘束力和执行力。所谓宪法的功能是指宪法在社会生活中产生的社会效果。宪法的功能是指由宪法本质所决定的宪法所具有的功效和作用。

(1)确认功能。

宪法作为根本法，要将国家的政治、经济、文化和社会生活等各方面的基本制度确认下来，包括国家的政治制度、经济制度、文化制度等。对国家权力归属的确认，即宪法作为民主政治的制度化和法律化，以根本法的形式，明确肯定人民主权原则，规定国家的一切权力属于人民。对公民基本权利的确认，为人权保障提供了根本法上的依据。对国家权力运行规则的确认，可以明确各国家机关的权限，防止滥用权力，保护公民权利。

(2)护权功能。

各国宪法以不同的形式规定了人权的内容、人权保障体制、限制人权的标准等，从宏观上确立了公民与国家的相互关系，明确了公民的宪法地位，确认公民的各项基本权利，并以国家根本法的形式，明确肯定了对这些基本权利的保障。

(3)控制功能。

宪法对国家权力的规范，具体表现在对国家权力的控制上。宪法规定国家机构如何组成、这些机构有哪些职权、这些职权怎样行使等内容。一方面宪法是授权法，授予国家权力通过强制力保护公民的人身和财产安全，通过财政预算等方式满足公共工程和公民福利的需要；另一方面宪法又是限权法，限制国家权力不当干预公民的言论自由、人身自由、财产权等自由权利，把国家权力控制在一定范围和程度上。

(4)协调功能。

宪法的特殊功能在于，能够以合理的机制平衡利益关系，寻求多数社会成员普遍认可的规则，以此作为社会成员遵循的原则。对少数人利益的保护，宪法也规定了相应的制度，如宪法诉讼制度在保护少数人利益方面发挥着重要作用。

三、宪法的作用

宪法的作用是指宪法在社会生活中的实现和效果，是宪法功能的外部功能表现。宪法要发挥作用，必须具备一定的条件：一是宪法本身具有科学性和民主性；二是宪法能够得到普遍的尤其是国家机关的遵守；三是宪法规范具有确定力、拘束力和执行力，即宪法具有现实的效力。

(1)组织国家政权。

宪法的首要任务就是组织国家政权。其方式包括以分权和制约原则为基础产生的国家权力的分配，以及人民主权原则为基础创建代议机构。不论采用何种组织形式，都要符合合宪性和合目的性的原则。具体通过两个方面实现：一是确认国家权力的归属；二是规范国家权力的运作。

(2)保障公民权利。

即创制宪法的目的是为了最大限度地实现全体社会成员共同的利益，增进共同的幸福。宪法为了保障这个最终目的，主要基于三个原则来进行：一是国家利益和个人利益相协调的原则；二是保障公民的基本权利原则，其中最重要的是基本人权；三是权利和义务相一致原则。这些原则既是对全体社会成员的要求，也是对国家机关依照宪法的规定行使国家权力的要求。

(3)构建法治国家。

对于法治而言，宪法不是可有可无的政策或纲领，宪法是法治存在的基本要素，并且是法治中的核心要素。首先，宪法是国家立法的前提，一切法律规范的产生、存在和变更都源于宪法的授权；没有宪法的授权，这些法律规范就不具有正当性。其次，宪法是国家行政权行使的来源，法治政府的建设必须依据宪法的要求来构建。最后，司法裁判权的来源也是宪法，宪法确认的司法裁判原则和运作程序，都渊源于宪法的规定。

(4)维护公平正义。

宪法通过保护个人自由经济发展，提供公共产品和公共服务，维护分配公平正义的社会。宪法是维护社会公平正义的最后一道防线，其他法律如果突破宪法的这一底线，就是毫无效力的。这也显示国家机关的一切活动都不能越过宪法。

第五节　宪法的渊源与结构

一、宪法的渊源

1. 宪法渊源的概念

宪法渊源一般是指宪法基于不同效力来源所形成的外部表现形式。从宪法发展的历史来看，一国或一国不同历史时期的宪法究竟采取哪些表现形式，主要取决于本国的历史传统和现实政治状况等综合因素。由于各国的具体情况不同，宪法渊源也不尽相同。

了解宪法渊源，可以加深对宪法某些法律性质的认识，有助于更好地研究宪法现象。概括起来，大陆法系国家的宪法渊源包括成文宪法典、条约、宪法惯例等。判例、法理在一定条件下也可以成为宪法渊源。普通法系国家包括制定法和宪法判例等，美国和英国是宪法判例发达的国家。

2. 宪法渊源的种类

(1) 宪法典及其修正案。

① 宪法典。宪法典是现代民主国家最主要和最基本的渊源。宪法典是指系统、明确地规定和调整特定宪法关系和宪法秩序的法律文书形式，它被认为是人类理性化水平最高的体现。宪法典一般由制宪机关采用特定的制宪程序制定，在一国法律体系中具有最高的法律效力。其优点在于宪法的形式完整、内容明确具体，因而便于实施；同时由于一般规定了严格的修改程序，因而有利于保证宪法的相对稳定性。1787 年的美国宪法开创了以宪法典为其规范内容基本表现形式的先例，并对以后各国宪法典的制定产生了重大影响。

② 宪法修正案。宪法修正案是指享有修宪权的法定机关，随着一个国家的政治经济情况的变化和需要，依据法定程序对宪法典进行部分修改或补充形成的法律文书形式，是宪法渊源的重要部分。宪法修正案之所以成为宪法的渊源，其原因在于：其一，它是关于宪法的特别规定。当修正案补充宪法典中所没有规定的内容时，修正案作为宪法典的一部分而生效；当修正案的规定与宪法典中的条文不一致时，依照特别规定优于一般规定的原则，修正案的效力优于宪法典中被修改条文的效力。其二，它是维护宪法稳定性和适应社会需要而采取的一种措施。没有这种宪法渊源，宪法典本身的稳定性或灵活性都成为问题，难以适应新形势发展的要求。

(2) 宪法性法律。

宪法性法律是指涉及国家根本政治制度以及公民基本权利和义务等内容，通过立法的方式加以具体化。它是法律的一部分，但内容上又有自己的特点，具有宪法性的内容。

在不成文宪法国家，宪法性法律作为宪法渊源，有着悠久的历史。如英国宪法就是由各个历史时期颁布的一些宪法性法律和宪法惯例所构成的，并且构成了英国宪法的主体。

在成文宪法国家，宪法性法律又称为宪法关联法，是指由普通立法机关为实施宪法而制定的宪法性法律，具体包括组织法、选举法、代表法等。宪法关联法的效力低于宪法，但和宪法典一起构成了作为部门法的宪法性法律。

(3) 宪法惯例。

宪法惯例是指在宪法典或宪法性法律中没有明文规定，但在实际政治生活中已经存在，并为国家机关、政党及公众所普遍遵循，且与宪法具有同等效力的习惯或传统。

国家处理政治事务的程序和方式，原则上应该遵守宪法的规定和有关的宪法解释规范。但在实际处理政治事务时，往往因各种原因，其所采取的程序既没有宪法条文可以援引，也没有宪法解释规范可以依据，而只是一种现象或事实。它一般产生于三个方面：一是政党斗争。现代政治是政党政治，国家更替、政府构成、政府决策都与政党活动息息相关，通过政党斗争而形成的宪法惯例广泛流行于英美等国。如在“两党制”的发源地英国，1742 年形成的“内阁失去议会众议院信任应辞职”的宪法惯例，即是当时执政的辉格党和在野的托利党之间斗争的产物。二是国家元首、政府首脑和政党领袖等人物的言行，在实际政治生活中开创先例，并为后人所效法而逐渐形成。如自华盛顿和杰弗逊拒绝第二次连任总统后，美国宪法就形成了“总统连任不超过两届”的宪法惯例。三是中央国家机关的活动形成的宪法惯例。如英国议会在长期的政治活动中形成了“下院每年至少举行一次会议”“会议采取三读程序”等宪法惯例。

(4)宪法判例。

宪法判例是指宪法条文无明文规定，法院在审理案件时做出的与宪法问题有关并对法院及同类事项具有约束力的判决。在普通法系国家，根据“先例约束原则”，最高法院及上级法院的判决由于是下级法院审理同类案件的依据而成为判例。同时，根据普通法原理，法院在法律没有明确规定的情形下可以创造规则。因此，在不成文宪法国家，法院在宪法性法律没有明确规定的前提下，就有关宪法问题做出的判决自然也是宪法的表现形式之一。在成文宪法国家，尽管法院的判决必须符合宪法的规定，不能创造宪法规范，但有些国家的法院有宪法解释权，因而法院在具体案件中，基于对宪法的解释而做出的判决，对下级法院也有约束力。

(5)宪法解释。

宪法解释是指对于宪法规范的内涵和外延以及词语用意，依据立宪精神原则及意图加以诠释或说明。宪法解释的必要性体现在四个方面：第一，宪法所使用的规范具有普遍性、原则性，因此抽象性太强，明确性欠缺，需要进行准确说明；第二，由于社会情况变迁，需要使宪法适应社会关系的变化，从而保持生机和活力；第三，维护法制统一和法律公正的需要；第四，改正宪法缺陷，补充宪法遗漏的需要。因此，宪法解释也是宪法渊源的重要形式。

宪法解释的机制有很多，按照解释机关来划分，大致可以分为三种体制：一是由立法机关来解释，如比利时 1831 年宪法规定，宪法的解释属于立法权；二是由司法机关进行解释，此种机制源自于美国，即由普通法院行使宪法解释权；三是由专门机关进行解释，即由专门设立的宪法委员会（如法国）、宪法法院（如德国）或宪法法庭之类的专门机构行使宪法解释权。在大多数国家，宪法的解释权一般交由行使违宪审查权的机关行使，且对宪法的解释通常用判例的形式表现出来。

(6) 国际条约。

国际条约是国与国之间根据国际法缔结的相互享有权利和承担义务的协议或协定。有些国家规定了条约与宪法的关系，明确条约优于宪法，那么这些条约即为宪法渊源。有些国家则没有做这样的规定，一般不视为宪法渊源。作为国际法渊源的条约能否成为国内宪法的渊源，必须取决于一个国家的参与和认可。

西方一些国家在本国宪法中，对国际条约和习惯在国内法的地位、效力和适用程序进行了专门规定。如美国1787 年宪法第6 条第2 款规定，"合众国已经缔结及将要缔结的一切条约，皆为全国之最高法律"。德国 1949 年基本法第 25 条规定，"国际公法的一般原则是联邦法律的组成部分。它们的地位优于法律，并直接创制联邦境内居民的权利和义务"。法国 1958 年宪法还专门设立了第六章"国际条约和协定"，具体规定了国际条约和协定的议定和批准程序，以及适用范围。由此可见，国际条约已成为这些国家国内法和宪法的重要渊源。

可以预知的是，随着全球化的发展趋势和国际参与的日渐频繁，国际条约将会得到更多国家的充分承认和认可。

3. 我国的宪法渊源

一般认为，我国的宪法渊源包括以下几种。

(1) 宪法典和宪法修正案。

包括现行宪法和宪法颁布实施以来的四个修正案（共 31 条）。

① 宪法典。现行宪法由 1954 年制定的第一部宪法经由 1975 年、1978 年和 1982 年的全面修改形成。

② 宪法四次修改案。

第一次修正案（1988 年）由第七届全国人民代表大会第一次会议通过。其包含两个内容：1）国家允许私营经济在法律规定的范围内存在和发展。私营经济是社会主义公有制经济的补充，国家保护私营经济的合法的权利和利益，对私营经济实行引导、监督和管理。2）允许土地以出租的形式转让，土地的使用权可以依照法律的规定转让。

第二次修正案（1993 年）由第八届全国人民代表大会第一次会议通过，共 9 条。主要包括：1）增加"我国正处于社会主义初级阶段，国家的根本任务是根据建设有中国特色社会主义的理论，集中力量进行社会主义现代化建设。……坚持改革开放……”。2）增加“中国共产党领导的多党合作和政治协商制度将长期存在和发展”。3）把原有的“国营经济”改为“国有经济”。“国有经济，即社会主义全民所有制经济，是国民经济中的主导力量。国家保障国有经济的巩固和发展。”4）把“农村人民公社、农业生产合作社和其他生产、供销、信用、消费等各种……”改为“农村中的家庭联产承包为主的责任制和生产、供销、信用、消费等各种形式的合作经济，是社会主义劳动群众集体所有制经济”。5）计划经济改为“市场经济”，增加“国家加强经济立法，完善宏观调控，国家禁止任何组织或者个人扰乱社会经济秩序”。6）“集体经济组织在接受国家计划指导和遵守有关法律的前提下，有独立进行经济活动的自主权”。“集体经济组织依照法律规定实行民主管理，由它的全体劳动者选举和罢免管理人员，决定经营管理的重大问题。”改为“集体经济组织在遵守有关法律的前提下，有独立进行经济活动的自主权”。“集体经济组织实行民主管理，依照法律规定选举和罢免管理人员，决定经营管理的重大问题。”7）“省、直辖市、设区的市的人民代表大会每届任期5年。县、不设区的市、市辖区、乡、民族乡、镇的人民代表大会每届任期3年”，改为：“省、直辖市、县、市、市辖区的人民代表大会每届任期5年。乡、民族乡、镇的人民代表大会每届任期3年。”

第三次修正案（1999年）由第九届全国人民代表大会第二次会议审议通过，共6条。主要内容包括：1）“我国将长期处于社会主义初级阶段。国家的根本任务是，沿着建设有中国特色社会主义的道路……邓小平理论的指引下……发展社会主义市场经济……”2）“中国人民共和国实行依法治国，建设社会主义法治国家。”3）“国家在社会主义初级阶段，坚持公有制为主体、多种所有制经济共同发展的基本经济制度，坚持按劳分配为主体，多种分配方式并存的分配制度。”4）“农村集体经济组织实行家庭承包经营为基础，统分结合的双层经营体制……”。5）“在法律规定范围内的个体经济、私营经济等非公有制经济，是社会主义市场经济的重要组成部分。国家保护个体经济、私营经济的合法的权利和利益。国家对个体经济、私营经济实行引导、监督和管理。”6）把“其他反革命的活动”改为“其他危害国家安全的犯罪活动”。

第四次修正案（2004年）由第十届全国人大二次会议表决通过，共14条。主要内容包括：1）把三个代表重要思想作为指引。2）增加“推动物质文明、政治文明和精神文明协调发展”。3）爱国统一战线增加全体社会主义劳动者、社会主义事业的建设者。4）国家为了公共利益的需要，可以依照法律规定对土地实行征收或者征用并给予补偿。5）国家保护个体经济、私营经济等非公有制经济的合法的权利和利益。国家鼓励、支持和引导非公有制经济的发展，并对非公有制经济依法实行监督和管理。6）公民的合法的私有财产不受侵犯。国家依照法律规定保护公民的私有财产权和继承权。国家为了公共利益的需要，可以依照法律规定对公民的私有财产实行征收或者征用并给予补偿。7）国家建立健全同经济发展水平相适应的社会保障制度。8）国家尊重和保障人权。9）全国人民代表大会由省、自治区、直辖市、特别行政区和军队选出的代表组成。各少数民族都应当有适当名额的代表。10）“戒严”改为“紧急状态”。11）增加“中华人民共和国主席代表中华人民共和国，进行国事活动……”。12）地方各级人民代表大会每届任期 5 年（以后全部的人民代表大会的任期均为 5 年）。13）增加国歌的规定，“中华人民共和国国歌是《义勇军进行曲》”。

③ 人权条款入宪的意义。把国家尊重和保障人权写入了宪法，具有重大的意义，体现为：首先，意味着国家以经济建设为目的，开始向国家尊重和保障人权的方向转变；其次，表明了人权条款对立法权、行政权、司法权形成约束；再次，它为我国宪法实施、宪法解释以及违宪审查提供了价值尺度；最后，为宪法观念从工具主义向宪政主义的转变提供了契机。

(2)宪法性法律。

在我国，宪法性法律主要是指为实施宪法而由全国人大制定的宪法关联法。主要分为三类：一是国家机关的选举、组织和活动程序方面的法律，如《全国人民代表大会和地方各级人民代表大会选举法》《全国人民代表大会组织法》《国务院组织法》《地方各级人民代表大会和地方各级人民政府组织法》《人民法院组织法》《人民检察院组织法》《民族区域自治法》《香港特别行政区基本法》《立法法》；二是保障公民基本权利和自由的法律，这些法律与宪法保障的公民基本权利直接相关，故属于宪法性法律的范畴，如《教育法》《妇女权益保障法》。三是国家标志的法律，如《国旗法》《国徽法》。

(3)宪法惯例。

我国是成文宪法国家，但在长期的国家政治实践中，也形成了一些具有持续影响力的宪法习惯，这些宪法习惯应该被看作宪法惯例。例如，我国在宪法修改方式上，主要是以宪法修正案的形式，对个别条文进行修改和补充。在宪法公布的主体方面，一直以来没有具体规定；但自 1954 年以来，一般都是由全国人大主席团发布公告，公布宪法和宪法修正案。

(4)宪法解释。

我国宪法第 67 条规定，解释宪法的权力由全国人大常委会行使。因此，全国人大常委会对宪法的解释是我国宪法的渊源之一。

(5)国际条约。

我国现行宪法没有明确规定国际条约在国内法的地位和效力。不过，我国参与签署和认可了许多国际法文件，如《儿童权利公约》（1992 年 3 月起对我国生效）、《经济、社会和文化权利国际公约》（1997 年 10 月 27 日正式签署，于 2001 年 2 月 28 日由全国人大常委会批准）等。据统计，截至 2003 年年底，我国已经加入 21 个国际人权公约。因此，我国参与签订和认可的国际法文件中关于人权等宪法问题的规定，无疑将逐步成为我国宪法的渊源之一。

二、宪法结构

1. 宪法结构的概念和类型

(1)宪法结构的概念。宪法结构有广义和狭义两种理解：广义的宪法结构是指作为部门法的宪法体系结构，即宪法的渊源体系，这一定义对于成文宪法国家和不成文宪法国家都是适用的；狭义的宪法结构仅指成文宪法典的形式结构和内容结构，该种定义只适用于成文宪法国家。

(2)宪法结构的类型。

① 宪法体系。它是指一国宪法由不同渊源形式的宪法规范组成的，有逻辑、有系统的结构形态。成文宪法体系是指一国宪法是以成文宪法典为主体，以宪法修正案、宪法惯例、宪法解释等为补充的结构体系。不成文宪法体系，则指一国宪法是由一系列宪法性法律、议会立法、宪法判例和宪法解释等组成的结构体系。

② 宪法典的结构。它分为形式结构和内容结构。宪法典的形式结构是指构成一国宪法典各个要素的外部组合，即宪法典的体例。具体是指构成宪法典的全部条文，划分为大小不同、层次各异的部分，分别有相应文字符号排列而成的形式结构，如篇、章、节、条、款、项、目等等。宪法典的内容结构指宪法典的整体内容，由于调整对象的性质和调整方式不同，划分为若干部分，并由此形成的有机组合和有序排列。一般包括两大部分：一是序言，是指独立于宪法正文之外的一部分叙述性文字。序言是宪法结构的第一部分，在各国宪法中呈现出千姿百态，有的宪法不设序言部分。二是宪法正文。从结构上而言，宪法正文一般由总则、分则、附则三大部分组成。

总则性内容，又称“总纲”“基本原则”等，是一个国家立国之根本，因此，各国宪法一般都予以规定。从内容上看，总则一般包括基本原则条款、基本政治制度条款、基本经济制度条款、基本文化制度条款、国家标志条款等等。

宪法正文的分则是总则的具体化，分则的条文是宪法规范的主要表现形式，是一部宪法的实体内容。从内容上看，分则一般包括公民的基本权利和义务、国家结构的设置、权限和活动原则、宪法的实施与监督以及过渡性条款等。

宪法正文的附则有的称为“补则”或“最后规定”，通常规定宪法自身的最高法律效力、生效时间和生效条件、宪法的修改和补充等内容。从内容上看，几乎每一部宪法都有附则性条款，但从形式上看，载有“附则”之名的宪法不多，而且表述也不一样。例如，波兰 1952 年宪法第十章为“附则”；委内瑞拉 1961 年宪法第十二部分为“最后规定”；日本 1946 年宪法第十一章为“补则”。

2. 我国宪法的结构

我国自 1954 年制定宪法以来共存在过四部宪法。现行宪法也经历了四次部分修改，形成了现行的宪法体系。同时，宪法的内容结构和形式结构也随之不断丰富和完善。

从宪法体系上看，我国现行宪法体系属成文宪法体系，其渊源形式有宪法典、宪法性法律、宪法惯例、宪法解释及国际条约和国际习惯。

从宪法典结构上看，包括格式结构和内容结构。从格式上看，四部宪法均由名称、序言、正文等构成。都以“章”开篇，兼有节、条、款等设置。现行宪法全文共 4 章 138 条，另附 31 条修正案。在内容结构上，按照调整对象的性质不同，我国现行宪法包括国家的根本制度，公民的基本权利和义务，国家机关的组织、权限和活动原则等。在排列上，现行宪法以序言、第一章（总纲）、第二章（公民的基本权利和义务）、第三章（国家机构）和第四章（国旗、国歌、国徽、首都）为顺序排列。

第六节　宪法规范

一、宪法规范的概念与特征

1. 宪法规范的概念

宪法规范是指调整宪法关系，具有最高法效力的各种规范的总称。宪法规范就是指调整国家最重要、最根本的社会关系的各种规范的总和。这种最重要、最根本的社会关系经宪法规范的调整，即形成为宪法关系。

宪法关系极其广泛复杂，主要可以归纳为以下几类：第一，国家与公民之间的关系。例如，国家保障公民的基本权利和自由（我国宪法第二章）；国家政权的组织和活动以全体公民的根本利益为基础（我国宪法第 2 条）；国家机关向公民负责，受公民的监督（我国宪法第 3 条、第 41 条），等等。一般而言，宪法规定的公民基本权利也就是国家对公民的责任或义务。第二，国家机关内部的关系。这是指各类国家机关的组织和活动的原则、方式、程序。例如，行使立法权、行政权、审判权、检察权所应遵循的法定程序等。第三，国家机关与国家机关之间的关系。宪法规范调整这方面的关系包括：中央国家机关与地方国家机关之间的关系；同级国家机关之间的横向关系，如立法机关同行政机关、审判机关、检察机关之间的关系等等。这里主要是指职权的划分及监督、责任等内容。

2. 宪法规范的特征

宪法规范是一种特殊的法律规范，亦称为宪法规则。故而，与一般法律规范相比，宪法规范具有以下主要特点：

① 渊源性。宪法规范的渊源性是由宪法规范的地位决定的。一国法律体系的形成往往依赖于宪法规范，宪法是母法、基础法，其他法律都必须以宪法为制定的依据，因而宪法规范在国家法律体系中处于最高的地位。宪法规范是制定其他法律的依据，因此，国家的一切法律和制度都根源于宪法，都是从宪法中派生的。

② 最高权威性。这是由宪法规范的效力决定的，宪法规范的最高权威性是指宪法规范的地位和效力高于其他法律规范。虽然所有的法律都有法律效力，但宪法规范的法律效力最高；其他法律规范不能与宪法规范相抵触，否则无效。而且在一切国家机关、各政党、社会团体、企事业组织和全体公民必须遵循的所有行为规范中，宪法规范是最根本性的行为规范。

③ 相对稳定性。由于宪法是国家的根本大法，它的变化不仅直接关系到整个国家和社会的稳定，而且直接关系到统治阶级的根本利益，关系到宪法能否保持应有的权威和尊严。因此，宪法规范必须具有稳定性。但这种稳定性只是相对稳定性，即这种稳定性只是相对于一定的历史时期、相对于一定的历史条件。随着社会历史的不断向前推进，社会历史条件的不断变化发展，宪法规范也要相应地变化发展。

④ 制裁的特殊性。宪法规范的制裁性具有特殊的表现形式。宪法规范的制裁性又不同于普通的法律规范，具有特殊的制裁措施。宪法作用的对象主要是国家权力，因而违

反宪法的制裁并不是追究刑事责任、民事责任和行政责任。其制裁措施主要有：撤销违宪的法律等规范性文件或者宣布其无效，在具体案件中拒绝适用违宪的法律等规范性文件，罢免或弹劾国家领导人。各国宪法典中一般都明确规定了这些制裁措施。

二、宪法规范的分类

宪法规范的分类，是指根据一定的标准，将宪法规范分成不同的种类。通过对宪法规范的分类，可以较系统地分析宪法规范的不同表现形式，掌握不同规范的功能与相互之间的联系。

根据宪法规范对宪法主体行为的调整方式，可以分为授权性规范和义务性规范；根据宪法规范的表达方式，可以分为宣告性规范和确认性规范；根据宪法规范的约束力，可以分为提倡性规范、任意性规范和强制性规范。通常根据宪法规范的表现形式和调控目标，分成如下种类：

① 确认性规范。确认性规范是对已经存在的事实的认定，通过确认一定事物、一种制度的性质和宪法主体的身份性质，从而对宪法主体的行为在宏观上进行引导。其价值在于根据一定原则和程序，确立具体宪法制度和权力关系，以肯定性规范的存在为其主要特征。主要包括宣言性规范、调整性规范、组织性规范和授权性规范等形式。

② 强行性规范。这类规范是对特定主体或行为的强行性控制，通过控制来达到规范国家生活和社会生活的目的。按照控制强度的大小次序，强行性规范包括禁止性规范、命令性规范、要求性规范和限定性规范等形式，这类规范一般含有“禁止”“不得”“应当”等词语。

③ 授权性与义务性规范。这类规范是针对宪法主体的权力、权利与义务做出规定的规范。其中，授权性规范是指明确肯定地授予有关机关、组织或个人可以作出某种行为的权力（或权利）的规范。一般包括权力性规范、权利性规范和义务性规范等形式。

④ 程序性规范。宪政运行和权利保障甚至宪法自身的保障都必须依靠严密的程序来维持，程序性规范是宪法的重要组成部分。主要有两种表现：一种是间接性程序规范，即宪法只规定原则性程序或程序指向，具体程序留待普通法律规定。如我国宪法第100条关于省、直辖市人民代表大会及其常委会制定地方性法规的程序规定就是原则性的。另一种是直接性程序规范，即由宪法直接规定有关事项的操作程序。比如，我国宪法关于宪法修改程序（第64条）、全国人大任期延长程序（第60条）等的规定。

第七节　宪法效力

一、宪法效力的概念及其基础

1. 概念

宪法效力是指宪法的强制性和约束力，是宪法对整个国家生活和社会生活进行调整所具有的最高效力。它是宪政实践和理论的核心问题之一，也是立宪和行宪所面临的首要问题。具体而言，它是指宪法在属时、属地、属人、属事四维度中的国家强制作用力。宪法效力的意义在于：

第一，宪法具有法律效力是立宪主义理念即控制政府权力、保障人权的基本假定，也是制宪、行宪的正当性基础。宪法没有效力，则立宪主义理念不能实现，制宪沦为政治标签，行宪则只是政治与权力获得合宪性的工具。

第二，宪法的效力是宪法规范与社会现实相统一的表现。宪法效力是宪法的普适性价值落实到社会实际的桥梁，是纸上的宪法转化为实际规范（活的宪法）的中介。宪法规范与社会现实处于动态平衡之中：一方面社会现实的发展要求宪法规范与之相适应；另一方面宪法规范又要规范社会现实，校正“越轨”行为。因此，宪法效力既体现了宪法的适应性，又体现了宪法的权威性。

第三，宪法具有普遍效力，是宪政国家、法治社会的基本前提和重要特征。一切宪政国家、法治社会制度措施的落实都最终依赖于宪法效力。宪法具有效力，是现代国家的道德基础和合法性源泉，也是现代社会生活方式或生存状态的理性根据。

第四，法律效力的实质是国家强制作用力的实现。宪法作为国家根本法，其效力自然是国家强制作用力的根本实现形式。因此，宪法有无效力以及其效力的实现程度，反映了国家强制力的实现程度，宪法效力关乎共同体的安危和社会稳定。

2. 宪法效力的基础

宪法具有最高的效力是因为宪法最有正当性的基础，即宪法是社会共同体基本规则，是社会多数人共同意志的最高体现。

① 宪法制定权来源的正当性。制宪权只有具备了正当性，才能为宪法的实施提供最高效力来源，也才能成为宪政建设的权威保障。宪法制定权不是一种国家权力，其只能属于人民。

② 宪法规定内容的合理性。宪法的内容要体现宪政理念，在国家制度设计、国家机构职权的分配等方面，都必须体现保障公民权利、控制国家权力为根本取向。

③ 宪法程序的正当性。制宪权的行使过程就是形式主体依据制宪程序进行制定效力待定的条文规则的过程。制宪权的行使是要受到多方面约束的。首先，要从法理的角度去考虑，要在体现正义的同时去兼顾效率。这样制宪权的行使结果才可能被赋予最高法律效力的宪法。其次，行使制宪权时应注意吸收自然法中关于人的基本权利的内容，并要尽力确保政府权力能在可能接受的范围内行使。最后，制宪权行使时要考虑到国际法。毕竟一国的宪法将影响该国的对外形象、对外政策等诸多方面。

二、宪法效力的实现

宪法效力的实现，是指宪法得到社会公众和组织的普遍遵守和有权机关公正而适当的实际执行，从而实现宪法条文的预设目的和宪政秩序的动态过程及最终结果。

宪法效力的实现显示了宪法规范对具体个案的实际规制，体现为国家机关、社会组织和公民行为的合宪性和对违宪行为的有效校正。同时，宪法效力的实现，也是宪法效力的实证化，体现了立宪的根本目的所在，是宪政价值由理想变为现实的关键。

宪法效力实现的基本方式有：一是宪法遵守。宪法遵守是指一切国家机关、社会组织和公民个人严格依照宪法的规定从事各项活动，包括对宪法禁止性规定的服从、宪法权利的行使和宪法义务的履行。二是宪法适用。是指特定国家机关依据法定职权和程序，将宪法规范运用于具体的法律事实的专门活动，包括立法机关的适用、行政机关的适用和司法机关的适用。三是违宪审查和违宪责任的追究。作为宪法效力的核心内容，是宪法效力实现最重要的标志，能有力地促进对宪法的适用和遵守。因此，宪法遵守、宪法适用和违宪审查构成了宪法效力实现相互联系的三个环节和方面，既是宪法效力实现的方式，又是宪法效力实现的保障。

三、宪法与国际人权公约的关系

对于宪法与条约的关系，各国的规定不尽相同，如俄罗斯等国规定条约的效力高于宪法，也有的国家规定宪法的效力高于条约。

中国现行宪法文本没有对宪法与条约关系做具体规定。但是我国宪法在序言中规定了我国在处理国际关系时一贯坚持的“和平共处五项原则”，其中包含了与世界各国和平交往、履行所签订的国际条约。在我国与其他国家所签订的或者参加的国际公约中，涉及调整宪法关系特别是调整国家与公民关系的，是我国宪法的渊源。

第八节　宪法的实施与监督

一、宪法实施概述

1. 宪法实施的概念

宪法实施是指宪法规范在客观实际生活中的贯彻落实，是宪法制定颁布后的运行状态，也是宪法作用于社会关系的基本形式。它要求宪法公权力机构，有意识地落实特定宪法条款，由此产生的公权力行为是合宪的。宪法实施包含两层含义：一是宪法的执行。通常指国家代议机关和国家行政机关落实宪法内容的活动。要求这些机构在活动程序和活动方式上必须严格执行宪法的规定。二是宪法的适用。通常指国家司法机关依照法律规定贯彻落实宪法规范的活动。宪法是最高法，但也具有一般的法律属性。世界上其他国家的司法实践表明，宪法适用不仅是宪法实施的重要途径，也是法治国家建设的重要内容。

2. 宪法实施的主体

按照实施主体的性质，宪法实施可以大致分为三类：立法实施、行政实施、司法实施。立法实施是指立法机构依宪法规定的权限和程序做出的立法行为，主要是代议机构制定的法律。行政实施是指行政机关依宪法或合宪的法律规定的权限和程序作出的行政行为，主要体现为制定行政法规、规章和其他规范性文件的行为，以及依法做出的特定行政行为。司法实施是指司法机关依据宪法做出的司法审判行为。

二、宪法解释

1. 宪法解释的含义

宪法解释是指在宪法实施的过程中，由有权机关对宪法规范的内涵和外延以及词语用意，依据立法精神原则及意图阐明其含义的、具有法律效力的行为。宪法解释的基本价值取向是追求解释的合理性、正当性与法律秩序安定性的价值。

宪法解释分类如下：①根据解释的主体和效力，把宪法解释分为有权解释和无权解释；②根据解释的目的和用意不同，把宪法解释分为补充解释和违宪解释；③根据解释的方法不同，把宪法解释分为文法解释、历史解释和系统解释；④根据解释的尺度不同，把宪法解释分为字面解释、扩充解释和限制解释。

2. 宪法解释的必要性

宪法虽然是国家的根本法，具有最高的法律效力，但宪法也是法律，同样也需要解释。

① 明确宪法含义。由于宪法规范具有原则性和高度概括性的特点，人们对宪法的理解难免出现不一致。要使宪法得到正确的遵守和实施，便有必要对宪法进行解释。

② 弥补宪法缺漏。宪法规范的一些有意无意的缺漏之处，会造成宪法实施的困境，必须通过宪法解释加以弥补。

③ 使宪法适应社会的变迁。宪法作为根本法，需要稳定，而社会生活的发展、变化，不可避免地需要变更宪法的内容。如果不断地修改宪法，不仅不利于宪法的稳定，而且影响宪法的权威，因此，这就需要运用宪法解释来适应社会发展的实际需要。

④ 维护法制的统一。宪法的性质和地位决定了它具有最高的法律效力，一切违宪的法律和行为都要予以追究。进行违宪审查时，需要有权机关就宪法规范含义做出权威性解释。

3. 宪法解释的机关

① 立法机关解释。即由具有立法权的国家机关做出的解释。立法主体释宪的优点在于：第一，由于是由最高权力机关行使解释权，有利于保证宪法解释的权威性；第二，有利于保证宪法解释的适宜性（由于解释形式的多样化）。但它的不足在于容易使立法机关的意思代替宪法的原意。如瑞士由联邦议会来解释宪法。

② 司法机关解释。通常为普通法院作为解释宪法的机关，最后解释权属于国家最高

法院。其提出程序按照司法程序进行，一般遵循不告不理的原则。这种解释体制的特点是，宪法解释寓于审判之中，只解释法律问题，不直接涉及政治问题。如美国、日本都由最高法院来解释宪法。

③ 专门机关解释。专门机关解释是指设立专门机关，如宪法法院或宪法委员会之类的特别主体负责处理宪法争议，并就其中相关宪法条文的含义进行释义的制度：一是由宪法法院解释，如意大利、扎伊尔、索马里、智利、危地马拉等国；二是由宪法委员会解释，如法国等。

4. 我国的宪法解释体制

我国的宪法解释制度经过了一个发展过程。1954 年宪法未对宪法解释做出明确的规定，只规定了全国人大常委会有权解释法律。1975 年宪法也没有关于宪法解释的规定。1978 年宪法第一次确认了全国人大常委会为宪法解释机关，确立了我国宪法解释体制。1982 年宪法在此基础上扩大了全国人大常委会的权限，不仅规定全国人大常委会有解释宪法的权力，还增加了其有监督宪法实施的职权。

从理论上说，这种立法机关解释体制是可行的，但在宪法解释的实际作用来看，却并不尽如人意，这里有全国人大常委会不作为的因素。同时，这一解释体制本身也存在着一些较为严重的问题。第一，“任何人不能作为自己问题的法官”这一原则历来是法治国家的重要标准，而我国的立法机关解释体制与此原则是相悖的。全国人大常委会有权制定法律，同时又拥有宪法解释权，由其监督自身制定的法律合宪与否，显然是不合适的。第二，全国人大常委会同时拥有立法权与释宪权，易造成混淆，使人无法区分人大常委会是在立法还是在解释宪法。第三，全国人大常委会受其他职权行使的限制，无法充分履行宪法解释的职责。因此，全国人大常委会自 1982 年宪法颁布实施以来，几乎没有解释过宪法。

三、宪法监督

1. 宪法监督概述

(1)宪法监督的含义。

宪法监督有广义和狭义之分。广义的宪法监督是指国家为了监控、督促宪法实施而建立的各项制度的总称，包括特定国家机关的监督和各种社会力量如政党、舆论、公民等的监督。狭义的宪法监督就是拥有监督权的国家机关根据一定的方式和程序，对特定的事项进行合宪性审查，撤销违宪行为、追究违宪责任，以保障宪法实施的制度；一般也称为违宪审查制度。

宪法监督偏重于对国家立法活动以及行政活动所实施的监督。就其主要内容来看，包括审查法律、法规及规范性文件的合宪性；审查国家机关及其工作人员行为的合宪性；审查各政党、社会组织及其行为的合宪性。

(2)违宪与违法的区别。

违宪指违反宪法的行为，违法指违反民法、刑法、经济法、诉讼法等普通法律的行为。两者的区别表现在：①性质不同。违宪是违反宪法规范的行为，违宪的判断标准是作为一国具有最高法律效力的宪法；而违法是指违反一般的普通法律，这里的“法律”并不包括宪法。②主体不同。违宪的主体主要是国家机关，包括立法机关、行政机关和司法机关等公权力主体，也可以是政党、社会团体、企事业单位。违法的主体主要是公民、法人和其他组织，在特殊情况下，国家机关可以成为违法的主体。③侵害的客体不同。违宪行为侵害的客体有两类：一是国家机关间的职权关系，如行政权的行使侵害立法权的行使，即行政机关越权行使了应该由立法机关行使的职权。另一类是公民的基本权利。如在行政机关执法过程中，侵犯宪法保障的言论自由等自由权利。违法行为侵害的客体主要是平等主体之间的人身关系和财产关系。④危害后果不同。违宪由于侵害客体的特殊性，其危害具有广泛性和深刻性。例如，国家立法机关如果制定了违宪的法律，这种违宪行为将涉及全体公民、法人和一切社会组织。违法往往是对具体的人、物或行为造成直接的危害，其危害后果相对来说是局部的和个别的。⑤追究主体不同。违宪审查的主体是宪法规定的特定宪法监督机关，有的国家是专门机关进行审查，有的国家是由普通的司法机关审查。对违法行为进行审查的主体通常是法院。⑥责任形式不同。违宪招致承担违宪责任，相应受到违宪制裁，如罢免违宪的公职人员、撤销违宪的法律法规等。违法承担法律责任，包括刑事责任、民事责任与行政责任，相应受到刑罚制裁、民事制裁与行政制裁。

(3)宪法监督的意义。

宪法监督是维护宪法权威和尊严的一项重要制度，是宪法全面有效实施不可或缺的保证。①宪法监督为宪法实施提供保障。宪法是民主制度的法律化，因而宪法得不到实施，民主就无从保障，国家的根本制度也必然遭到破坏。通过宪法监督，可以保障宪法的有效实施，从而使民主制度得以真正实现。②宪法监督是维护国家宪法秩序的重要机制。宪法秩序是通过宪法的各种调整手段，将宪法上的（应然）秩序转变成实际上的社会秩序。其基本内容就是公共权力得到有效控制，公民基本权利得到完满实现，这就需要公权力按照宪法运行。但任何不受限制的权力都有被滥用的可能，没有监督的权力也必然导致腐败。为控制公权力的运行，保障公民基本权利的实现，需要建立对公权力的宪法监督，以维护宪法秩序的良好状态。③宪法监督是协调宪法稳定性和适应性的基本途径。一方面，基于宪法是一个国家的根本法，有必要保持其相当的稳定性；另一方面，宪法又要适应不断变化的社会现实做适当的调整。如何协调宪法的稳定性和适应性的冲突，宪法监督就是一个重要的途径。在宪法监督中，对宪法条款的适当解释，有助于协调宪法的稳定性和适应性的关系。

2. 宪法监督的类型

(1)议会监督模式。

又被称为议会型宪法监督模式。一般认为，由立法机关监督宪法的实施起源于英国，这同“议会至上”的思想与传统有关。在英国，议会决定内阁政府的组成，内阁只是议会的办事机构。议会行使立法权，可以制定、修改或废止任何法律。英国法院的组成和职能直接由议会决定，法院对议会负责。因此，法院不能审查议会立法的合宪性；若有违宪，只能通过议会自己来修正或废止。

源于英国的这一宪法监督模式，虽曾被意大利、德意志、苏联等诸多国家所效法，但几乎都半途而废。例如，苏联 1917 年、1924 年和 1936 年的三部宪法都规定最高国家权力机关为违宪审查机关。但宪法实践表明，这种模式都很不理想。正因此，苏联解体和东欧剧变之后，原来实行由国家最高权力机关负责违宪审查的独联体各成员国和东欧各国，大多数都改变了原来的违宪审查体制，如俄罗斯、乌克兰、格鲁吉亚等 11 个国家均实行宪法法院体制，爱沙尼亚采取美国式的司法审查模式，哈萨克斯坦设立宪法委员会来实施违宪审查。

在英国，议会上院设立了一个由 12 名常任上诉法官组成的上诉委员会，作为议会上院的一部分；由该委员会结合议会其他机构的职权，柔性地进行宪法监督。英国在 2005 年进行了宪制改革，设置了一个前所未有的最高法院，该法院已于 2009 年 10 月 1 日正式开始运作。其相当于实行法院监督宪法实施模式的最高法院。因此，现在看来，英国的宪法监督类型，很难说是传统意义上的议会监督模式了。

(2)普通法院监督模式。

① 概述。由普通法院在审理案件过程中附带地就适用于该案件的法律或涉及的行为的合宪性进行审查的制度，即通过司法程序审查、裁决立法和行政机关是否违宪，也称为“司法审查”或“违宪审查”。由普通法院监督宪法实施起源于美国，直接渊源是著名的“马伯里诉麦迪逊案”（1803 年）。大多数英美法系国家实行这种模式。不过该模式又

进一步区分为两种：一种为总统制下的普通法院监督模式，具有代表性的是美国；另一种是议会制下的普通法院监督模式，代表性的国家有日本、印度和加拿大等。

在美国，联邦系统的所有法院，包括联邦地区法院、联邦上诉法院和联邦最高法院都有违宪审查权。对于联邦地区法院的判决，可以上诉到联邦上诉法院；若仍不服，还可以再向联邦最高法院提出上诉。其中，对以美国政府为被告、联邦地区法院宣告的国会通过的法律违宪案，可以径直上诉到联邦最高法院。联邦最高法院除了在一般宪法问题上具有上诉和终审管辖权外，还对涉及大使、公使和领事以及以州为一方当事人的案件有初审管辖权。

由普通法院监督宪法实施的理论基础，一是对立法机关的不信任，二是在“多数决定”原则下保护少数的理念，三是法院作为“危险最小部门”的特性，四是司法权的优越性可形成对其他国家机关的制约。

② 普通法院监督模式的特点：第一，审查主体是普通法院，各级法院都有权对作为具体案件审理依据的法律和行政命令等进行合宪性判断。第二，审查范围包括对行政行为如行政命令等进行审查。第三，审查方式是附带性审查，只有在审理一般刑事、民事和行政案件时对其所适用的法律等进行审查。即只有在作为该案审理依据的法律被质疑违宪时，法官才对该法律是否违宪进行审查判断，并作出判决。第四，对违宪立法的判决产生具体而非普遍的效力。即法院对法律等只能宣告不予适用，而不能直接废除。违宪的判决具有个别效力，即宪法诉讼判决的个案效力，不具有溯及既往的效力。在普通法院型宪法诉讼模式中，宪法诉讼依附于普通的、具体的案件，其判决效力仅及于该案件。第五，最高法院的宪法判例形成的原则或规则，事实上具有高于议会通过的制定法的效力，只有在以后的最高法院判决中或通过修改宪法的方式才能被推翻。

③ 普通法院监督模式的优点：第一，公民个人的权利遭受侵害可以提起宪法诉讼，从而得到有效及时的救济，使受到违宪侵害的公民得到及时有效的救济。第二，法院通过违宪审查权的行使，能有效地制约立法机关和行政机关，保证权力的分立与制衡；有效地制约立法机关和行政机关，保证权力的分立与制衡；使宪法的实施置于法院的密切监督之下，法院成为制衡立法和行政机关的重要砝码。第三，法律和其他规范性文件的合宪性争议往往在处理具体案件中表现出来，使得宪法得到经常性的贯彻与监督。法律和其他规范性文件的合宪性争议往往在处理具体案件中表现出来，使宪法得到经常性的贯彻与监督，从而强化宪法至上的观念。第四，严格司法程序使宪法争议的解决具有了有效的程序保障。

④ 普通法院监督模式的缺点。司法活动本身也难以保证是绝对客观中立的过程；在

法官选择与操作的过程中，其主观任意性决定法官要准确表达立宪者的意图是不可能的。因而，该种模式也并不十分完善。案件当事人指控的法律、行政命令等违宪的情形很多，但能够将其提交联邦最高法院进行审查的概率较小。

(3)宪法委员会监督模式。

① 概述。该模式源于法国1799年的护法元老院，作为“宪法守护者”有权撤销违宪的法律。1958年宪法的设计者们力图改变第四共和国宪法框架下议会无所不能的状况，而宪法委员会正是为了达到这一目的而设置的机构。宪法的起草者将它设计成一个行政机构对立法机构进行监督的部门，一副套在议会脖子上的锁链。因此，有的学者将宪法委员会称作“一门对准议会的大炮”。

法国宪法规定：宪法委员会的成员为9人，任期9年，不得连任；每3年更新1/3；成员中3名由共和国总统任命，3名由国民议会议长任命，3名由参议院议长任命。此外，前任共和国总统是宪法委员会当然的终身成员。宪法委员会主席由总统任命。其主要职责是“监督共和国选举”，“各组织法在公布前，议会两院的规章在施行前，都必须提交宪法委员会，宪法委员会应就其是否符合宪法作出裁决”。在裁决时，如双方票数相等，主席有最后决定权。

② 宪法委员会监督模式的特点。法律合宪性审查是事先审查：第一，受案范围包括：议员和参议员选举的合法性争议、公民投票的合法性争议、议会两院内部规则及各项法律规定的合宪性争议。第二，关于法律的审查程序，主要有两种。一种是自动审查程序：各个组织法在公布前，议会两院的规章在施行前，必须自动提交；宪法委员会接受审查，而无须经过任何人提起。另一种是经提请的审查程序：各个法律在公布前，如果下列人员提出，则可提交宪法委员会接受审查：总统、总理、国民议会议长和参议院议长，60名国民议会议员或者60名参议院议员。第三，宪法委员会裁决效力。被宣布为违反宪法的条款不得公布，也不得执行；对宪法委员会的裁决不得上诉；宪法委员会的裁决对于政府各部、一切行政机关和司法机关具有强制力。审查效力具有普遍效力，被宣布违反宪法的法律条款不得公布执行，也不具法律效力。

③ 宪法委员会监督模式的优点。这一制度兼具了议会审查和普通法院审查的优点，保障了违宪审查权的统一；既避免了立法机关自己审查自己的尴尬，又可防止司法机关的主观任意性。第一，可以对法律进行事前审查，一经宣布违宪即被废止，保证法律的同一性，也就使得社会生活中不会存在已生效的法律是否违宪的问题。第二，既避免立法机关自己审查自己的尴尬，又能防止司法机关故意弄权的发生，从而维护人民主权原则。

④ 宪法委员会监督模式的缺点。第一，宪法委员会是政治机关，政治倾向性强，主观随意性较大。这一缺点很难保证客观公正的监督。第二，在操作层面存在种种缺陷，主要是抽象审查，不利于保护公民个人的权利。第三，事先审查的片面性和申请主体范围的局限性。第四，程序上不如司法程序公开、透明与理性。

(4)宪法法院监督模式。

① 概述。以宪法法院作为违宪审查机构，受理国家公权力主体与普通公民提起的对于立法、行政等行为的违宪争议案件的审查模式。奥地利在 1920 年建立宪法法院，在世界诸国中率先确立专门机构监督模式，其又被称作凯尔森模式、欧洲模式。该种模式建立之后，世界各国尤其是欧洲国家纷纷仿效，目前，世界上大多数大陆法系国家都采用宪法法院的监督模式。宪法法院不审理普通民、刑事案件，而是专门处理宪法问题的司法审查机构。可见，宪法法院行使的基本上是司法性的被动监督权，即不告不理。另外，它的职权还包括对各种有关涉及公共事务的案件进行审理。宪法法院于 1920 年首创于奥地利，其后欧洲国家相继开设。第二次世界大战后，法权思想深入人心，开设的国家更具普遍性。除了意、德等国家之外，韩国、泰国等亚太国家也设立宪法法院。

宪法法院职权通常包括：解释宪法；裁决国家机关之间的权限争议；审查各种法律、法规、法令的合宪性；审理或监督审理高级官员包括总统的弹劾案；审查公民个人提起的宪法诉讼等。

② 宪法法院监督模式的特点。第一，审查主体是宪法法院，其性质属于司法机关与政治机关的统一。第二，受理涉及宪法性问题的具体争议案件，应普通法院或其他主体的请求，有权解释宪法，对法律、国际条约或行政命令等法律文件进行合宪性审查并作出裁决。第三，提起宪法诉讼主体多元化。提起诉讼主体既包括公权力主体，也包括普通公民。第四，宪法法院既可进行抽象审查又可进行具体审查。所谓抽象审查，是指不涉及具体法律适用或具体案件，而只就法律法规是否与其上位阶法律规范相抵触的问题进行的审查。具体审查，是指当法院在审理具体案件的过程中，认为其适用的某项法律或法规可能违反上位法，对该项法律或法规的效力产生疑义时，就必须中止该案的诉讼程序，将案件移送到具有审查法律法规管辖权的宪法法院，由宪法法院对应当适用的法律法规的效力进行具体的审查。第五，一审终审制。宪法法院通常只有违宪审查权、宪法争议裁决权和弹劾案审判权，而不具有一般司法权。在一个国家往往只设一个宪法法院。在实行联邦制的国家，州也设有宪法法院；联邦与州宪法法院之间并不存在隶属关系，也不存在审级关系。宪法法院作出的判决就是终审判决。因而，宪法法院独立于一般司法审级制度，实行一审终审。第六，宪法法院的裁决具有一般效力，即有权撤销违

宪的法律或行政命令，使其失去法律效力。但判决只有有限的溯及力，违宪的法律通常自判决宣告之后失效。第七，当事人穷尽法律救济程序后，有权提出宪法诉愿，宪法法院对该诉愿中涉及的法律的合宪性进行审查。

③ 宪法法院监督模式的优点。第一，既能受理公民的诉讼，以保护公民权利，又能行使抽象审查权。第二，兼具了议会审查和普通法院审查的优点，保障了违宪审查权的统一。

④ 宪法法院监督模式的缺点。第一，宪法法院不采用审级制度，一审终审，一旦发生主观断案或草率断案则无法进行救济。第二，主观性较强，容易受政党的政策影响。

总之，从宪法规定和宪法委员会的实践来看，宪法委员会有权而且在事实上也常常对国家政治生活中的重大问题作出决定或者表示自己的意见和立场，并不像美国的最高法院那样主动回避对政治问题的审查。相反地，它基于其使命和职能，积极主动地对政治问题作出判断，排解政治纷争。例如对于近期在法国闹得沸沸扬扬的"首次雇用法案"，宪法委员会就进行了审议并且很快做出了裁决，认为其并不违反宪法。

3. 宪法监督的方式

① 事前审查和事后审查。事前审查又称预防性审查或抽象的原则审查（abstract norm control），一般是在法律和其他法规在制定完成后，由专门的机关审查其合宪性；如果发现其违宪，可以立即修改、纠正，以避免在生效之后产生不良的后果。事后审查是指在法律、法规和法律性文件颁布实施以后，由有关机关对其是否合宪所进行的审查。例如，意大利宪法法院在法律公布实施后的一定时期内，可根据法定人员的请求，就该法律的合宪性问题进行审查；如判定其违宪，该法律即告失效。

② 附带性审查和宪法控诉。附带性审查是在普通司法机关在审理普通民事、刑事、经济或行政案件时，如认为争议的问题涉及认定法律或某一行政行为是否合宪的问题，法院有义务对此做出一定的裁决。宪法控诉指当公民个人的宪法权利受到侵害后宪法法院或者其他相关机构提出控诉的制度。如果法律被宣布为违宪，亦将失去效力。这种方式主要在德国实行，但成功的例子相对很少。

4. 我国的宪法监督制度及其完善

我国现阶段的宪法监督制度是由 1982 年宪法规定的。在 1980 年至 1982 年起草宪法的过程中，曾有过关于建立宪法委员会并使之从属于最高国家权力机关的设想，但终未实现。

(1)宪法监督的基础。

宪法在序言中庄严宣布本宪法是国家的根本法，具有最高的法律效力。宪法规定全国各族人民、一切国家机关和武装力量、各政党和各社会团体、各企业事业组织，都必须以宪法为根本的活动准则，并且负有维护宪法尊严、保证宪法实施的职责。宪法第5条明确规定：一切法律、行政法规和地方性法规都不得同宪法相抵触；任何组织或者个人都不许有超越宪法的特权；一切违反宪法的行为必须予以追究。宪法第53条又规定，每一个公民都必须履行宪法规定的义务。

(2)宪法监督的职责及问题。

① 宪法第62条规定，全国人民代表大会行使监督宪法实施的职权。这是沿袭1954年宪法和1978年宪法的做法。同时，现行宪法第67条又规定，全国人民代表大会常务委员会监督宪法的实施。但是，全国人民代表大会保留最后手段，即当它认为其常务委员会监督不力或不当时，对监督事项有最高决定权。这个规定弥补了以前的宪法的不足，保证了我国的最高国家权力机关得以经常性地行使监督宪法实施的职权。全国人大及其常委会享有宪法监督权。(第62条第2项、第67条第1项）全国人大有权改变或者撤销其常委会的不适当的决议。

② 存在的问题。1982年宪法实施以来，在宪法监督制度的建构上存在诸多问题。这集中体现在宪法监督制度的启动机制上，即由全国人大及其常委会行使宪法监督权在实践中难以正常运作。无论是全国人大对宪法的监督，抑或是全国人大常委会对行政法规、地方性法规等下位法律规范合宪性的监督，至今都几乎没有被使用过，导致了我国现行宪法监督制度无法正常启动运转。我们认为，完善我国的宪法监督制度的前提，主要立足于1982年宪法所确立的全国人大监督宪法实施的制度。

(3)完善我国宪法监督制度。

世界各国宪法监督制度对树立宪法的权威和维护国家法制的统一，对保障民主、法治与人权，维护国家政治与社会的稳定，都起了重要的作用，其具体经验值得我们借鉴。完善我国以最高立法机关为核心的宪法监督制度，主要应当从以下两个层面展开。

首先，应该通过修改宪法，明确规定违宪审查制度。完善我国的宪法监督制度，必须把违宪审查置于首要的地位。缺乏有效的违宪审查制度，违宪行为不能及时予以纠正，不仅会破坏法制的统一与尊严，而且还危及公民基本权利的实现。

其次，设立专门的宪法监督机构，即宪法监督委员会。该机构的成员由全国人民代表大会任命，独立于全国人大常委会。其职责包括：解释宪法；对宪法的修改提出意见和建议；对现行法律、行政法规、地方性法规、自治条例和单行条例是否同宪法相抵触提出审查监督意见。违宪审查监督可采取事先监督和事后审查相结合的方法。宪法监督委员会根据有关组织和人员的提议和申请受理宪法争议案件，也可以自行提起违宪审查监督程序。有权提出争议案的组织和人员，与提出全国人大提案的主体的资格应一致，其程序也应相同。

第二章　国家形式

开篇事例：

十二届全国人大一次会议第四次全体会议

2013 年 3 月 14 日（星期四）上午 9 时，第十二届全国人民代表大会第一次会议在人民大会堂举行第四次全体会议。本次全体会议，应出席代表 2986 人，出席 2963 人，缺席 23 人，出席人数符合法定人数。会议表决了关于国务院机构改革和职能转变方案的决定草案，总监票人、监票人名单草案；选举出了第十二届全国人民代表大会常务委员会委员长、副委员长、秘书长，第十二届全国人民代表大会常务委员会委员，中华人民共和国主席、副主席，中华人民共和国中央军事委员会主席。①

第一节　国家及其构成要素

一、国家的概念

1. 国家的起源

在国家的起源上，历来众说纷纭，莫衷一是，主要有自然说、神权说、契约说和阶级矛盾说等。

① 自然说。该学说由古希腊哲学家亚里士多德首倡。该观点认为，“人类自然是趋向于城邦生活的动物（人类在本性上，也正是一个政治动物）。”② 由于人类繁殖所需的一对男女以及生来就为主人与奴隶的相互保全欲求，自然而然地构成家庭，由此逐步形成一个自然村（村坊）。人类天性向往美好生活，为了满足这种本性欲望，继而在自然村的基础上自发地建立一个共同体。“我们确认自然生成的城邦先于个人，就因为个人只是城邦的组成部分，每一个隔离的个人都不足以自给其生活，必须共同集合于城邦这个整体才能让大家满足其需要。”③ 这一顺其自然发展形成的共同体，就是（城邦）国家。亚里士多德把以中产阶级为主体组成的兼顾贫富两者利益的共和政体视为最理想的政体。

① 参见《十二届全国人大一次会议第四次全体会议》，全国人大网。
② 亚里士多德. 政治学［M］. 吴寿彭，译. 北京：商务印书馆，1965：7.
③ 亚里士多德. 政治学［M］. 吴寿彭，译. 北京：商务印书馆，1965：9.

② 神权说。这种理论认为，国家起源于神，是根据神的意志建立的。国家的权力来源于神，即上天或上帝。政府的权威都由神意所授予，君主是替天行道，依照神意来治国。君主代表神意，服从君主，就是服从神意。在欧洲中世纪，基督教的势力支配了整个思想界，普遍宣扬一切权力来自神的观点。托马斯·阿奎那为神权论的集大成者，他“把国家的建立与治理、城市的规划、城堡的建造、市场的创建和教育的增进比作上帝据以创造和统治世界的神意”。[①] 神权论从16世纪开始衰落，但至今在一些国家仍有影响。

③ 契约说。契约论的基本论点是把国家的产生看成是人们订立契约的结果。格劳修斯、斯宾诺莎、霍布斯、洛克、卢梭等人都主张契约说。契约论是资产阶级革命时期最有影响的国家起源学说，以卢梭的《社会契约论》最为典型。卢梭把国家起源的契约说与人类不平等的起源的学说结合起来，把私有制的出现产生人类不平等作为订立契约、建立国家的历史条件。他认为，“一切社会之中最古老的而又唯一自然的社会，就是家庭”。[②] 各个家庭成员，一经成年脱离家庭依附关系后，为了维护各自生来具有的自由和平等，确保自身生存的利益，理智地于社会生活中发生一种互相约束。当社会发展需要人们共同协作，“每个结合者及其自身的一切权利全部都转让给整个集体”，[③] 原来的约束就转化成了“社会契约”。结合行为产生的道德与集体之共同体，“过去称为城邦，它的成员称它为国家，当它是主动时，就称它为主权者”[④] 契约论对资产阶级革命和资产阶级国家的建立都产生过重要影响。

④ 阶级矛盾说。该学说主要由恩格斯加以阐述。他认为，国家是一个历史范畴，是经济发展到一定阶段使社会分裂为阶级时产生的，它是阶级矛盾不可调和的产物和表现。原始社会制度瓦解是个逐渐的过程，物质资料生产的发展、家庭私有制的出现和奴隶阶级的形成是国家产生的前提。由于私有制的出现，产生了阶级剥削和压迫，经济上占统治地位的阶级“获得了镇压和剥削被压迫阶级的新手段”。“国家是表示：这个社会陷入了不可解决的自我矛盾，分裂为不可调和的对立面而又无力摆脱这些对立面。而为了使这些对立面，这些经济利益互相冲突的阶级，不致在无谓的斗争中把自己和社会消灭，就需要有一种表面上凌驾于社会之上的力量，这种力量应当缓和冲突，把冲突保持在‘秩序’的范围以内；这种从社会中产生但又自居于社会之上并且日益同社会相异化的力

① 乔治·萨拜因著．托马斯·索尔森修订．政治学说史［M］．邓正来，译．上海：世纪出版集团上海人民出版社，2008：302.

② 卢梭．社会契约论［M］．何兆武，译．北京：商务印书馆，1983：5.

③ 卢梭．社会契约论［M］．何兆武，译．北京：商务印书馆，1983：19.

④ 卢梭．社会契约论［M］．何兆武，译．北京：商务印书馆，1983：21.

量，就是国家。”[1]

2. 国家形成的标志

① 两标志说。恩格斯认为，国家与氏族比较，其基本特征是：①国家是按地区来管辖居民和划分统治范围的，而不是以血缘关系为基础的。②国家具有特殊的公共权力。国家权力的构成，不仅有军队，还有监狱和各种强制机关等物质的附属物。这种公共权力掌握在统治阶级手中，是经济上占统治地位的阶级为了维护本阶级的利益而对被统治阶级实行专政的工具。从这里可以看出，恩格斯总结出国家形成的两个标志，一是按地域划分其居民；二是公共权力机构的创设。

② 三标志说。即国家起源的三个标志：一是统治者及官员的专业化。二是权力中心的集中化。同时在全国范围内形成了统一的、金字塔形的法律体系，特别是在法治国家内形成的以宪法为中心的法律、法规、行政命令等规范体系。三是政治权力的制度化、非人格化、非家族化。这意味着抽象的公共权力与执政者的分离：执政者不是国家、不是公共权力本身，而只是它的一定时期内的执行者，或最多是代表。它还意味着公共权力的行使应严格限制在法定的范围之内，其运用应严格遵守现行法律，而非统治者的个人好恶，去除一切不确定性。

3. 国家释义

从广义的角度来讲，国家是指拥有共同的语言、文化、种族或者历史的社会群体。在这个定义中，一个国家没有具体的边界；国家也指那些享有共同领土和政府的人民，如世界上大多数的多民族国家。在社会科学和人文地理范畴，国家是指被人民、文化、语言、地理区别出来的领土；被政治自治权区别出来的一块领地；一个领地或者邦国的人民；跟特定的人有关联的地区。从狭义的角度来讲，国家是一定范围内的人群所形成的共同体形式。“国家就是民众遵从（在必要时得施用强制力量）某种生活方式的社会。”[2] 一般国家行政管理当局是国家的象征。它是一种拥有治理一个社会的权力的国家机构，在一定的领土内拥有外部和内部的主权。

国家与政府也是有区别的，在分得十分清晰时，国家大于政府，尤其是国家是主权者的同义词，而政府只是国家的仆人、权力的执行者、被委托人。但在国际舞台上，国

---

① 恩格斯. 家庭、私有制和国家的起源［M］. 马克思恩格斯选集（第四卷）. 北京：人民出版社，1972：166.

② 龚祥瑞. 比较宪法与行政法［M］. 北京：法律出版社，2003：169.

家的概念比在国内政治中宽泛很多。此时国家是国际法中的主体，是该国范围内的整个社会的代表，是这个国家全体人民的代表，与国内政治中的祖国十分相近。国家是阶级矛盾不可调和的产物。

祖国与国家是有区别的，前者是一个地域、文化、历史、宗教、有时是民族及人种概念，带有丰富的感情色彩；而国家是国家各构成要素相互依存形成的统一整体。

二、国家的构成要素

一般认为，国家是由国土（领土）、人民（民族）和统治机构（统治者）三个要素组成，强调政治权力与领土、人民的统一。当在一个固定的国土范围内居住着全部共同体成员组成的人民（经常是同一民族或有共同的认同感），而在这个共同体中行使着一个合法的政治权力时，便存在着国家。正如有学者指出的，“国家系被组织化的强制装置，其存在目的系为对于住于一定地域之人的共同生活赋予秩序，以及确保其生活的安全，而为此种统治活动的权力即是统治权”。①

1. 人民

所谓人民，在过去、特别是在西欧，首先是指一个民族。在现代，则是指所有服从于一个主权权力的人民。它可以是一个民族，也可以包括若干民族；可以是本国人，即通过血缘关系得到此地位的人，也可以是归化了的外国移民，当他们离开自己的国土时，并不失去本国人民的资格。

人民不是国家的臣民。在现代国家中，它首先是政治中的一个最重要角色，是一个国家政治权力合法性的唯一来源，是一国的主权者。按照自然法理论及现代民主理论，人民在国家权力出现之前便已存在，或者说国家是他们的创造物。在国内政治的领域中，人民更多地是被定义为公民，即有权参加政治事务的人。“公民”超越了人们在经济地位、文化、职业上的不同，使人们有了一个新的共同身份。

2. 领土

作为国家的基本要素，领土（国土）并不只是供人居住的一片土地，它同样构成了

---

① 阿部照哉，池田正章，初宿正典，户松秀典，编著．宪法——总论篇、统治机构篇（上册）[M]．周宗宪，译．北京：中国政法大学出版社，2006：53.

这个国家、这个民族的历史、文化、宗教记忆的一部分，是这个国家的象征，是联系人民、使他们自我认同及互相认同的纽带。最理想的领土边界当然是自然边界：高山大河。但在更多情况下，现代国家的边界是条约边界。在 19 至 20 世纪，边界的神圣性得到了国际社会的广泛承认，成为了国家主权的载体。而 20 世纪末，随着经济的发展及各国间的相互依赖和交流，边界的重要性又有变化的新趋势。一国地域空间范围，包括三维空间：领陆、领海和领空。

① 领陆。国家国界范围内的陆地（包括河流、湖泊等内水）及其底土，这是领土的最基本部分，是一个国家疆域范围内的全部陆地。领陆既包括其大陆部分，也包括其所属的岛屿。如果是岛国或群岛国，其领陆就由其全部岛屿或群岛构成。国家有权对所属陆地地表以下深度无限的地下资源进行勘探、开采，修建隧道，铺设管道和经营其他事业。国家对领陆行使完全的主权。未经一国同意，任何其他国家或国际组织的人员、船舶、航空器等都不得入内。一国对其领陆范围内的一切人、物和事件行使管辖权，除非后者依据国际法享有豁免。

② 领海。国家主权及于其陆地领土及其内水以外邻接其海岸的海域，称为领海。受其主权支配和管辖。群岛国的领海是群岛水域以外邻接的一带海域。沿海国主权及于领海的上空、海床和底土，均属沿海国管辖。

③ 领空。指处于一国主权支配之下，在国家疆域范围内，陆地和水域之上的空气空间。领空的上限至今仍存在争议，一般认为，国家领陆和领海垂直向太空 100 公里之内的空间。领空构成领土的一部分，一国对于领空具有完全的和排他的主权。

3. 统治机构

合法的政治权力（政府），是一国政治生活中的一个重要角色，一个法人。国家意志因而与统治者的个人意志不同。在国内事务中，它合法地管理着人民，公正地处理人民之间的冲突，以及作为中央权力处理与其他国内法人的关系。它垄断着合法的强制权，单方面制订法律规范，是一个权力机构。当然在现代法治国家中，公共权力也必须在它制订的法律规定的范围内活动。

① 统治机构的性质。统治机构亦可称为国家公权力机构，是一国政治生活中的一个重要角色，一个法人。这一机构所行使的职权一般称为国家公权力。

国家公权力是为维护和增进社会公益而设立的权力，具有以下特征。第一，国家公权力所有者是全体社会成员，不是每个人或某部分人；第二，国家公权力来源于私权利，是私权利的部分让渡组成国家公权力，是私权利实现的手段与保障，因此，无私权利存在，国家公权力就丧失了其存在的正当性和必要性；第三，国家公共权力行使的主体是国家机构及其公职人员。由于国家公权力具有天然的扩张性，因此，必须受到必要的限制；第四，国家公权力的客体是有关全社会的公共事务，包括国家安全、社会秩序和公民福利等；第五，公共权力运用的根本目标是维护和追求全社会的公众利益；第六，国家公共权力的所有者和行使者是分离的，即公权力的所有者是全体人民，而行使者则是由人民选择的统治机构或国家机构。

② 国家与统治机构。由上述国家的要素可以看出，统治机构是国家的构成要素之一，而非国家概念的全部内容。在日常政治生活中，经常使用的“国家”概念，实际是指统治机构或具体行使国家公权力的机关。

三、国家的类型

现代国家，根据不同的标准，可以分为不同的类型。从人类学意义上，可以把国家分为单一民族国家或多民族国家。从政治学意义上，可以将国家分为君主制国家、君主立宪制国家、共和制国家、民主国家或专制国家。从政治经济意义上，可以将国家分为自由主义国家或社会主义国家、干涉主义国家、保护主义国家等不同类型。

一般将国家的类型分为“合众国”“共和国”“公国”“联合王国”和“联合酋长国”等名称。

(1)共和国（Republic）。

民主政体的国家，国家元首为全民选举出来的总统或者主席。世界上大多数国家都使用这个名称来体现其政体特点，个别的也称作“民国”。现今世界上有125个共和国，像法兰西共和国等。

共和思想源远流长，共和实践古已有之。古希腊的斯巴达、雅典等城邦，古罗马，还有中世纪意大利的威尼斯、佛罗伦萨、热那亚等城市国家，都曾是著名的共和国。古典共和思想的一个突出特点是强调“公民美德”“公共利益”。现代共和制度系由混合均衡制演化而来。现代共和国与古典共和国区别开来的一个基本标志是混和均衡政制转化为与分权均衡政制。

共和政治的基本含义就是，国家和政府是公共的，而不是私人的，国家和政府应当为公共利益而努力，而不应当为私人利益而奋斗。共和政治的另一个基本含义是，国家各级政权机关的领导人不是继承的，不是世袭的，也不是命定的，而是由自由公正的选举产生的。因而，公正而自由的选举，是判断一个国家是否真正实行共和政治的又一基本准则。

一个国家是不是“共和国”，并不在于它的国名是否称之为“共和国”，而是在于它的政体是否“行共和之政”。有些国家，虽然国名不称为“共和国”，实际上却是共和国。例如：英国虽然保留了君主，并且称之为“王国”，但实际上却是“行共和之政”的“虚君共和国”。有些国家，虽然国名称之为“共和国”，实际上却并不是共和国，而是“实质上的专制国家”或者“实际上的君主专制国家”。

(2)合众国（United States）。

合众国是指以团结民众，实现民主为主旨的联邦制国家，从字面上并无“共和国”之意也没有体现出其民主政体的特点，而是侧重表达联邦制国家，可以理解为是由若干“州”联合组成，这里的主题词States是复数。例如美利坚合众国、墨西哥合众国等，这些国家皆是实行民主制的联邦制国家。

(3)王国（Kingdom）。

王国是指以国王为国家元首的君主立宪制国家。大多是在国家形成的过程中出现的政治实体或国家元首为国王的现代主权国家。从发展史上，罗马帝国和阿拉伯帝国时期，其王国和现代国家不同。随着征服和被征服，很多演化为现代国家，并由此形成当今各种政治体制的国家。当代的王国多为实行君主立宪制的资本主义国家，现全球共有如丹麦、荷兰、瑞典、挪威等16个王国。

(4)联合王国（United Kingdom）。

特指英国，可以理解为由英格兰、苏格兰、威尔士、北爱尔兰（历史上还包括有爱尔兰、印度等等）数个地区组成的一个王国。这里的主题词Kingdom是单数，指的是整个国家，与合众国的主题词的用法不同。另外，历史上也有过其他的联合王国，例如葡萄牙·巴西·阿尔加维联合王国。

(5)公国（Principality，Dukedom）。

公国或大公国指君主称号为“大公”，由大公掌握国家权力的国家。世袭的君主称作公爵而不是国王，按照封建时代的体系，公国的级别比王国要低。公国的元首称为大公（仅仅是皇子、公国元首称为大公，并非所有公爵都称大公）。公国是一个独立的国家，不同于诸侯国。

公国起源于查理曼帝国分裂后。帝国分裂后，欧洲大陆被大大小小的诸侯国瓜分，大批的贵族都沿用以前的封号，统治相对独立的领地，有侯爵的侯国和公爵（Duke）的公国，像德意志、俄罗斯、意大利等都是分裂的。到了中世纪，英法等国加强中央集权，成为王国，王国内的贵族仅仅有采邑，不再对领地拥有绝对的权力；意大利等国则分裂为许多城市国家，一些国家仍由公爵管理，如米兰公国；德意志仍然四分五裂；波兰、俄罗斯逐渐发展成为大公国；俄罗斯由于东正教加冕不再称为公爵国家，自己的元首称沙皇；由奥地利、普鲁士等小国组成的莱茵联邦——神圣罗马帝国，其中既有公国也有侯国。其中有权选举皇帝的魏玛公国、巴伐利亚公国等称为选帝侯国，由选帝侯国中的通过教皇加冕选出来的，就成为神圣罗马帝国的皇帝。

世界上现存的公国主要有摩纳哥公国、安道尔公国、列支敦士登公国、卢森堡大公国和萨摩亚独立国等。

(6)联合酋长国（United Emirates）。

酋长国是以部落酋长为国家元首的国家。现特指阿联酋，可以理解为是由若干个“酋长国”联合组成。这里的主题词 Emirates 是复数，指的是国家的组成单元，和合众国的表达类似。

第二节　国家政治体制

一、政治体制的概念与种类

(1)政治体制的概念。

政治体制简称为政体，是实现国家权力的一种形式，它指的是表现国家权力的体制。还有一个概念是政权组织形式，一般认为，政权组织形式也是指一个国家实现国家权力的机关组织。通常认为，政治体制和政权组织形式有密切的关系，但又有区别，两种实现国家权力的形式各有侧重点：政体着重于体制，而政权组织形式着重于机关。政体粗略地说明国家权力的组织过程和基本形态，而政权组织形式则着重于说明实现国家权力的机关及各机关之间的相互关系。[①] 政权组织形式，是指国家权力实现的一种形式，即在不同的国家机关之间为了实现国家权力的有效运作而进行的权力配置，以及由此形成的不同国家机关之间的相互关系。[②] 实际上，两者并无实质区别，政治体制需要国家政权机关来实现，而政权组织形式也恰恰是政治体制的核心内容。

---

① 何华辉，著. 比较宪法学［M］. 武汉大学出版社，1988：136，139，144.

② 邓建宏，主编. 宪法学［M］. 中国检察出版社，2002：153.

（2）政治体制的分类。

政体一般指一个国家政府的组织结构和管理体制，在不同的历史时期，不同的国家和地域，政治体制都不尽相同。亚里士多德根据执政者的人数来划分，将城邦分为三种：一人统治的君主政体；少数人统治的贵族政体；多数人统治的共和政体。西塞罗也沿用亚氏的标准划分三种政体：一人拥有统治权的君主制，由选举产生的少数人掌握统治权的贵族制和人们掌握统治权的民主制。到了近代，随着国家政体日趋复杂，政治学家们在此基础上，根据最高掌权者的产生方式，任职期限以及国家与政府的结合程度对政体进行更精细的分类。一般有如下分类。

① 共和政体与君主政体。根据国家最高权力是否由一人掌握为标准，划分为共和政体和君主政体，其实质是，国家政权是由多数人享有所有权，还是由少数人享有所有权。共和政体是指国家的最高权力实际上或名义上都不属于一人所有，而由选举产生并有一定任期的国家机关掌握的政体。如总统制、议会制、委员会制等。君主政体是指国家的最高权力实际上或名义上由君主一人掌握的政体。纯粹的君主政体，在现代国家中已很少，大多已转变为实质的共和政体，如君主立宪制。

② 世袭政府与选任政府。根据国家元首的产生方式，分为以血缘关系为基础的世袭制和建立在定期选举上的选任制。世袭制主要是专制国家或君主国所适用的体制，这是建立在职位的个人所有制基础上，占有职位的人可以将自己的职位私相授受，交给自己所信任的人。选任制是民主国家所适用的体制，在这些国家中，选民的投票就是在任命政府主要官员。民主体制下的选票实际上是选民对候选人（有资格想要担任官职的人）表达自己的意见的法定符号，每一张选票代表了每一个选民的意见。

③ 内阁制与总统制。以立法机构与行政机构的关系为标准，将政体分为：内阁制和总统制。前者是指行政首脑机关（如英国的内阁）由立法机关——议会产生，并向后者负责，英国就是典型的内阁制；后者是指行政机关独立于立法机关，双方各自独立，美国的政制是总统制的典型代表。

④ 集权政府与分权政府。依据国家权力的集中程度为标准，将政体分为集权制与分权制两种。前者是指权力集中于中央政府的体制，后者是指中央政府与地方政府分享权力的体制。这种分类涉及的是政府的纵向权力分配关系，集权制就是中央集权制，也就是单一制；而分权制则是联邦制或包括了邦联制在内的复合制。

⑤ 直接民主制与间接民主制。依据主权机关与政府机关的关系为标准，分为两种：一种为直接民主制——即主权机关直接行使政府职能，另一种是间接民主制——主权机关委托一个或若干个机关行使政府的职能。“民主制”一般指国家层面的多数人的统治，

直接民主制与间接民主制只能是民主制中的两种不同的形式，而不能作为独立的政体形式。

(3)现代政体的主要类型。

由于各国历史条件的差异，在这种政体下也产生了许多有特点的政权组织形式，主要包括君主立宪制、总统制、议会内阁制、委员会制、半总统制和人民代表制等六种政治体制。社会主义国家的政体都是共和政体，其政权组织形式都是人民代表制。这种单一化的政权组织形式是由社会主义国家的一切权力属于人民决定的。只是由于各社会主义国家的历史传统、现实状况、民族因素等方面的差异，各国人民代表制在具体运用过程中不相同而已。[①]

① 君主立宪制。也称为议会君主制或君主立宪单一制。是指君主不再享有专制政体下的无限权利，其权力受到宪法和议会限制的政体。君主形式上作为最高国家权力的象征，其职责多数是礼仪性的。而实际上最高国家权力却控制在议会手中，议会拥有立法、组织和监督政府的权力。政府（内阁）掌握行政权力，由议会产生并对议会负责。

这一体制的典型代表是英国，其他国家还有日本、丹麦、挪威、瑞典、比利时、荷兰和西班牙等。

② 议会制。又称为议会共和制、议会内阁制。是指政府（内阁）由拥有多数议席的政党组成，并在法律上对议会负责的体制。总统是国家元首，但权力有限，行政权力归总理和对议会负责的内阁。当议会通过对内阁的不信任案后，内阁必须辞职或提请国家元首解散议会，进行改选，以使新议会决定内阁的去留。多数国家实行议会制。

议会制的典型代表是德国、意大利等欧洲大部分国家实行这一体制。

③ 总统制。亦称总统共和制，以总统为首的行政机关独立于立法机关之外，政府不对议会负责。在这种体制下，独立选任的总统，既是国家元首又是政府首脑，总统总揽行政权力，统帅陆海空三军，由当选的总统组织政府。不论是否得到议会的支持，都在法定的期限内任职。总统拥有相当多的决策权和执行权；同时，议会保留有较多的决策权，并对选民负责。作为立法机关的议会，其议员不能兼任行政职务，而作为行政机关的政府官员，也不能兼任议员。相比之下，总统制下的议会对政府的监督权和制约权，比议会制国家的议会的权力大。

美国是典型的总统制国家，其他国家，如墨西哥、韩国、菲律宾、埃及、印度尼西亚、巴西、阿根廷等也实行总统制。

---

① 周叶中．宪法［M］．北京：高等教育出版社、北京大学出版社，2000：212－213．

④ 君主制。分为二元君主制和专制君主制（无限君主制）。二元君主制：虽然名义上是君主立宪，但是君主掌握相当的实权，与内阁两权分立，可以看成是君主独裁制到君主立宪制的过渡阶段。君主为国家元首和政府首脑，颁布国家宪法，掌握国家各项大权，议会只是协助君主处理政务，无实际权力。其典型代表是斯威士兰。其他国家如柬埔寨、文莱、约旦、摩洛哥等国大体上也是这种体制。

专制君主制：是君主独揽最高国家权力，而不受法律和其他任何国家机关制约和监督的一种政体。在古代历史上，曾经广泛存在一种君主专制政体，如今越来越少，主要分布在阿拉伯半岛。其变化形态又称为“世袭君主独裁制”，禁止任何政党活动，君主掌握国家最高权力。其典型代表为沙特阿拉伯，其他如卡塔尔、巴林和阿曼等国家也是这种体制。

⑤ 委员会制。由多名委员组成的委员会行使国家权力，各委员权力相同，委员会主席由各委员轮流坐。在实行这种政体的国家里，立法权属于国会，最高行政机构由委员会构成，由议会选举产生。

委员会制的典型代表是瑞士，由七个委员组成的委员会行使国家的最高权力，委员会实行集体领导，委员的权力是平等的。

⑥ 半总统制。总统由全民投票选举产生，有法定的任期，而不论是否得到议会的支持。总统为国家元首和政府首脑，拥有重大权力。总理由总统任命和撤换，但也要获得议会中的多数支持。这些国家都实行多党制，而实行混合制是既要避免议会制下政府的频繁更迭，又要避免权力过分集中。

半总统制的典型国家是法国，其他的俄罗斯、波兰等东欧国家以及从苏联独立出来的国家大体也是半总统制。

⑦ 人民代表制。这种体制下，代表机关都在国家政权组织体系中占有最高地位，其他机关由代表机关产生，对代表机关负责。在形式上有苏维埃制、大国民议会制、代表团制、人民代表大会制度等许多具体表现。

这种体制的典型代表是前苏联，其他国家如中国、朝鲜、古巴、越南等也实行这一体制。

二、人民代表大会制度

(1) 人民代表大会制度的概念和特点。

人民代表大会制度是指依据宪法和有关法律的规定，由人民按照一定的原则和程序选举人民代表组成全国人民代表大会和地方各级人民代表大会作为国家的权力机关，再由各级权力机关产生同级其他国家机关，并监督其他国家机关的一种政权组织形式。我国现行宪法第 2 条第 2 款规定："人民行使权力的机关是全国人民代表大会和地方各级人民代表大会。"第 3 条第 2 款规定："全国人民代表大会和地方各级人民代表大会都由民主选举产生，对人民负责，受人民监督。"第 3 款规定："国家行政机关、审判机关、检察机关都由人民代表大会产生，对它负责，受它监督。"根据宪法，我国的人民代表大会制度具有以下特点。

① 人民代表大会制度全面反映了人民同国家的关系。它体现了人民主权的宪法原则。人民主权是世界上多数国家宪法确立的原则。我国宪法也明确规定中华人民共和国的一切权力属于人民。虽然主权在民，但在现代社会，人民并不直接行使国家权力，而是通过宪法和法律授权给国家机关来行使。在我国，根据宪法的规定，代表人民行使国家权力的机关是全国人民代表大会和地方各级人民代表大会。

② 人民代表大会制度突出了人民代表大会的权力机关地位。我国的人民代表大会制度不同于三权分立原则下由三个不同国家机关分别行使国家权力的政权组织形式。具体表现为：在权力机关与同级其他国家机关的关系中，权力机关处于支配和核心地位。权力机关产生同级其他国家机关，其他国家机关要对权力机关负责，并接受它的监督。

③ 人民代表大会制度规制着中央和地方国家机关的关系。宪法第 3 条规定：中央和地方的国家机构职权的划分，遵循在中央的统一领导下，充分发挥地方的主动性、积极性的原则。也就是说，在保证国家统一的原则下，实行中央和地方分权，发挥二者的积极性。

（2）人民代表大会制度的内容。

① 人民代表大会制度表明了人民和人民代表大会之间的关系。即人民在民主选举的基础上产生各级人民代表大会，各级人民代表大会代表人民行使国家权力，对人民负责，受人民监督。

② 人民代表大会制度明确了人民代表大会和其他国家机关之间的关系。人民代表大会在有了人民的授权以后，并不直接行使所有的国家权力。它通常要把国家权力进行横向的划分，只把立法权、监督权、重大事项决定权、选举和任免权等具有决定性意义的权力由它自己行使，而把行政权、审判权和检察权通过宪法和法律的形式授予由它产生的行政机关、审判机关和检察机关来行使。我国宪法和有关组织法具体地规定了各国家机关的职权。这些国家机关在行使国家权力时要对人民代表大会负责，并接受权力机关的监督。人民代表大会监督其他国家机关权力的行使，监督的形式包括：听取和审议工

作报告、计划和预算执行情况、执法检查、专题调研、质询询问以及罢免等。在这种权力配置的基础上，形成了以人民代表大会为核心的国家机关体系。

(3)人民代表大会制度是我国的根本政治制度。

人民代表大会制度符合我国国情，与中华人民共和国的国家性质（共和国）相适应，是我国的根本政治制度。

① 人民代表大会制度是其他政治制度赖以建立的基础。在一个国家中，在宪法的框架秩序下，有许多不同的政治制度在起作用，如选举制度、检察制度、审判制度等等。这些政治制度具有内在的有机联系并构成一定的政治制度体系。在这个政治制度体系中，处于核心地位，发挥着凝聚、协调政治制度体系的作用，支配着整个政治制度运作的是根本政治制度。在我国，人民代表大会制度就是这样一种政治制度，它不依赖于其他政治制度而存在，相反，人民代表大会制度确立后，为了贯彻实施人民代表大会制度，才陆续建立了选举制度、检察制度、司法制度等，并形成了较为全面的政治制度的体系。这表明了人民代表大会制度在中国政治制度中的主导与支配性地位。

② 人民代表大会制度反映了我国政治生活的全貌。参与政治生活是人本质属性的要求，人们对政治生活的参与必须通过一定的程序和形式。政治制度则是这种程序和形式的表现和存在方式，政治生活是丰富多彩的，内容涉及许多领域和方面。每一种政治制度都在一定的程度上，从不同侧面规范和表现一定政治生活的内容。人们正是通过不同的政治制度参与不同方面的政治生活。在我国，人们只要参加政治生活，就会与人民代表大会制度发生关系，直接或间接地被纳入人民代表大会制度所规范和调整的政治生活之中。

(4)加强和完善人民代表大会制度。

人民代表大会制度是历史的选择，是完全适合中国国情的，具有强大的生命力，必须坚持人民代表大会制度。但任何事物都有一个不断完善和发展的过程，人民代表大会制度也不例外，应当在实践中不断加强和完善人民代表大会制度。实践证明，只有不断完善和健全人民代表大会制度，切实加强人民代表大会制度建设，才能树立其权威，从而充分发挥人民代表大会制度的实际作用。从我国现阶段的实际状况来看，完善人民代表大会制度应从以下两方面进行。

① 理顺各级人大及其常委会与其他机关组织的关系，包括各级人大及其常委会与同级党组织、同级国家行政机关、同级人民法院和人民检察院的关系。

② 加强人民代表大会制度的自身建设，应从以下方面改进：1）组织机构建设，包括增设专门委员会，加强地区、乡、镇人大的机构建设，加强各级人大及其常委会的组织建

设；2）制度建设，具体包括会议制度、各级人大常委会与代表的联系制度，人大代表与选民的联系制度，人大代表的视察、调查制度，人大代表的学习制度；3）成员素质的提高。[①]

③ 健全人民代表大会的权力运行机制。

④ 健全人民代表大会的具体操作制度。具体包括：设立辩论制度、会期制度的完善、人大主席团制度的改革、健全和完善人大的监督职能。[②]

第三节 国家结构形式

一、国家结构形式概述

1. 概念和种类

国家结构形式是国家与其组成成员之间、中央与地方之间的相互关系；一般来说，国家结构形式主要有单一制和复合制两大类型。复合制又包括联邦制和邦联制。在当代国家结构中，单一制与联邦制是主要形式。

单一制是指由若干不享有独立主权的一般行政区域单位和特殊行政区域单位组成的统一主权国家。世界上大多数国家都是单一制国家。不过，单一制下又可以区别为两种具体实践形态，一是中央集权制形态，如中国、韩国、法国、葡萄牙、波兰、埃及等；二是中央集权下的地方分权形态，如英国、日本、意大利、西班牙等。

复合制是指由两个以上国家组成的国家联盟，按其联合的程度又分为联邦和邦联。联邦是指由两个以上共和国或邦、州联合组成的统一国家。现代社会有不少国家是联邦制国家，如美利坚合众国、墨西哥合众国、德意志联邦、俄罗斯联邦、捷克斯洛伐克等。邦联则是指两个以上的独立国家为了某种特定目的而结成的国家联合。邦联不是国家主体，是指几个独立国家为了达到政治、军事、经济或贸易等方面的特定目的而结合起来的一种国家联合。第二次世界大战后，出现了某些国家为了某种共同利益而形成的国家联盟组织，如欧盟、东非共同体和东南亚国家联盟等，这些共同体、联盟都具有邦联的性质。

---

① 周叶中，主编．宪法［M］．北京：高等教育出版社、北京大学出版社，2000：218－222.

② 胡肖华，肖北庚主编．宪法学［M］．长沙：湖南人民出版社、湖南大学出版社，2001：214－215.

2. 单一制与联邦制的主要区别

① 单一制国家：全国只有一部宪法；只有一个中央国家机关体系；每个公民只有一个统一的国籍；各行政单位或自治单位均受中央政府的统一领导，不能脱离中央而独立；各行政单位或自治单位所拥有的权力都通常由中央以宪法或法律形式授予；国家整体是代表国家进行国际交往的唯一主体。

② 联邦制国家：联邦和其成员国分别有自己的宪法和法律，以及各自的国家机关体系（包括立法机关、行政机关和司法机关）；公民具有双重国籍，既是成员国的国民，又是联邦国的公民；通过宪法划分联邦与成员国的权利，联邦的权力，包括立法权、行政权和司法权，来自各成员国的授权，凡未授予联邦的权利通常由各成员国保留；在对外关系方面，联邦的组成成员单位一般没有权力。

3. 决定国家结构形式的主要因素

由于各国历史传统、民族状况和政治、经济、文化等的发展情况不同，以及国内阶级力量对比关系与国际环境的影响，资本主义国家和社会主义国家中都有采用单一制和联邦制的国家。因此，国家结构形式和国家性质并没有必然的联系。一个国家采取何种国家形式，主要有以下决定因素：民族因素、经济因素、地理因素和历史因素。而且在实践中，一些国家建立联邦制，往往同时受到上述多种因素的制约和影响。

二、我国单一制的国家结构形式

(1)采用单一制的原因。

我国历部宪法都明确规定，中华人民共和国是全国各族人民共同缔造的统一的多民族国家。这一规定表明，我国实行单一制的国家结构形式。我国单一制国家结构形式的确立，既有历史的原因，又有民族的原因。

从历史必然性上讲，第一，中国境内各民族均有悠久的历史，他们共同劳动生息在这块土地上，创造了祖国灿烂的文明；第二，一百多年来，中国受外国的侵略和压迫，国内各民族遭受被压迫的命运是共同的，因此，各民族要团结起来以求得共同的生存和解放；第三，我国社会建设事业的发展，要求各民族团结和加强国家的统一。因而，单一制的国家结构形式是中国历史发展的必然。

从超稳定的文明价值模式、民族的融合与中华民族的认同、近现代革命的历程、封闭的地理环境等方面来看，超稳定的文明价值模式包括两个方面：国家和社会的政治大一统观念及实践；宗法的思想和制度。我国是一个多民族国家，然而却一以贯之地建立了单一制。究其原因，是由于我国民族融合的程度、范围、结果以及统一的中华民族的共同认识所促成的。

总而言之，我国的单一制国家结构形式有着长久的历史传统。它是我国的经济基础、生产方式、社会意识形态、民族关系发展、近现代革命历程以及地缘等因素综合作用的结果，是历史的发展给我们创造的基础和条件。

(2)我国实行单一制的优越性。

一般认为，在我国，实行单一制的国家结构形式是符合我国的国情和人民的愿望的。它具有以下优越性：有利于国家的独立和统一；有利于国家的建设和发展；有利于各民族的共同繁荣和发展。

实践证明，单一制具有较大的灵活性和可包容性。它便于体现国家职能，从而是十分适宜的国家结构形式。第一，除全国性的事务由中央政府统一领导，其他的由地方政权自由安排，这样可以调动地方单位的积极性。第二，可以包容民族自治地方，解决民族问题。第三，可以包容若干特别行政区。由此可见，我国的单一制结构形式并不简单地是中央集权的僵化模式，而是一种高度灵活的结构形式。

三、我国的行政区域划分

(1)行政区划的含义及其划分原则。

行政区划是“行政区域划分”的简称，它是指统治阶级为便于管理，兼顾地理条件、历史传统、风俗习惯、经济联系、民族分布等因素，把国家领土分成层次不同、大小不等的若干区域的制度。因此，行政区划是人为的，而非自然形成的；统治机构通过对国家领土进行某种划分，以实现其有效管理的目的。

我国的行政区划遵循以下基本原则：一是有利于民族团结，考虑各民族的要求、利益及特点，保证民族区域自治的实施；二是有利于社会经济建设，既要照顾地理环境，又要照顾自然资源和经济发展状况，使行政区划与经济区划、国土规划尽可能地协调统一；三是兼顾行政管理效率和地方自主权的实现；四是参照历史状况。同时，根据宪法和法律的有关规定，行政区域的划分和变更，必须经过法定程序。

(2)行政区划存在的问题及改革措施。

行政区划是国家政治体制的重要组成部分，是地方制度的基础，它直接关系到国家的长治久安，社会生活的稳定持续发展以及国家管理的效能运行。行政区划的结构合理与否，必然影响到整个政治体制的正常运行。因此，探讨行政区划的有关问题，并对其进行分析，提出对策和改革的方案具有重要意义。

学者们普遍认为，当前我国行政区划制度存在的主要弊端是：第一，行政层次多而乱；第二，管理层次多，管理幅度小，形成尖三角形的行政体制，权力过分集中；第三，行政区划缺乏长远规划；第四，行政区划法制化薄弱，造成工作无章可循，无法可依；第五，行政区划名称混乱，行政区域界限不明确。[①]

特别是近些年来，我国地方行政区划有频繁、急剧的变化。这些变化表现在：1）因社会环境改变而改变；2）因执行不同的民族政策而变动；3）因城镇的发展而变动；4）因某种特别管理而变动。由于对行政区划的结构缺乏系统的、科学的综合研究，有些对行政区划的调整就不那么适应社会经济、政治发展的需要。有的甚至是背道而驰，负效应大于正效应。[②] 针对上述在行政区划中存在的问题，学者们提出了相关的建议和改革措施。

① 行政区划的层次问题。我国目前宪法规定的行政区划层次是省，如果加上派出机构，有的地方有五级甚至六级。有学者认为，我国行政区划是省、县、乡三级制，而实际上目前普遍设置的是省、自治区、直辖市一级，市、自治州一级，县、自治县、市一级，乡、民族乡、镇一级的四级制。统一现行普遍存在的四级制设置为好，应进行的主要变革是将地方派出机构与具有中心作用的地级市合并；有学者认为，我们追求的行政区划的目标应是二级制，实行二级制的彻底办法是划小省区，使省区的数目增加到四十到五十之间；有的学者则建议实行省、自治区、直辖市一级，县、自治县市、市辖区一级，乡、民族乡、镇三级制。

② 撤县设市问题。有学者认为，撤县设市这一模式是改革发展的产物，是符合社会主义市场经济建设要求和改革开放思维的，通过撤县设市的措施来精简机构，减少行政编制，节约经费开支，有利于提高行政管理的效率和水平。但有的学者对此持相反观点，并从根本上否定了这种撤县设市的模式，认为撤县设市造成了城市概念的混乱，使城郊的比例失调。

③ 市领导县的问题。学者们分析了市领导县的四种类型，即小市领导小县，大市领导小县，大市领导大县，小市领导大县。对于这种体制有三种不同的观点：第一种观点

---

① 张文范，主编．中国行政区划研究［M］．中国社会出版社，1989.

② 熊文钊．行政区划——国家结构和体制的基本问题［G］//龚祥瑞，主编．宪政的理想与现实，北京：中国人事出版社，1995：305.

认为，这种体制有利于以经济发达的城市为中心带动周围农村发展，是符合社会主义市场经济发展需要的行政区划体制，至于这种体制存在的问题可以通过制度的修正和进一步完善加以解决；第二种观点认为，市领导县的体制是失败的，理由是导致了城乡发展的不平衡，采用行政手段将市县捆在一起不符合市县的发展规律，从而引起市县矛盾尖锐，特别表现在利益分配方面，在实践中不是市带动县，而是市卡县，市刮县，市挤县；第三种观点认为，对市领导县的体制的优劣不能简单的一概而论，而应该一分为二。

④ 市领导市问题。所谓市领导市是指由于地市合并和由县改为市从而出现了地级市领导县级市的情况。我国的行政学界和宪法学界普遍认为，这种情况是违背法治精神的。有学者指出，这种领导体制是不符合我国宪法和法律的，而且在我国有关行政区划的法律法规中都没有这一体制的规定，因此这一体制的出现是极不合理和科学的；其次，实行市领导市实际上是被管理市成为管理市的一个区，作为建制市也就有名无实，地级市为了防止所辖县级市独立出来，在资金、物资项目等方面就会对县级市、市区与县不能一视同仁，因此会导致地级市与县级市矛盾的激化。①

第四节　国家象征

1. 国家象征的概念

国家象征是一个主权国家的代表和标志，主要包括国旗、国徽、国歌、首都等。作为国际交往中的国家识别标志，世界各国几乎都有自己的国家象征。它代表了一个国家的主权、独立和尊严，反映了一个国家的历史传统、民族精神，甚至国体和政体等。还有，它有利于增强国民的民族自豪感和爱国热情。本国人民对自己国家的象征都有着特殊的感情，凡爱国者都会尊重并自觉维护国旗、国歌、国徽等的尊严和地位。

2. 国家象征的具体形式

(1)国旗。

国旗是一个国家最常用的国家象征和标志，是国家的一种标志性旗帜，它通过一定

① 刘怡昌，许文惠，徐理明．行政科学发展［M］．北京：中国人事出版社，1996：219.

的样式、色彩和图案反映一个国家政治特色和历史文化传统。在一个主权国家领土上一般不得随意悬挂他国国旗。世界上最古老的国旗系丹麦国旗，被称为“丹麦人的力量”。旗地为红色，旗面上有白色十字形图案，稍偏左侧。随着欧洲近代资产阶级革命的展开，公民意识和主权意识高涨，大量国旗应运而生。最有影响力的当属法国三色旗，红白蓝三色象征着革命者平等、自由、博爱的信念，直接影响到周边国家的革命进程和国旗设计。20 世纪以来，随着亚非拉国家独立的高潮，大批国旗随着新独立的国家诞生。到目前为止，世界各国（包括未被普遍承认地区）的国旗数量已达到 199 面。

世界上各国国旗的颜色主要有红、白、绿、蓝、黄、黑等，这些颜色各有一定的含义，形状绝大多数是长方形。各国往往以宪法或者专门的法律来规定国旗的名称、图案以及使用方法。

我国现行宪法第 136 条第 1 款规定：“中华人民共和国国旗是五星红旗。”第七届全国人大常委会第十四次会议根据宪法制定了《中华人民共和国国旗法》。该法对国旗的构成、制作、升挂以及使用办法等都做了具体规定。

① 我国国旗的组成及含义。我国的国旗是五星红旗。国旗的形状、颜色两面相同，旗上五星两面相对。旗面为红色，长方形，其长与高为三与二之比，旗面左上方缀黄色五角星五颗。一星较大，其外接圆直径为旗高 3/10，居左；四星较小，其外接圆直径为旗高 1/10，环拱于大星之右。旗杆套为白色。

② 国旗的悬挂使用。根据《国旗法》的规定，国旗按照下列办法使用。（1）升挂国旗的机构与场所。国旗法区分了应当每日升挂国旗的场所，应当在工作日升挂国旗的场所以及在节假日升挂国旗的场所三种情况。

应当每日升挂国旗的场所包括：北京天安门广场、新华门、全国人民代表大会常务委员会、国务院、中央军事委员会、最高人民法院、最高人民检察院、中国人民政治协商会议全国委员会、外交部、出境入境的机场、港口、火车站和其他边境口岸、边防海防哨所。

应当在工作日升挂国旗的场所包括：国务院各部门、地方各级人民代表大会常务委员会、人民政府、人民法院、人民检察院、中国人民政治协商会议地方各级委员会。全日制学校除寒假、暑假和星期日外应当每日升挂国旗。应当在国庆节、国际劳动节、元旦和春节等节假日升挂国旗的场所包括：各级国家机关和各人民团体、企业事业组织、村民委员会、居民委员会、城镇居民院以及广场公园等公共活动场所。

③ 升挂国旗的时间与方法。每日升挂国旗、在工作日升挂国旗以及在节假日升挂国旗的，应当早晨升起，傍晚降下。全日制中学、小学除假期外每周举行一次升旗仪式。

升挂国旗时可以举行升旗仪式。举行升旗仪式时，在国旗升起的过程中，参加者应当面向国旗肃立致敬，并可以奏国歌或者唱国歌。国旗与其他旗帜同时升挂时，应当将国旗置于中心较高或者突出的位置。在直立的旗杆上升降国旗，应当徐徐升降。升起时必须将国旗升至杆顶；降下时，不得使国旗落地。下半旗时，应当先将国旗升至杆顶，然后降至旗顶与杆顶之间的距离为旗杆全长的三分之一处。降下时，应当先将国旗升至杆顶，然后再降下。

④ 国旗的维护。五星红旗是我国的象征和标志，所有公民和组织都应当尊重和爱护国旗。为了维护国旗的尊严，国旗法规定，不得升挂破损、污损褪色或者不合规格的国旗。国旗及其图案不得用作商标和广告，不得用于私人丧事活动。在公共场合故意以焚烧、毁损、涂划、玷污、践踏等方式侮辱国旗的，依法追究刑事责任。情节较轻的，由公安机关处以 3 日以下拘留。

(2)国歌。

国歌，是代表一个国家民族精神的歌曲，是被国家的政府和人民认为能代表该国家政府和人民意志的乐曲，是用来歌颂与鼓励一个民族的信心与凝聚力的。一般来说，它们都带有爱国主义色彩。荷兰是世界上最早出现国歌的国家。1569 年，荷兰人民为抵抗西班牙统治者的统治与压迫，高唱《威廉 · 凡 · 那叟》（奥兰治的威廉）冲向敌人，并战胜了西班牙统治者。荷兰人民对这首代表着国家民族精神的歌曲十分地热爱。后来，这首歌曲便成了荷兰的国歌。从此以后，许多国家也争相模仿，制定出自己国家的国歌。

各国的国歌各不相同，有的是民族斗争的产物；有的是和平时代的赞歌；有的描写自己国家的自然风光和地理环境；有的则叙述国家古老的历史。如英国国歌《天佑女王》，歌词来自圣经；法国国歌原名《莱茵河军团战歌》。1792 年，革命士兵马赛一团高唱这首战歌进军巴黎，所以被叫做《马赛曲》，1795 年被法国革命政府定为国歌；美国国歌《星条旗》，用的是《安纳克利翁在天宫》的旋律。

中华人民共和国国歌是《义勇军进行曲》，原为抗战影片《风云儿女》的主题曲。由著名词作家田汉作词，音乐家聂耳作曲。1949 年 9 月，根据马叙伦的提议，中国人民政治协商会议第一届全体会议通过《关于中华人民共和国国都、纪年、国歌、国旗的决议》，规定“在中华人民共和国的国歌未正式制定前，以义勇军进行曲为国歌”。《义勇军进行曲》成为代国歌。

“文化大革命”时期，词作者田汉被指控为叛徒下狱，国歌遂变成纯演奏曲，一般情况下均不再高唱国歌。这段时间，《东方红》成为实际的国歌。至“文革”结束后，1978 年 3 月 5 日中华人民共和国第五届全国人民代表大会第一次会议，通过集体（重新）填词的《义勇军进行曲》为中华人民共和国国歌。

1982 年 12 月 4 日，第五届全国人民代表大会第五次会议通过决议，撤销 1978 年 3 月全国人民代表大会通过的歌词，恢复原《义勇军进行曲》之词、曲为中华人民共和国国歌。2004 年 3 月 14 日，第十届全国人民代表大会第二次会议正式将《义勇军进行曲》作为国歌写入宪法修正案，即第 136 条第 2 款："中华人民共和国国歌是《义勇军进行曲》。

(3) 国徽。

国徽即代表国家的徽章、纹章，为国家象征之一，也是民族的象征。只有特定的国家重要文件才能盖上国徽大印，正式生效。国徽上通常有来自大自然的元素，如动物植物，但也可能有其他事物，用以表现该国的风土人情、历史文化或意识形态。世界上大多数国家的国徽属于盾徽（即盾形徽章，是欧洲中世纪的产物，用来作为某个家族或者组织的徽章，后来很多成为国徽和皇家徽章）。

我国现行宪法第 137 条规定："中华人民共和国国徽，中间是五星照耀下的天安门，周围是谷穗和齿轮。"其内容为国旗、天安门、齿轮和谷穗（国旗和天安门象征国家，齿轮象征工人阶级，谷穗象征农民阶级），象征中国人民自"五四"运动以来的新民主主义革命斗争和新中国的诞生。1950 年 6 月 18 日，中国人民政治协商会议第一届全国委员会第二次会议通过中华人民共和国国徽图案及对该图案的说明。1954 年 9 月，一届全国人大一次会议及其通过的以后历次宪法均予以确认。1991 年 3 月 2 日，中华人民共和国第七届全国人民代表大会常务委员会第 18 次会议通过了《中华人民共和国国徽法》，自 1991 年 10 月 1 日起施行。

(4) 首都。

首都，又称国都、首要城市或行政首府。首都通常是一个国家的政府所在地，政治和经济活动的中心城市，各类国家级机关集中驻扎地，国家主权的象征城市。一些国家不只有一个首都，有一些国家为了谋求发展而迁都。中国历朝历代的首都也在不断变化。1927 年，民国政府定都南京，将南京称为中国首都，至此中国第一次有了"首都"的称呼，并沿用至今。现行宪法第 138 条规定："中华人民共和国首都是北京。"

北京位于中国大陆华北平原北端，东南局部地区与天津市相连，其余为河北省所环绕，其地理位置优越。北京有着 3000 余年的悠久历史和 850 多年的建都史。早在 70 万年前，周口店地区就出现了原始人群落"北京人"。北京最初见于记载的名字为"蓟"。北京是中国首批历史文化名城和中国 9 大古都之一。全球只有极少数城市像北京一样长时间作为一个国家的政治和文化中心。

第三章　国家的重要制度

开篇事例

深圳一选民自荐竞选人大代表 印制50份海报拉选票①

2003年5月15日，深圳市福田区举行四届人大换届选举，福田区55选区的不少选民在选票“另选他人”一栏填上“邹家健”的名字。选民邹家健是以非正式候选人的身份自荐参加区人大代表选举的。有关法学专家称此举在深圳乃至全国尚属首例。

5月13日晚，邹家健自制了50份海报在小区张贴，海报写道：在人大代表选举中，请在“另选他人”一栏里直选：邹家健！并称：根据《选举法》，公民有权在候选人以外另选他人。请投下您庄严一票，选择一位敢为百姓维权代言的人大代表。

第一节　政党制度

一、政党的概念和特征

1. 政党的概念

什么是政党，学界有不同的观点。第一种观点认为，“政党是一定社会中的阶级或阶层，为争取实现自身的政治统治而组织起来的，有明确的纲领和严格的纪律的政治组织，是现代社会政治体系的重要构成部分。”② 第二种观点认为，“政党即社会中一定阶级或阶层的活动分子，为了实现某种目标而有计划地组织起来的一种政治组织，社会承认它具有组织与扩张其主张的合法权利，它也积极介入到政治生活之中，为取得或维持政权，或影响政治权力的行使而发挥自己的作用。”③ 第三种观点认为，“政党是代表一定阶级、阶层或集团的意志和利益，为夺取政权、巩固政权而斗争的政治组织。”④ 马克思主义认为，政党是阶级斗争的产物，它是在阶级社会中，一定的阶级或阶层的政治上最积极的代表，为了共同的利益和共同的政治目的，特别是为了取得政权和保持政权，而在阶级

① 刘俊同，李天君．深圳一选民自荐竞选人大代表 印制50份海报拉选票［N］．中国青年报，2003－5－17．
② 王仲田，主编．政治学导论［M］．中共中央党校出版社，1997：137．
③ 杨光斌，主编．政治学原理［M］．北京：中国人民大学出版社，1998：194．
④ 萧蔚云，姜明安，主编．北京大学法学百科全书·宪法学行政法学卷［M］．北京：北京大学出版社，1999：697．

斗争中形成的政治组织。

我们认为，政党是由一部分政治主张相同的人结合起来，以争取民众或控制政府的活动为手段，以谋促进国家利益实现为共同理想，有目标、有纪律的政治团体。这一定义包括以下内容：政党是由部分政治主张相同的人所结合的团体；政党是基于人民的意愿和国家需要而结合的团体；政党以取得政权、实现政纲为目的；政党是较具有永久性的有组织、有纪律的政治团体。

2. 政党的起源

政党是一个政治范畴，也是一个历史范畴，是近代资产阶级革命的产物和民主政治的表现。世界上最早的政党起源于英国，由17世纪70年代英国议会中的不同政治派别辉格党和托利党发展而来，这是近代政党的萌芽。直到19世纪30年代以后，英国出现了真正的近代政党，即由辉格党和托利党历经演变而形成的保守党和自由党。在美国，18世纪70年代美国独立初期，国会中就有联邦党和反联邦党两个政治派别，到19世纪60年代演变为民主党和共和党。世界上最早的无产阶级政党是1847年在伦敦成立的共产主义者同盟。

中国近代政党起源于19世纪末20世纪初，它是中国民族资产阶级登上历史舞台的政治表现。戊戌变法前后，资产阶级改良派康有为、梁启超等组织强学会、南学会、保国会等组织。这些组织带有政党色彩，是近代政党之萌芽。后来，孙中山等人组织兴中会、华兴会、光复会，可视为政党的雏形。1905年，孙中山领导成立的同盟会是近代中国第一个真正意义上的政党。

此后，中国现代政党的建立呈现三大高潮，一是辛亥革命前后，宋教仁组织国民党。该组织于1913年被解散。1914年，孙中山组织中华革命党；二是“五四”运动前后，1919年10月由孙中山建立的中华革命党正式改组为中国国民党。1921年7月，中国共产党正式成立；三是抗战前至20世纪40年代后期，许多民主党派纷纷走上政治舞台。

3. 政党的特征

政党有以下特征：①有具体、明确的政治纲领；②有由其成员组成的、定型的组织体系和领导机构，不同于国家机构；③政党都具有组织纪律性；④以夺取或控制政权，或影响政治权力的运作为政治目标，不同于一般的社会团体。

二、政党的功能

学者们对政党功能的表述与概括不尽相同，大致有四方面说、五方面说和六方面说。四方面说将政党的功能概括为：实现利益聚集和表达的途径；形成和培养政治精英的渠道；实现社会化和政治动员的途径；组织政府的手段。[①] 有学者概括为五个方面：主导或影响政治过程；表达或整合民众利益；政治社会化；政治录用与精英输送；监督与完善政治运作。[②] 有学者表述为六个方面：凝聚阶级的利益要求和政治意识；集合和发展阶级的政治力量；影响和领导国家政治生活；培养和选拔阶级政治精英；组织和领导阶级斗争；影响和参与国际政治事务。有学者指出，除了上述六项作用外，政党还具有舆论宣传、政治整合、维护稳定、社会动员等多种作用。[③] 我们认为，政党具有以下功能：

第一，表达或整合民众意愿的功能。在人民主权原理下，如何通过民主的运作，表达人民的共识，是一个艰难的过程。政党是其成员和选民利益的代表者，在整个政治体系结构中，政党是一种利益聚集的机构，也是联系统治者（政府）和被统治者（民众）的桥梁。政党是一个双向的（自上而下和自下而上）表达渠道。它通过综合、选择和简化等方式，把社会成员的个别需求转化为易于操控的集体性建议和方案。

第二，培养政治人才、教育启蒙的功能。政党最基层的党员都是政治生活的积极参与者，通过长期的参与和实践，积累了政治运作程序的基本知识，自然成为民意代表的候选人。同时，政党在政策上提出一些前瞻性的见解，具有启迪民众，发挥政治教育的功能。

第三，推动选举良性运作的功能。因为选举有政党经常性的政治活动作为辅助，有关候选人、政党的政策主张等选民们应该了解的问题，通过自己的组织渠道和对大众的影响力，将政党的政策和方针在短期内传达给民众和社会，促使选举活动达到最佳效果。

第四，影响国家机构运作及政策形成的功能。国家机构因为有政党的协调、制衡，更能有效发挥其职权作用达到国家的目标。政党参与各种政策的研讨、议案的草拟，对于国家政策的形成，也会产生重大影响。总的来说，政党是现代社会变迁的推动力。

---

① 燕继荣. 现代政治分析原理［M］. 北京：高等教育出版社，2004：213.

② 孙关宏，胡雨春，编. 政治学［M］. 上海：复旦大学出版社，2006：120.

③ 赵晓呼，编. 政党论［M］. 天津：天津人民出版社，2002：50.

三、政党制度及其类型

近现代国家政治发展昭示人们：政党和政党制度是国家政治生活中非常重要的组成部分。作为国家根本法的宪法对政党制度自然不能熟视无睹。另外，法治原则的贯彻和法治国家的建立，其最根本的标志在于一切国家机关、组织和个人都必须以宪法为根本的运行准则，政党也不例外。因此，政党的组织和活动也不能超出宪法和法律的范围，政党制度也应该成为宪法学基本内容之一。①

1. 政党制度的概念

政党制度，又称“政党政治”“政党体制”。各国的政党制度是由各自不同的历史条件所决定的，是自然而然发展起来的，一般并没有明确的法律规定，不过是政党干预政治的习惯形式的统称。对于什么是政党制度，目前还没有形成一致的看法。第一种观点从广义角度定义，认为，“广义地讲，政党制度是指一国中政党的存在及其活动方式，包括各种政党的法律地位，政党同各种团体的关系，政党与政权关系以及政党对政治生活的影响等。狭义地讲，政党制度是指一国内掌握或可能掌握国家政权的政党的地位，以及它们同其他政党及政权之间的关系。”② 第二种观点认为，“政党制度是关于政党组织、政党活动及政党参与行使国家权力的方式的一系列制度的总和。”③ 第三种观点认为，政党制度是由国家法律规定或在实际政治生活中形成的关于政党的社会政治地位、作用，执掌政权或参与政治的方式、方法、程序的制度性规定。④ 我们采用第三种定义。

2. 政党制度的类型

当代各国的政治，在许多情况下是通过政党进行的，但由于各国历史条件和具体情况存在差异，其政党活动的方式和政党制度也不尽相同。从形式上看，政党制度大致有以下几种。

(1)一党制。

在实行一党制的国家，一党单独执政，在法律上或事实上不允许其他政党存在。从

---

① 周叶中，主编. 宪法［M］. 北京：高等教育出版社、北京大学出版社，2000：334.
② 李步云，主编. 宪法比较研究［M］. 北京：法律出版社，1998：950.
③ 张庆福，主编. 宪法学基本理论［M］. 北京：社会科学文献出版社，1994：389.
④ 周叶中，主编. 宪法学［M］. 北京：法律出版社，1999：273.

宪法规定看，实行一党制的国家主要是一些发展中国家，如少数的非洲民族主义国家。

(2)两党制。

两党制是由两个主要政党占据统治地位并互相竞取政府权力的政党制度。其主要特点是：①在政治体系中，尽管也有着一些小党存在，但是，只有两个主要的政党真正拥有选举和立法的有效实力，具有赢得政府权力的现实可能性，并不是说实行两党制的国家内只存在两个执政党。②以选举为基础，赢得选举的政党（多数党）一般单独执政，另一个在选举中失败的政党（少数党）则成为反对党。③政府权力在两党之间轮流交替，二者都可以通过选举上台，一方执政，另一方就成为在野党。

两党制以英美为典型，如英国的保守党和工党、美国的民主党和共和党，长期轮流执政。两党制也被广泛运用于加拿大、澳大利亚、新西兰等英联邦成员国。

(3)多党制。

多党制是指西方国家两个或多个政党竞争国家政治职位并轮流执政或联合执政的制度。多党制国家政治具有以下基本特点：党派林立，情况复杂，内阁更迭频繁，政党不断组成政党联盟。当今世界，大多数西方国家实行多党制，典型的多党制国家如法国、德国、意大利等。

(4)一党为主、多党共存制。

是指在一个国家中，由一个处于领导地位的政党执掌国家政权，其他合法存在的政党作为参政党参与国家政权建设的新型政党制度。我国实行的中国共产党领导的多党合作制，就是这样一种政党制度。1989 年以前的苏联、罗马尼亚、匈牙利和 1990 年以前的阿尔巴尼亚都实行无产阶级政党领导制。

四、中国大陆的政党制度

中国大陆的政党制度总体上属于一党制，但无执政党和在野党的划分，而是实行中国共产党领导的多党合作和政治协商制度。其基本内容包括：(1) 以宪法为多党合作的根本活动准则，都负有维护宪法尊严，保障宪法实施的职责。(2) 多党合作的政治基础和奋斗目标是：坚持四项基本原则，坚持社会主义初级阶段的基本路线，把建设富强、民主、文明的社会主义现代化国家和统一祖国、振兴中华为共同奋斗目标。(3) 中国共产党同各民主党派间的关系不同于外国政党之间的关系，不存在执政党与在野党的关系。中国共产党是执政党，各民主党派是参政党。(4) 民主党派参政的基本点是“四参一监”，四参是：参加国家政权；参与国家大政方针和国家领导人选的协商；参与国家事务的管理；参与国家方针、政策、法律、法规的制定执行。所谓“一监”是互相监督。(5) 多党合作的基本方针是“长期共存，互相监督，肝胆相照，荣辱与共”。(6) 各民主党派都制定各具特色的政党纲领，反映各自所联系的成员的利益和要求，但不允许存在反对四项基本原则、危害国家政权的组织，一经发现，依法取缔。

五、爱国统一战线

(1)概念及范围。

爱国统一战线是指由中国共产党领导的，由各民主党派参加的，包括社会主义劳动者、社会主义事业的建设者、拥护社会主义的爱国者和拥护祖国统一的爱国者组成的广泛的政治联盟。

它具体包含两个范围的联盟：一个是大陆范围内，以爱国主义和社会主义为政治基础的团结全体劳动者、建设者和爱国者的联盟，这是统一战线的主体和基础；另一个是大陆范围以外的，以爱国和拥护祖国统一为政治基础的团结台湾同胞、港澳同胞和海外侨胞的联盟，这是统一战线的重要组成部分。

(2)基本任务。

新时期爱国统一战线的任务是：高举爱国主义、社会主义旗帜，团结一切可以团结的力量，调动一切积极因素，同心同德，群策群力，坚定不移地贯彻执行党在社会主义初级阶段的基本路线，为维护和发展安定团结的政治局面服务，为推进改革开放和社会主义现代化建设服务，为健全社会主义民主和法制服务，为促进“一国两制”、和平统一祖国服务。可以概括为三大任务，即为社会主义现代化建设服务；为实现祖国统一大业服务；为维护世界和平服务。

(3)组织形式。

爱国统一战线的组织形式是中国人民政治协商会议，它是实现中国共产党领导的多党合作和政治协商制度的机构。

① 性质。政协章程规定：“中国人民政治协商会议（简称人民政协）是中国人民爱国统一战线的组织，是中国共产党领导的多党合作和政治协商的重要机构。”为此，有学者将其性质概括为三个方面：1）是我国的爱国统一战线的组织；2）是中共领导的多党合作和政治协商的一种重要组织形式和重要机构，不是国家机关；3）是各党派、各人民

团体、各界代表人物团结合作、参政议政的重要场所。①

人民政协既不属于国家机构体系内的国家机关，也不同于一般的社会团体，而是中国人民民主统一战线的组织形式。它根据“长期共存、互相监督、肝胆相照、荣辱与共”的方针，不断充实与完善中国共产党领导的多党合作和政治协商制度，努力发挥民主党派和无党派爱国人士在国家政治生活中的重要作用，对国家的大政方针、各项建设事业和人民生活中的重大问题进行协商、讨论，并实行民主监督。这对于建设社会主义民主政治，改善和加强中国共产党的领导，改进和支持政府的工作，实现重大决策的民主化、科学化，都起到了重要作用。

② 组成。中国人民政治协商会议设全国委员会和地方委员会。全国委员会由中国共产党、各民主党派、无党派人士、人民团体、各少数民族和各界的代表、台湾同胞、港澳同胞和归国侨胞的代表以及特别邀请的人士组成。地方委员会的组成根据当地情况，参照全国委员会的组成决定。

③ 主要职能。中国人民政治协商会议全国委员会和地方委员会的主要职能是政治协商和民主监督，组织参加本会的各党派、各社会团体和各族各界人士参政议政。

政治协商，就是对国家和地方的大政方针以及政治、经济、文化和社会生活中的重要问题在决策之前进行协商和就决策执行过程中的重要问题进行协商。中国人民政治协商会议全国委员会和地方委员会可根据中国共产党、人民代表大会常务委员会、人民政府、民主党派、人民团体的提议，举行有各党派、团体的负责人和各族各界人士的代表参加的会议，进行协商，亦可建议上列单位将有关重要问题提交协商。

民主监督，就是对国家宪法、法律和法规的实施情况，对中共中央与国家领导机关制定的重大方针、政策的贯彻执行情况，对国家机关及其工作人员在履行职责、遵纪守法、为政清廉等方面的情况，通过建议和批评进行监督。

参政议政，是政治协商和民主监督的拓展和延伸，其内容和形式除与政治协商和民主监督相同的以外，还包括选择人民群众关心、党政部门重视、政协有条件做的课题，组织调查和研究，积极主动地向党政领导机关提出建设性的意见；通过多种方式，广开言路，广开才路，充分发挥委员的专长和作用，为改革开放和社会主义现代化建设献计献策等。

① 许崇德，主编. 宪法[M]. 北京：中国人民大学出版社，1989：88.

第二节　选举制度

一、选举制度概述

(1)选举制度的概念。

选举制度是关于选举国家代表机关代表和国家公职人员的原则、程序与具体方法的各项制度的总称。选举制度的概念可分为广义与狭义两种。广义的选举制度包括选举代表机关代表与特定公职人员的选举，选举主体的范围比较广泛。狭义选举制度是指选民依据选举法的规定选举代表机关代表的制度。选举制度是科学地分配与运用权力的重要形式，属于国家制度的重要组成部分，体现国家权力与公民权利之间的平衡关系。

选举制度的具体内容由选举法规定。它包括选举的基本原则、选举权利的确定，组织选举的程序和方法，以及选民和代表之间的关系。我国选举法调整的对象限于全国人大代表与地方人大代表的选举，采用狭义选举制度的概念。

近代意义上的选举制度和资产阶级议会制密切相联，它是近代民主制的重要组成部分。资产阶级以“人民主权”为原则，公民作为权利主体通过选举产生代表，组织议会和政府。

(2)我国选举制度的发展和完善。

1979 年，五届全国人大二次会议通过了新的《中华人民共和国全国人民代表大会和地方各级人民代表大会选举法》。这部法律是在 1953 年选举法的基础上，总结了多年来的实践经验，结合当时形势的变化和社会主义现代化建设的需要而产生的，有如下几方面重要的修改和发展：把直接选举从乡镇扩大到县、自治县，把代表候选人的等额选举改为差额选举，并对提名程序做了较大修改，取消举手投票方法，一律采用无记名投票，把代表名额上下限规定，改为按人口比例的原则规定，由各省、区人大常委会据此决定具体名额等。同时还增加了选民和选举单位对代表的监督、罢免和补选的专章，这部《选举法》对于发展社会主义民主，完善我国的选举制度，有着重要的意义。

1979 年修改的选举法公布施行以后，又于 1982 年、1986 年、1995 年、2004 年和 2010 年由全国人大常委会先后做了五次修正。主要内容是：具体规定了各级人大代表名额；逐步缩小农村与城市每一代表所代表的人口数比例，实现城乡按相同人口比例选举人大代表；缩短了选举过程的法定时间；确立了选区划分原则；实行了一次登记长期有效的选民登记制度；将选民和代表推荐候选人由附议改为联名，增加了华侨回国期间参加选举问题的规定等。这对进一步完善我国选举制度，深化其民主内涵起到了重要的作用。

二、我国选举制度的基本原则

选举制度的基本原则是指不同国家选举制度所共有的基本特征，是选举制度在各国长期发展的过程中，为多数国家所共同认可和接受的一些做法。从当代各国宪法来看，民主宪政国家选举制度的基本原则主要是普遍选举、平等选举、直接选举和间接选举并用、差额选举、秘密选举（无记名投票）、自由选举、选举权的保障等。我国选举法中体现的基本原则包括普遍选举、平等选举、直接选举和间接选举并用和秘密选举四大原则。

(1)选举权的普遍性原则。

选举权的普遍性是就享有选举权的主体范围而言的，是指一国公民中能够享有选举权的广泛程度，它反映了一国公民参与国家政治活动的程度。我国《宪法》第34条规定，“中华人民共和国年满十八周岁的公民，不分民族、种族、性别、职业、家庭出身、宗教信仰、教育程度、财产状况、居住期限，都有选举权和被选举权；但是依照法律规定被剥夺政治权利的人除外。”这是我国选举权普遍性的突出表现。此外，为了实现普遍性的选举，选举法对各少数民族的选举和对归侨代表的选举做了专门规定，并规定人民解放军单独进行选举。

由此可见，在我国享有选举权的基本条件有三个：一是具有中国国籍，是中华人民共和国公民；二是年满18周岁；三是依法享有政治权利。除此以外，公民不因诸如民族、种族、性别、财产状况、居住期限、教育程度等任何外在因素的差别，而使享有选举权的资格受到限制或剥夺。

根据1983年3月第五届全国人大常委会第二十六次会议通过的《关于县级以下人民代表大会直接选举的若干规定》，下列人员准予行使选举权利：①被判处有期徒刑、管制、拘役而没有附加剥夺政治权利的；②被羁押、正在受侦查、起诉、审判，人民检察院或者人民法院没有决定停止行使选举权利的；③正在取保候审或者被监视居住的；④正在被劳动教养的；⑤正在受拘留处罚的。这样，在我国年满18周岁的公民中，实际行使选举权的人更多，表明普遍选举权在我国政治生活中真正得到了实现。

当代许多国家的宪法和选举法都确立了普选制，但普选制并不是指公民毫无条件、毫无限制地参加选举，而是指公民在一定条件下不受特别限制地参加选举，因而普选制是就一定程度而言的选举制度。我国宪法和选举法规定依法被剥夺政治权利的人不享有选举权和被选举权，当然，他们只占我国人口的极少数。

根据选举法的规定，无法行使选举权和被选举权的精神病患者不列入选民名单。精神病患者不同于被剥夺政治权利的人，他们没有被剥夺选举权，而只是因为他们没有控制和辨认自己行为的能力，因而暂时不能行使选举权。待其精神恢复正常以后，仍然应该列入选民名单中。

(2)选举权的平等性原则。

选举权平等的基本含义是：每一选民在一次选举中只能有一个投票权，不能同时参加两个或两个以上地方的选举；每一选民所投的票的价值与效力是一样的，不允许任何选民享有特权，禁止对选民投票行为的非法限制与歧视。这是“公民在法律面前一律平等”原则在选举制度中的具体体现。从理想的状态来说，选举权的平等性不仅应该包括选民的机会平等，而且应该包括选民投票的结果平等。

我国选举权的平等性着重于实质上的平等，而不单纯是形式上的规定。选举权的平等原则并不排除对于某些特定人群合理的差别待遇，这种差别待遇并不违反选举权的平等原则。选举法对少数民族与汉族每一代表所代表的人口数规定了不同的人口比例。全国人大代表中，每个少数民族都应有自己的代表，人口特少的民族至少应有一名代表，各少数民族的代表名额由全国人大常委会参照各少数民族的人口和分布等情况分配给省级人大选举产生。在地方各级人大代表的选举中，在少数民族聚居的地方，每一聚居的少数民族都应有代表参加当地的人民代表大会。这是为了保证我国各个少数民族在政治生活中的平等权利，使中华人民共和国真正成为各个民族平等、友好、团结的大家庭。

(3)直接选举和间接选举并用的原则。

所谓直接选举是指由选民直接投票选举国家代表机关代表和国家公职人员的选举。间接选举则是指由下一级国家代表机关，或者由选民投票选出的代表（或选举人）选举上一级国家代表机关代表和国家公职人员的选举。

我国选举法规定，不设区的市、市辖区、县、自治县、乡、民族乡、镇的人民代表大会代表，由选民直接选出；全国人民代表大会代表，省、自治区、直辖市、设区的市、自治州的人民代表大会代表，由下一级人民代表大会选出。由此可见，我国在选举中采取的是直接选举和间接选举并用的原则。

毫无疑问，直接选举是比间接选举更为理想的一种选举方式。它不仅有利于选民直接根据自己的意愿，挑选自己所信任的人进入国家权力机关，代表他们管理国家，从而有利于选民直接向代表反映意见和要求，并监督代表的工作，而且也有利于代表联系选民，向选民负责并报告工作，有利于增强广大选民的主人翁意识和参政、议政的积极性，还有利于激发代表作为人民公仆的责任感。从总体上看，我国直接选举的范围还过于狭窄。因此，随着我国政治、经济的发展，人民民主意识的增强和文化素质的提高，应逐步扩大直接选举的范围。

(4)秘密投票原则。

秘密投票亦称无记名投票，它与记名投票或以起立、举手、鼓掌等公开表示自己意愿的方法相对立，是指选民不署自己的姓名，亲自书写选票并投入密封票箱的一种投票方法。无记名投票包括秘密填写选票，在选票上不标识选民身份，投票时不显露选举意向等内容。秘密投票有利于选民更真实地表达自己的意愿。法国在 18 世纪大革命时开始承认秘密投票。美国独立战争（1775—1783）时《纽约州宪法》已有秘密投票的规定。这种做法后为许多国家采用。从性质上看，无记名投票相对于记名投票或公开投票更具有科学性，对于选民真实地、充分地表达自己的选举意向，消除选举中的舞弊现象以及保护选举人的合法权益，具有重要的作用。

我国现行《选举法》规定：“全国和地方各级人民代表大会代表的选举，一律采用无记名投票的方法。选民如果是文盲或者因残疾不能写选票的，可以委托他信任的人代写。”这就要求选举人在选举时只须在正式代表候选人姓名下注明同意或不同意，也可以另选他人或者弃权而无须署名，选举人将选票填好后亲自将选票投入票箱。这样，选举人的意思表示是秘密进行的，他人无权干涉。因此，秘密投票作为我国选举制度的基本原则之一，为民主选举提供了自由表达意愿的重要保障，使选民在不受外力的影响下，能完全按照自己的意愿挑选他所信赖的人进入国家机关，代表人民行使国家权力。

三、我国选举的组织与程序

选举的组织和程序包括设立选举机构，划分选区，确定选民资格，进行选民登记，提出候选人，进行投票和计票等程序。

(1)选举的组织。

选举法规定，不设区的市、市辖区、县、自治县、乡、民族乡、镇设立选举委员会，主持本级人大代表的选举。不设区的市、市辖区、县、自治县的选举委员会接受本级人大常委会领导。乡、民族乡、镇的选举委员会接受县级人大常委会领导。由此，我国主持选举工作的组织有两种：一是在实行间接选举的地方，如全国人大，省、自治区、直辖市的人大，设区的市和自治州的人大。由人大常委会主持本级人大代表的选举工作，人大常委会是组织和管理选举工作的机构，有权监督选举的整个过程；二是在实行直接选举的地方，设立选举委员会主持本级人大代表的选举。

具体而言，全国人大常委会主持全国人大代表的选举，省、自治区、直辖市、设区的市和自治州的人大常委会主持本级人大代表的选举。在选民直接选举人大代表时，由于选区划分、选民登记、候选人的提出以及主持投票和统计选举结果等工作繁多，需要设立专门的选举委员会主持选举。所以，县级和乡级人大代表选举时需要设立选举委员会，其中县级选举委员会受该县级人大常委会领导，其成员由本级人大常委会任命，乡级选举委员会受其所属的县级选举委员会领导，其成员由县级人大常委会任命。选举委员会下设办事机构，办理选举的具体事务。

(2)划分选区和选民登记。

选区是指以一定数量的人口为基础进行直接选举，产生人大代表的区域，也是人大代表联系选民开展活动的基本单位。在我国直接选举的地方，即在不设区的市、市辖区、县、自治县、乡、民族乡、镇，其人大代表的名额分配到各个选区，由选民按选区直接投票选举。

选区的划分，通常采取两种原则：一是行政区原则，即以行政区为选区划分的依据；二是人口分配原则，即按现有人口的多寡，为划分选区的依据。我国在划分选区过程中，一般遵循从具体情况出发，便于选民行使权利，便于代表联系选民和接受选民监督的原则。现行《选举法》规定："选区可以按居住状况划分，也可以按生产单位、事业单位、工作单位划分。"一般按每一选区选1~3名代表划分，因此，我国《选举法》基本遵循了后一种原则。

根据《选举法》的规定，选民是指依照宪法和法律规定，享有选举权，并经过选民登记，领取选民证的公民。选举权的主体是选民，选民登记是对选民资格的法律确认。选举机构依法审查和确认公民的选举资格。办理选民登记的过程即是将审查合格的公民编入选民名册，并发给选民证。

选民登记的形式主要有主动登记和被动登记，我国采取被动登记。选举法规定，凡年满18周岁未被剥夺政治权利的公民，都应列入选民名单。选民名单应在选举日的20日以前公布，并发给选民证。

(3)代表候选人的提出。

代表候选人的提出是民主选举的基础环节，是能否充分发扬民主、选好人民代表的关键。根据选举法的规定，全国和地方各级人民代表大会代表的候选人，按照选区或者选举单位提名产生。选民或者代表10人以上联名可以推荐代表候选人，各政党、各人民团体，可以联合或者单独推荐代表候选人。同时，公民参加各级人民代表大会代表的选举，不得直接或者间接接受境外机构、组织、个人提供的与选举有关的任何形式的资助。违反前述规定的，不列入代表候选人名单；已经列入代表候选人名单的，从名单中除名；已经当选的，其当选无效。

推荐代表候选人具体包括两个层次：一是在实行直接选举的单位，代表候选人由选区的选民和各政党、各人民团体提名推荐。选举委员会汇总后，在选举日的15日以前公布，并在该选区的各选民小组讨论、协商，确定正式代表候选人名单，在选举日的7日以前公布。

二是在实行间接选举的单位，则由各政党、各人民团体和代表提名推荐代表候选人。县以上地方各级人民代表大会在选举上一级人民代表大会代表时，由各级人民代表大会主席团把各政党、各人民团体和代表提出的代表候选人名单提交全体代表反复酝酿、讨论，并根据多数代表的意见，确定正式代表候选人名单。

同时，《选举法》规定，各级人民代表大会代表的选举，均实行差额选举。差额选举是指候选人的人数多于应选人数的选举。直接选举，代表候选人的人数应多于应选代表名额1/3至一倍；间接选举，代表候选人的人数应多于应选代表名额1/5至1/2。选举法还规定，选举委员会或者人民代表大会主席团应当向选民或者代表介绍代表候选人的情况。推荐代表候选人的政党、人民团体和选民、代表可以在选民小组或者代表小组会议上介绍所推荐的代表候选人的情况。选举委员会根据选民的要求，应当组织代表候选人与选民见面，由代表候选人介绍本人的情况，回答选民的问题。但是，在选举日必须停止代表候选人的介绍。

(4)选举投票。

投票是选民或代表行使选举权的最后环节。县以上地方各级人民代表大会在选举上一级人民代表大会代表时，由该级人民代表大会主席团主持。

在实行直接选举的地方，由选举委员会主持投票选举工作，组织投票有两种形式：一是各选区设选举投票站；二是召开选举大会投票。另外，选民如果在选举期间外出，经选举委员会同意，可以书面方式委托其他选民代为投票，但每一选民接受的委托不得超过3人。

选举投票结束后，要对选票进行统计和核对，从而进入选举结果的确认程序：①确定选举是否有效。在直接选举中，选区全体选民过半数参加投票选举有效，每次选举所投的票数多于投票人数的无效，等于或少于投票人数的有效，②代表候选人当选的确定。在直接选举中，选区全体选民过半数参加投票则选举有效，代表候选人获得参加投票的选民过半数的选票即为当选。若获得过半数选票的代表候选人的人数超过应选代表名额时，以得票多的当选。如果票数相等不能确定当选人时，应就票数相等的候选人重新投票。在实行间接选举的地方，代表候选人必须获得全体代表过半数的选票才能当选。③宣布选举结果。选举结果由选举委员会或者人民代表大会主席团根据选举法确定是否有效，并予以宣布。

(5)对代表的罢免和补选。

罢免是防止人大代表由人民公仆蜕化为高高在上、脱离人民的官老爷，从而使国家政权始终属于人民的根本保证。罢免权是选民对他们选出的不称职的代表机关代表或国家公职人员在其任职届满之前将其撤换的权利。它作为选民手中具有很强威慑力的“武器”，对政府官员具有一定的制约作用。[①]

《选举法》规定，罢免直接选举所产生的代表，须经原选区过半数的选民通过；罢免间接选举产生的代表，须经原选举单位过半数的代表通过，在代表大会闭会期间，须经各该级人大常委会组成人员的过半数通过。被罢免的代表可以出席上述会议或者提出书面申诉意见。罢免决议须报上一级人大常委会备案。

同时，《选举法》规定，人大代表因故在任期内出缺，由原选区或原选举单位补选。全国人大代表，省、自治区、直辖市、设区的市、自治州的人大代表，均可向选举他的人大常委会提出辞职。

四、选举的物质保障和法律保障

我国《选举法》第7条明确规定：“全国人民代表大会和地方各级人民代表大会的选举经费，列入财政预算，由国库开支。”这样，一方面从物质条件上保障了整个选举活动能够正常、顺利地进行；另一方面则可使每一个选民和候选人能够不致因财产占有的悬殊而在选举中受到任何限制或处于不利的地位，也可避免一些人利用经济实力来控制和操纵选举。

在法律上，一方面，我国选举法和其他有关选举的法律文件规定了我国选举的原则、组织、程序和方法，使我国选举制度得以法律化、制度化，因而不仅对选举权的剥夺、

① 任军锋，程竹汝．选举与公共政策：美国的实践［J］．政治学研究，2000（1）．

选民资格争议的申诉及破坏选举行为的诉讼与制裁等一系列重要问题作出了规定，而且还规定各省、自治区、直辖市的人大及其常委会可以根据选举法的规定，结合本地区的实际，制定有关选举的实施细则。另一方面，我国选举法以专章规定，对有下列违法行为的，应当给予行政处罚或者刑事处罚：一是以金钱或者其他财物贿赂选民或者代表，妨害选民和代表自由行使选举权和被选举权的；二是用暴力、威胁、欺骗或者其他非法手段破坏选举或者妨碍选民自由行使选举权和被选举权的；三是伪造选举文件、虚报选举票数或者有其他违法行为的；四是对于控告、检举选举中违法行为的人，或者对于提出要求罢免代表的人压制、报复的。国家工作人员有上列行为的，还应当依法给予行政处分。

第三节　经济制度

一、经济制度与宪法

(1)经济制度的概念。

经济制度是指一国通过宪法和法律所确认和调整的，以生产资料所有制形式为核心的各种经济关系存在和发展的原则、规则和政策的总和。经济制度的核心内容是生产资料的所有制形式，它决定国家的政权性质，是国家政治、经济、文化和社会发展的物质基础。

一定社会的经济制度是由社会生产力发展的状况所决定的，由于经济制度就是生产关系，所以，生产力决定生产关系，有什么样的生产力，或者说生产力状况如何，就决定或要求有什么样的生产关系；同时，生产力的发展变化决定着生产关系的发展变化。另一方面，生产关系对于生产力也有反作用。

经济制度构成一个社会的经济基础，它决定其政治制度和社会意识形态，并受到政治法律制度的保护。先进的社会经济制度，会推动生产力的发展和社会的进步；落后的社会经济制度，会阻碍生产力的发展和社会的进步。在不改变旧的经济制度，生产力就不能发展时，必然会爆发社会革命。社会革命的结果是推翻旧的经济制度，建立新的经济制度。随着经济制度的变革，政治、法律、文化、思想等属于上层建筑领域的东西也会发生变革。

(2)经济制度与宪法的关系。

宪法与经济制度有密切联系，经济制度是宪法的物质基础，宪法的主要使命之一是确认和维护执政阶级的经济基础。近代宪法通常只规定私有财产权神圣不可侵犯，保障自由市场经济的发展。社会主义经济制度是人民政权建立后，根据国情对旧的经济制度进行社会主义改造并取得胜利的产物。在国家根本法中做出了较为全面的规定。

1. 经济制度是宪法存在的基础。近代宪法产生于商品经济的确立。在商品经济社会，价值规律是基本的经济规律，等价交换和自由竞争是商品经济的基本要求。商品经济制度孕育了平等自由的政治理念，激励人们去推翻与之相悖的维护等级特权的封建专制制度，并最终通过制宪来维护这种理念。所以，商品经济的产生与发达是宪法存在的经济基础。

2. 宪法是对经济制度的确认。现代宪法产生之前，私有财产神圣不可侵犯是各国宪法的一项重要原则，当然，这一原则是把私有财产作为公民的一项基本权利来看待的，其初衷是排除国家干涉具体经济生活。以1919年德国《魏玛宪法》的诞生为标志，现代宪法产生。由于现代经济社会生活的复杂化，国家对经济的干预程度不断扩张，规定一国的经济政策成为宪法的重要内容。1918年，第一部社会主义类型宪法的诞生开创了经济宪法规范的新体例，后来出现的社会主义国家宪法普遍采用苏俄体制，明显不同于西方宪法。这些宪法一般都宣布消除资本主义制度赖以建立的经济基础，实行生产资料的公有化，建立社会主义公有制；实行各尽所能、按劳分配的原则等。

二、我国宪法确立的经济制度

我国现行《宪法》第6条第2款规定：“国家在社会主义初级阶段，坚持公有制为主体、多种所有制经济共同发展的基本经济制度。”这是新中国成立以来特别是改革开放以来实践经验的总结，凝聚了许多新的观点和论断。

1. 所有制形式

(1)社会主义公有制。

我国《宪法》第6条第1款规定：“中华人民共和国的社会主义经济制度的基础是生产资料的社会主义公有制，即全民所有制和劳动群众集体所有制。”在现阶段，我国的公有制经济不仅包括全民所有制经济（即国有经济）和集体所有制经济，还包括各种混合所有制经济中的国有成分和集体成分。生产资料的社会主义公有制不仅决定了国家的本质，也决定了我国经济制度的本质特征，是国家经济制度的基础，也是保障工人阶级实现对国家的领导和加强工农联盟的基础。

① 全民所有制。即国有制，是生产资料归社会全体成员公有、由代表全体人民的国家占有生产资料的一种所有制形式。《宪法》第 7 条规定："国有经济，即社会主义全民所有制经济，是国民经济中的主导力量。国家保障国有经济的巩固和发展。"

全民所有的财产包括属于全社会所有的工厂、农场、铁路、公路、银行、邮电等，以及矿藏、水流、森林、草原等自然资源。全民所有制经济是社会主义经济的主导力量。由于它是在全社会范围内实行公有化的经济，因而能够在全国范围集中资金、生产资料、劳动力，组织跨部门、跨地区的生产经营，进行大规模的经济建设。它拥有雄厚的物质技术基础，掌握着国家的经济命脉。它拥有现代化的工业、交通运输、邮电设施，具有扶助其他经济和用先进技术改造国民经济的物质力量。它还是保障集体经济沿着社会主义方向发展，保证个体经济和私营经济为社会主义服务的决定性条件。

② 劳动群众集体所有制。劳动群众集体所有制是指由集体单位内的劳动群众共同占有生产资料的一种公有制经济。我国的农业经济基本上属于集体所有制经济。农村集体所有的财产包括农村和城市郊区的土地，除由法律规定属于国家所有的以外，属于集体所有；宅基地和自留地、自留山，也属于集体所有。农村集体经济组织实行家庭承包经营为基础、统分结合的双层经营体制。农村中的生产、供销、信用、消费等各种形式的合作经济，是社会主义劳动群众集体所有制经济。参加农村集体经济组织的劳动者，有权在法律规定的范围内经营自留地、自留山、家庭副业和饲养自留畜。城镇中的手工业、工业、建筑业、运输业、商业、服务业等行业的各种形式的合作经济，都是社会主义劳动群众集体所有制经济。《宪法》第 8 条第 3 款规定："国家保护城乡集体经济组织的合法的权利和利益，鼓励、指导和帮助集体经济的发展。"

③ 公有制和公有制的实现形式。第一，公有制与其实现形式之间存在区别和联系。其区别在于公有制是指生产资料由国家占有和劳动群众集体占有，它是从宏观角度对生产资料占有形式进行的界定。公有制的实现形式则指公有制经济在微观领域中的具体体现，实际上是指生产资料的经营方式或组织形式。公有制是本质属性，实现形式是方法问题。其联系在于同一种所有制可以采用不同的实现形式，不同的所有制可采用同一种实现形式。第二，公有制实现形式的多样化。目前中国公有制的实现形式主要包括股份制、股份合作制、承包、租赁等。股份制应成为我国公有制的主要实现形式。公有制实现形式的多样化，不仅有利于公有制经济的发展壮大，也有力地推动了整个国民经济的

迅速发展。因此，一切反映社会化生产规律的经营方式和组织形式都可以利用。

(2)非公有制经济。

我国《宪法》第 11 条规定："在法律规定范围内的个体经济、私营经济等非公有制经济，是社会主义市场经济的重要组成部分。国家保护个体经济、私营经济等非公有制经济的合法的权利和利益。国家鼓励、支持和引导非公有制经济的发展，并对非公有制经济依法实行监督和管理。"这样，我国就形成了以公有制为主体、多种所有制经济共同发展的基本经济制度。

① 个体经济和私营经济。劳动者个体经济是以个人占有少量生产资料和产品，以个人及其家庭劳动为基础，以不剥削他人劳动为特点的一种经济形式。私营经济实际上指的就是私营企业，它是指企业资产属于私人所有，雇工达到一定规模以上的营利性经济组织。

② 外商投资企业。外商投资企业，是指在我国境内依照我国法律设立的，由外国投资者单独直接投资或者由外国投资者和中国投资者共同投资的企业。我国《宪法》第 18 条第 1 款规定："中华人民共和国允许外国的企业和其他经济组织或者个人按照中华人民共和国法律的规定在中国投资，同中国的企业或者其他经济组织进行各种形式的经济合作。"目前，我国利用外资的企业形式主要有中外合资经营企业、中外合作经营企业和外商独资企业三种形式。

③ 非公有制经济的地位和作用。非公有制经济是社会主义市场经济的重要组成部分。非公有制经济在发展生产、满足人民生活需要，增加就业，增加国家财政收入，增加经济活力，支持国民经济快速增长，充分调动人民群众和社会各方面的积极性，加快生产力发展等方面都发挥着重要作用。

在坚持公有制主体地位的前提下，要鼓励各种非公有制经济的发展，为非公有制经济的发展创造平等竞争、一视同仁的法制环境、政策环境和市场环境。依法保护各类企业的合法权益和公平竞争，并实行引导、监督和管理。

2. 分配制度

分配制度直接关系到广大劳动者的切身利益，因而是经济制度的重要组成部分。在分配制度上，《宪法》第 6 条规定："社会主义公有制消灭人剥削人的制度，实行各尽所能、按劳分配的原则。""国家坚持按劳分配为主体、多种分配方式并存的分配制度。"

按劳分配，是分配个人消费品的原则，即在生产资料社会主义公有制条件下，对社会总产品做了各项必要的社会扣除以后，按照各人提供给社会的劳动数量和质量分配个人消费品。在我国现阶段，除按劳分配以外，还存在着其他的分配方式。这些分配方式包括：按个体劳动者的劳动成果分配；按土地、资本、技术、劳动力的价值等生产要素进行的分配；福利性分配和社会保障收入等。其他分配方式的存在，是由我国现阶段的客观经济条件决定的，也是与我国公有制为主体、多种所有制经济共同发展的基本经济制度相适应的。

三、国家保护公共财产和公民合法私有财产

社会主义公共财产是公有制经济的物化形式，是国民经济存在和发展的前提和基础，是提高我国各族人民物质和文化生活水平的物质源泉，也是实现公民各项权利和自由的物质保障。因此，《宪法》第 12 条规定："社会主义的公共财产神圣不可侵犯。""国家保护社会主义的公共财产。禁止任何组织或者个人用任何手段侵占或者破坏国家的和集体的财产。"保护公共财产不受侵犯是国家的一项基本任务，同时，爱护公共财产也是公民、法人和其他社会组织的基本义务。

我国宪法对公民个人财产权利的保障经历了一个曲折的过程。现行《宪法》第 13 条规定："公民的合法的私有财产不受侵犯。""国家依照法律规定保护公民的私有财产权和继承权。""国家为了公共利益的需要，可以依照法律规定对公民的私有财产实行征收或者征用并给予补偿。"私有财产权的宪法保障不仅对促进公民其他基本权利的实现有重要作用，而且对于建立法治国家，推动整个社会的文明进步也具有重大意义。

第四节　民族区域自治制度

一、民族区域自治制度的概念

民族区域自治制度是在国家统一领导下，按照宪法和法律规定，在各少数民族聚居的地方建立自治地方，实行区域自治，设立自治机关，行使自治权，自主地管理本民族自治区域内事务的政治制度。包括以下主要内容：①实行民族区域自治的地方都是中华人民共和国不可分离的部分，民族自治地方的自治机关都是中央统一领导下的地方政权机关。②民族区域自治必须以少数民族聚居区为基础，是民族自治与区域自治的结合。

③在民族自治地方，设立自治机关。民族自治地方的自治机关是指该自治地方的人民代表大会和人民政府。④民族自治机关除行使宪法规定的地方国家政权机关的职权外，还可以依法行使广泛的自治权。

二、民族区域自治制度的确立和发展

经过多年的比较、探索，宪法逐渐选择了民族区域自治制度。这是从我国民族问题的历史和现实特点出发的。一是中国各民族关系最基本的特点是各民族长期统属于一个中央王朝的统治下，割据对峙是短暂的，统一是基本的、占主导地位的。二是各民族频繁迁徙，形成了既有大聚居，又有小聚居，既有交错聚居又有杂居和散居的状况，并在经济生活上建立了相互依存、密不可分的关系。三是鸦片战争后，各民族并肩作战，救亡图存，结成了患难与共的紧密关系。因此，1947 年 5 月 1 日，在内蒙古建立了我国第一个省级少数民族自治区，这是新政权建立前建立的第一个省级民族区域自治单位。它的建立，为之后推行民族区域自治制度提供了宝贵的实践经验。

1949 年 9 月通过的《中国人民政治协商会议共同纲领》正式将民族区域自治作为我国的一项重要政治制度确立下来，规定："各少数民族聚居的地区，应实行民族区域自治，按照民族聚居的人口多少和区域大小，分别建立民族自治机关。"民族区域自治载入具有临时宪法性质的《共同纲领》，标志着民族区域自治实现了由民族政策到国家制度的转变，是民族区域自治制度在我国的正式确立。此后，1955 年 10 月成立新疆维吾尔自治区，1958 年 3 月成立了广西壮族自治区，1958 年 10 月成立了宁夏回族自治区。到 1958 年，我国已有 83 个民族自治地方。

《民族区域自治法》颁布以来，民族区域自治获得了极大的发展和完善。截至 2008 年年底，全国共建立了 155 个民族自治地方，包括 5 个自治区、30 个自治州、120 个自治县（旗）。2000 年第五次全国人口普查表明，55 个少数民族中，有 44 个建立了自治地方，实行区域自治的少数民族人口占少数民族总人口的 71%，民族自治地方的面积占全国国土面积的 64%。此外，中国还建立了 1100 多个民族乡，作为民族区域自治制度的补充。

三、民族自治地方的自治机关

(1)性质与地位。

民族自治地方是指实行民族区域自治的行政区域，根据现行《宪法》第 30 条第 3 款的规定，民族自治地方包括自治区、自治州和自治县。民族乡不是民族自治地方。

民族自治地方的自治机关是指自治区、自治州、自治县的人民代表大会和人民政府。自治地方的人民法院和人民检察院不是自治机关。自治机关在我国国家机关体系中具有双重性质：一方面，它们是中央统一领导下的一级地方政权，行使一般地方国家机关的职权；其产生、任期、机构设置和组织活动原则，与一般地方国家机关相同。另一方面，自治机关依法享有自治权，在组成上，宪法和法律对此也有特殊的规定，是在国家统一领导下，少数民族自主管理、当家做主，行使自治权利的机关。

民族自治地方的自治机关实行人民代表大会制。民族自治地方的人民政府对本级人民代表大会和上一级国家行政机关负责并报告工作，在本级人民代表大会闭会期间，对本级人民代表大会常务委员会负责并报告工作。

各民族自治地方的人民政府都是国务院统一领导下的国家行政机关，都服从国务院。

民族自治地方与特别行政区在法律地位上有一致的地方，即民族自治地方和特别行政区都是中华人民共和国的一个地方行政区域，都是中华人民共和国不可分割的组成部分，都直辖于中央人民政府。但两者又有很大的区别：一是实行不同的社会制度；二是享有自治权的程度不同；三是实行不同的政治体制；四是法律体系不同。

(2)自治机关的民族特色。

① 自治区主席、自治州州长、自治县县长由实行区域自治的民族的公民担任；民族自治地方的人民代表大会常务委员会应当由实行区域自治的民族的公民担任主任或者副主任。

② 民族自治地方的人民代表大会中，除实行区域自治的民族的代表外，其他居住在本行政区内的民族特别是少数民族也应有适当名额的代表，而且对人口较少的民族的代表名额和比例分配将依法给予适当的照顾。

③ 民族自治地方的人民政府的组成人员以及政府所属工作机构中，要尽量配备少数民族的干部，对基本符合条件的少数民族干部要优先配备。实行民族区域自治的民族人口占本地区总人口1/2或以上的，其干部构成应当与本民族人口比例大体相当；少于1/2或者更少的，一般应高于本民族人口比例。

四、民族自治地方的自治权

民族自治地方的自治机关行使《宪法》第三章第五节规定的地方国家机关的职权，同时依照《宪法》《民族区域自治法》和其他法律的规定行使自治权，根据本地方实际情况贯彻执行国家的法律、政策。上级国家机关保障民族自治地方的自治机关行使自治权。

1. 制定自治条例和单行条例权

民族自治地方的立法权，主要是制定自治条例和单行条例的权力。根据《宪法》第116条的规定，民族自治地方的人民代表大会有权依照当地民族的政治、经济和文化的特点，制定自治条例和单行条例。

自治条例是指由民族自治地方的人民代表大会制定的、有关本地方实行区域自治的组织和活动原则、自治机关的构成和职权等内容的综合性的规范性文件。单行条例是指民族自治地方的人民代表大会在自治权的范围内，根据当地民族的政治、经济和文化特点制定的关于某一方面具体事项的规范性文件。

制定自治条例和单行条例都是地方立法行为，自治条例的法律地位相当于地方性法规，属于地区性和局部性法规，其法律效力仅限于自治权管辖的范围。它不得与上位法相矛盾。自治区的自治条例，报全国人民代表大会常务委员会批准后生效。自治州、自治县的自治条例，报省或者自治区的人民代表大会常务委员会批准后生效，并报全国人民代表大会常务委员会备案。因此，自治条例具有综合性、自主性、区域性、分权性和协调性的特点。

① 综合性。即从调整对象与调整方法看，自治条例具有综合性，是从总体上调整民族自治地方的政治、经济与文化生活，为自治地方的机关、团体与公民的活动提供统一的行为规范。它通常规定有关本地区实行的区域自治的基本组织原则、机构设置、自治机关的职权、工作制度及其他重大问题，是民族自治地方实行民族区域自治的综合性的基本依据和活动准则。

② 自主性。自治条例反映了自治地方行使自治权的自主活动，概括了自治地方的政治、经济和文化的特点。其制定权是一种自主性立法权，是宪法赋予民族自治地方自治权的具体化和法律化。其自主性主要体现在自治条例的内容、制定程序、批准程序与具体运用过程。

③ 区域性。自治条例主要是根据本地方的特点而制定的，调整本地方的民族关系，只在本地方有效，具有特定的区域性。

④ 分权性。在中央与地方职权（尤其是立法权限）的划分上具有一定程度的分权性，即以自治条例来制约集权，巩固与发展少数民族的自主权。自治权的设定、自治条例的制定权本身就是一种分权与多样性的表现。当然，这种分权与多样性，并不是脱离中央政府的权威与统一协调，是在统一性前提下的多样性。

⑤ 协调性。在民族区域自治法实施过程中，具体利益的协调主要是通过自治条例来进行的。在处理中央与地方自治机关之间、自治地方之间、自治地方内部不同民族之间的关系上，自治地方需要一种利益的自我调整机制。制定自治条例的过程实际上是把国家利益与少数民族特殊利益通过客观、合理的形式与机制加以协调的过程，以确定协调利益关系的合理标准。制定自治条例的意义不仅仅在于反映与维护自治地方的特殊利益，同时在于协调不同的利益关系。

2. 变通执行权

这是指自治机关对上级国家机关的决议、决定、命令和指示，如有不适合民族自治地方实际情况的，可报经上级国家机关批准，变通执行或者停止执行。

《中华人民共和国立法法》第 66 条第 2 款对自治条例和单行条例的立法权限作了特别规定，即“可以依照当地民族的特点，对法律和行政法规的规定作出变通规定，但不得违背法律和行政法规的基本原则，不得对宪法和民族区域自治法的规定以及其他有关法律、行政法规专门就民族自治地方所做的规定作出变通规定”。

截至 2008 年年底，民族自治地方共制定了 637 件自治条例、单行条例及对有关法律的变通或补充规定。民族自治地方根据本地实际，对国家颁布的婚姻法、继承法、选举法、土地法、草原法等多项法律作出变通和补充规定。

3. 财政自治权

财政自治权是一种综合性的概念，根据其行使形式的不同，表现出多样化的内容。具体包括：①民族自治地方的自治机关有管理地方财政的自治权，凡是依照国家财政体制属于民族自治地方的财政收入，都应当由民族自治地方的自治机关自主安排使用。②民族自治地方依照国家财政体制的规定，在全国统一的财政体制下，通过国家实行的规范的财政转移支付制度，享受上级财政的照顾。这一规定对于发展少数民族地区经济，切实实现财政管理自主权具有重要意义。③民族自治地方的财政预算支出，按照国家法律与政策的有关规定，设机动资金，预备费在预算中所占比例高于一般地区。自治机关在执行财政预算过程中，自行安排使用收入的超收和支出的节余资金。④民族自治地方的自治机关对本地方的各项开支标准，定员、定额，根据国家规定的原则，结合本地方的实际情况，可制定补充规定和具体办法。自治区制定的补充规定和具体办法，报国务院备案，自治州、自治县制定的补充规定和具体办法，须报省或者自治区人民政府批准。⑤民族自治地方的自治机关在执行国家税法的时候，除应由国家统一审批的减免税收项目外，对属于地方财政收入的某些需要从税法上加以照顾和鼓励的，可实行减税或者免税。自治州、自治县决定减税或者免税，须报省、自治区或直辖市人民政府批准。总体上讲，民族自治地方的财政管理自主权大于一般性行政区域。

4. 经济建设的管理权

经济因素与政治因素的结合是我国民族区域自治制度的重要特点。在经济建设方面，民族自治地方享有广泛的自治权。《宪法》第 118 条规定，“民族自治地方的自治机关在国家计划的指导下，自主地安排和管理地方性的经济建设事业。”“国家在民族自治地方开发资源、建设企业的时候，应当照顾民族自治地方的利益。”

经济建设的管理权主要包括：①根据国家的国民经济和社会发展的总体规划，各民族自治地方结合实际，制定经济社会发展的规划、目标和措施。②民族自治地方的自治机关根据法律规定和本地方经济发展的特点，合理调整生产关系和经济结构；③在国家计划的指导下，根据本地方的财力、物力和其他具体条件，自主地安排地方基本建设项目，自主地管理隶属于本地方的企业、事业。④民族自治地方依照国家规定，可以开展对外经济贸易活动，经国务院批准，可以开辟对外贸易口岸；民族自治地方在对外经济贸易活动中，享受国家的优惠政策。

另外，民族自治地方的自治机关在合理利用自然资源和环境保护方面也享有一定的自治权。如根据法律规定，确定本地方内草场和森林的所有权和使用权；依照法律规定，管理和保护本地方的自然资源；根据法律规定和国家的统一规划，对可以由本地方开发的自然资源，优先合理开发利用。

5. 公共事业管理权

发展教育、科学和文化事业是民族自治地方发展经济的重要条件。因此，民族自治地方的经济发展，既需要国家财政的支持，同时也需要少数民族地区自身文化和科学技术发展水平的提高。《宪法》第 119 条规定，“民族自治地方的自治机关自主地管理本地方的教育、科学、文化、卫生、体育事业，保护和整理民族的文化遗产，发展和繁荣民族文化”，从而确定了民族自治地方的公共事业管理权。

① 根据国家的教育方针，依照法律的规定，决定本地方的教育规划，各级各类学校的设置、学制、办学形式、教学内容、教学用语和招生办法。在少数民族牧区和经济困难、居住分散的少数民族山区，设立以寄宿为主和助学金为主的公办民族小学和民族中学，保障就读学生完成义务教育阶段的学业。经过 60 年的努力，民族地区教育事业得到

了长足发展。截至2008年年底，全国各级各类学校少数民族在校学生总数为2199.6万人。2000年的第五次全国人口普查表明，朝鲜、满、蒙古、哈萨克等14个少数民族的受教育年限高于全国平均水平。目前，55个少数民族都有自己的大学生，维吾尔、回、朝鲜、纳西等十几个少数民族每万人平均拥有的大学生人数已超过全国平均水平。

② 自主地发展具有民族形式和民族特点的文学、艺术、新闻、出版、广播、电影、电视等民族文化事业。组织、支持有关单位和部门收集、整理、翻译和出版民族历史文化书籍，保护民族地区的名胜古迹、珍贵文物和其他重要历史文化遗产，继承和发展优秀的民族传统文化。目前，民族自治地方全国重点文物保护单位有366个，世界文化遗产有拉萨布达拉宫历史建筑群、丽江古城2个，世界自然遗产有九寨沟、黄龙风景名胜区和“三江并流”自然景观3个。到2008年年底，全国民族文化事业机构达10282个，其中艺术表演团体651个，艺术表演场所191处，图书馆604个，群众艺术馆80个，文化馆643个，文化站6859个，博物馆240个。目前，民族地区每10万人拥有的文化单位数已经超过全国平均水平。

③ 自主地决定本地方的科学技术发展规划，普及科学技术知识。

④ 自主地决定本地方的医疗卫生事业的发展规划，发展现代医药和民族传统医药。截至2008年年底，15个民族设有本民族医药的医院，全国共有民族医院191所，床位8694张。其中藏医院70所，蒙医院51所，维医院39所，傣、朝、壮、苗、瑶等民族医院31所。从2006年开始，国家重点建设包括藏、蒙、维、傣、朝、壮、苗、土家8种民族医药在内的10所民族医院，努力推动民族地区整体诊疗水平的提高。

⑤ 自主地发展体育事业，开展民族体育活动，增强各族人民的体质。中国共举办九次全国性少数民族传统体育运动会。2011年9月10日，第九届全国少数民族传统体育运动会在贵阳举行。此次运动会共有16个竞赛大项。

6. 组织维护社会治安的公安部队

《宪法》第120条规定，“民族自治地方的自治机关依照国家的军事制度和当地的实际需要，经国务院批准，可以组织本地方维护社会治安的公安部队。”由此，民族自治地方建立公安部队应符合下列条件：①建立公安部队的目的是维护本地方的社会治安；②民族自治地方组建公安部队，必须符合国家的军事制度；③民族自治地方组建公安部队，必须经国务院批准。这一规定符合民族自治地方的实际情况，对于加强国防，维护社会治安有着重要的意义。

7. 使用本民族的语言文字

语言文字平等是民族平等的重要内容，也是少数民族享有的重要权利。《宪法》第121 条规定：“民族自治地方的自治机关在执行职务的时候，依照本民族自治地方自治条例的规定，使用当地通用的一种或者几种语言文字。”《民族区域自治法》第 21 条规定：“民族自治地方的自治机关在执行职务的时候，依照本民族自治地方自治条例的规定，使用当地通用的一种或者几种语言文字；同时使用几种通用的语言文字执行职务的，可以以实行区域自治的民族的语言文字为主。”内蒙古、新疆、西藏等民族自治地方，都制定和实施了使用和发展本民族语言文字的有关规定或实施细则。

根据宪法的规定，民族自治地方实行通用语言制和民族语文双语制相结合的语言制度。其内容包括：①民族自治地方的自治机关在执行职务的时候，依照本民族自治地方自治条例的规定，使用当地通用的一种或者几种语言文字。如在内蒙古自治区实行民族区域自治的民族是蒙古族，当地通用的语言文字是蒙古语文，还有当地和全国都通用的普通话和汉字。②同时使用几种通用的语言文字执行职务的，可以以实行区域自治的民族的语言文字为主。③民族学校实行双语教学。《民族区域自治法》规定，招收少数民族学生为主的学校（班级）和其他教育机构，有条件的应当采用少数民族文字的课本，并用少数民族语言讲课；根据情况从小学低年级或者高年级起开设汉语文课程，推广全国通用的普通话和规范汉字。截至 2007 年，全国共有 1 万多所学校使用 21 个民族的 29 种文字开展“双语”教学，在校学生达 600 多万人。

第五节　特别行政区制度

一、特别行政区的概念和特点

1. 什么是特别行政区

特别行政区，是指在我国版图内，根据我国宪法和基本法的规定而设立的、具有特殊的法律地位，实行特别的政治、经济制度的行政区域。其依据是《宪法》第 31 条的规定：“国家在必要时得设立特别行政区。在特别行政区内实行的制度按照具体情况由全国人民代表大会以法律规定。”它是为了通过和平方式解决历史遗留的港澳台问题而设立的特殊的地方行政区域，是“一国两制”方针的具体体现。《香港特别行政区基本法》和《澳门特别行政区基本法》对特别行政区制度做了具体规定。

2. 特别行政区的特殊性

特别行政区是我国单一制国家不可分离的部分，是我国的一个地方行政区域，但又具有特殊的法律地位。其特殊性表现在：

（1）实行高度自治。

自治权包括：①行政管理权。除国防、外交以及其他根据基本法应当由中央人民政府处理的行政事务外，特别行政区有权依照基本法的规定，自行处理有关经济、财政、金融、贸易、工商业、土地、教育、文化等方面的行政事务。②立法权。特别行政区享有立法权。虽然立法机关制定的法律须报全国人大常委会备案，但并不影响该法律的生效。③独立的司法权和终审权。特别行政区法院独立进行审判，不受任何干涉；特别行政区的终审法院为最高审级，该终审法院的判决为最终判决。④自行处理有关对外事务的权力。根据特别行政区基本法规定，中央人民政府可授权特别行政区依照基本法自行处理有关对外事务。

（2）不实行社会主义的制度和政策，保持原有的资本主义制度和生活方式 50 年不变。

香港基本法和澳门基本法都规定，在特别行政区不实行社会主义制度和政策，保持原有的资本主义制度和生活方式 50 年不变。这一规定充分体现了“一国两制”的基本方针。

（3）特别行政区的行政机关、立法机关由该地区永久性居民根据基本法的相关规定组成。

所谓“永久性居民”，是指在特别行政区享有居留权和有资格依照特别行政区法律取得载明其居留权和永久性居民身份证的居民。因此，特别行政区的政权是爱国者的政权，而不是人民民主专政的政权。

（4）原有的法律基本不变。

这是指除属于殖民统治性质或带有殖民色彩，以及同基本法相抵触或经特别行政区立法机关作出修改者外，原有法律予以保留。

3. 特别行政区与一般行政区的联系和区别

① 共同之处主要表现在：第一，都是中华人民共和国不可分离的一部分，是我国地

方制度的有机组成部分；第二，特别行政区是中华人民共和国的一级地方行政区域，直辖于中央人民政府；第三，特别行政区选举人民代表参加全国人民代表大会。

② 区别主要表现在：第一，地方政权体系不同；第二，行使权力的大小不同；第三，中央对它们的干预程度不同；第四，实施的法律不同。

二、中央与特别行政区的关系

根据基本法的规定，特别行政区是中华人民共和国享有高度自治权的地方行政区域，直辖于中央人民政府。因此，中央与特别行政区的关系，是一个主权国家内中央与地方的关系，或者说是中央对特别行政区进行管辖和特别行政区在中央监督下实行高度自治而产生的相互关系。这种关系的核心在于中央与特别行政区的权力划分和行使。

中央对特别行政区行使的权力主要有：中央人民政府负责管理与特别行政区有关的外交事务；中央人民政府负责管理特别行政区的防务；中央人民政府任命特别行政区行政长官和行政机关的主要官员；全国人大常委会有权决定特别行政区进入紧急状态；全国人大常委会享有对特别行政区基本法的解释权；全国人大对特别行政区基本法享有修改权，等等。

中央代表国家对特别行政区行使主权和管辖权，特别行政区是单一制的中华人民共和国不可分割的组成部分，是中央人民政府管辖下的地方政府，不能脱离中央而独立。

三、特别行政区的政治体制

特别行政区的政治制度既应当有利于维护国家的统一和领土的完整，又要能够保证实行高度自治；既要有利于保持和促进经济繁荣和社会稳定，又要兼顾社会各阶层的利益和要求；既不能照搬原有的政治制度，也要考虑原有政治制度中的一些优点。基本法所确定的政治制度体现了以下基本原则：从香港和澳门的法律地位和实际情况出发；行政机关和立法机关既互相配合又互相制衡、司法独立；适当保留和吸收原有制度的优点和特点。

特别行政区的政权组织包括行政长官、行政机关、立法机关和司法机关。

1. 特别行政区行政长官

特别行政区行政长官是特别行政区的首长，代表特别行政区，根据基本法的规定，对中央人民政府和特别行政区负责。特别行政区行政长官由年满40周岁，在香港通常居住连续满20年并在外国无居留权的香港特别行政区永久性居民中的中国公民，或在澳门通常居住连续满20年的澳门特别行政区永久性居民中的中国公民担任。依照基本法规定，特别行政长官的产生办法，在当地通过选举或协商产生，由中央人民政府任命。

根据《香港特别行政区基本法》第45条的规定，香港特别行政区行政长官的产生办法，应根据香港特别行政区的实际情况和循序渐进的原则而规定，最终达成由一个有广泛代表性的提名委员会按民主程序提名后普选产生的目标。根据《香港特别行政区行政长官的产生办法》的规定，在1997年到2007年的10年内由800人组成的包括工商、金融界、劳工、社会服务、宗教界、立法会议员、区域性组织代表以及香港地区全国人大代表和全国政协委员的代表等各界人士在内的、具有广泛代表性的选举委员会选举产生，由中央人民政府任命。

澳门特别行政区行政长官的产生办法与香港基本相同，但澳门特别行政区没有关于“根据循序渐进的原则，最终达到由普选产生”的规定；其选举委员会和推选委员会的人数比香港少得多。从1999年12月20日到2009年期间的第一、第二、第三任行政长官分别按照《全国人民代表大会关于澳门特别行政区第一届政府、立法会和司法机关产生办法的决定》和《澳门特别行政区行政长官产生办法》产生。

香港特别行政区和澳门特别行政区的行政长官任期为五年，均可以连选连任一次。

特别行政区行政长官拥有广泛的职权。根据两个基本法的规定，香港特别行政区行政长官行使13项职权：①领导香港特别行政区政府；②负责执行本法和依照本法适用于香港特别行政区的其他法律；③签署立法会通过的法案，公布法律；签署立法会通过的财政预算案，将财政预算、决算报中央人民政府备案；④决定政府政策和发布行政命令；⑤提名并报请中央人民政府任命下列主要官员：各司司长和副司长、各局局长、廉政专员、审计署署长、警务处处长、入境事务处处长、海关关长；建议中央人民政府免除上述官员职务；⑥依照法定程序任免各级法院法官；⑦依照法定程序任免公职人员；⑧执行中央人民政府就本法规定的有关事务发出的指令；⑨代表香港特别行政区政府处理中央授权的对外事务和其他事务；⑩批准向立法会提出有关财政收入或支出的动议；⑪根据安全和重大公共利益的考虑，决定政府官员或其他负责政府公务的人员是否向立法会或其属下的委员会作证和提供证据；⑫赦免或减轻刑事罪犯的刑罚；⑬处理请愿、申诉事项。澳门特别行政区行政长官行使18项职权。职权范围的细微差别主要原因在于两个特别行政区的现行体制和不同实际情况。

2. 特别行政区行政机关

特别行政区行政机关即特别行政区政府。特别行政区行政长官为特别行政区政府首长（简称“特首”）。香港特别行政区政府下设政务司、财政司、律政司和各局、厅、处、署等；澳门特别行政区政府设司、局、厅、处。香港和澳门特别行政区政府的主要官员均由行政长官提名并报请中央人民政府任命，其免职也由行政长官向中央人民政府提出建议。

根据《香港特别行政区基本法》第 62 条和《澳门特别行政区基本法》第 64 条的规定，特别行政区政府行使下列主要职权：①制定并执行政策；②管理各项行政事务；③办理基本法规定的中央人民政府授权的对外事务；④编制并提出财政预算、决算；⑤拟定并提出法案、议案、附属法规；⑥委派官员列席立法会会议，听取意见或者代表政府发言。

除此之外，特别行政区政府还依法管理境内属于国家所有的土地和自然资源；负责维持社会治安；自行制定货币金融政策并依法管理金融市场；经中央人民政府授权管理民用航空运输；经中央人民政府授权在境内签发特别行政区护照和其他旅行证件；对出入境实行管制。

3. 特别行政区立法机关

特别行政区立法会是特别行政区的立法机关，行使立法权。香港特别行政区立法会由在外国无居留权的香港特别行政区永久性居民中的中国公民组成。但非中国籍的香港特别行政区永久性居民和在外国有居留权的香港特别行政区永久性居民也可以当选为香港特别行政区立法会议员，其所占比例不得超过立法会全体议员的 20%。澳门特别行政区立法会由澳门特别行政区永久性居民组成。香港特别行政区立法会由选举产生；澳门特别行政区立法会多数议员由选举产生。香港特别行政区立法会除第一届任期为两年外，每届任期四年；澳门特别行政区立法会除第一届另有规定外，每届任期四年。

香港特别行政区立法会主席由立法会议员互选产生，由年满 40 周岁，在香港通常居住连续满 20 年并在外国无居留权的香港特别行政区永久性居民中的中国公民担任；澳门特别行政区立法会设立主席、副主席各一人，由在澳门通常居住连续满 15 年的澳门特别行政区永久性居民中的中国公民担任，由立法会议员互选产生。特别行政区立法会行使下列职权：

① 立法权。根据基本法的规定，特别行政区立法会有权依照基本法的规定和法定的程序制定、修改和废除法律。立法会制定的法律须由行政长官签署、公布方有法律效力，

并须报全国人大常委会备案，如果全国人大常委会认为特别行政区制定的法律不符合基本法关于中央管理的事务及中央和特别行政区的关系的条款时，在征询基本法委员会的意见后，可将法律发回，法律一经发回，立即失效。

② 财政权。香港特别行政区立法会有权根据政府的提案，审核、通过财政预算；有权批准税收和公共开支。澳门特别行政区立法会有权审核、通过政府提出的财政预算案；审议政府提出的预算执行情况报告；有权根据政府提案决定税收，批准由政府承担的债务。但立法会通过的财政预算案须由行政长官签署并由行政长官报送中央人民政府备案。

③ 监督权。立法会有权听取行政长官的施政报告并进行辩论；对政府工作提出质询；就公共利益问题进行辩论。

基本法规定，行政长官如有严重违法或渎职行为而不辞职，可以进行弹劾。香港特别行政区立法会全体议员的1/4以上，澳门特别行政区立法会全体议员的1/3以上可以提出弹劾联合动议。动议经立法会通过以后，立法会应组成调查委员会进行调查，如调查以后认定有足够的证据证明行政长官有严重违法和渎职行为，立法会以全体议员2/3多数通过，可以提出弹劾案，报请中央人民政府决定。

④ 其他职权。立法会有权接受当地居民的申诉并进行处理，香港立法会还有权同意终审法院法官和高等法院首席法官的任免。

4. 特别行政区司法机关

香港基本法和澳门基本法均设专节规定司法机关。由于香港属普通法系地区，因而香港的司法机关只有法院，检察机关则作为行政机关的一部分。澳门属大陆法系地区，因此，澳门的司法机关除法院外，还包括检察机关。

按照香港基本法的规定，除因设立香港特别行政区终审法院而产生变化外，香港原有的司法体制基本不变。各级法院是香港特别行政区的司法机关，行使香港特别行政区的审判权。但为了行使终审权，必须对原有的法院系统进行适当调整。根据《香港特别行政区基本法》第81条的规定，香港特别行政区设立终审法院作为最高法院；将原香港最高法院更名为高等法院，内仍设上诉法庭和原讼法庭；将原地方法院更名为区域法院；原裁判司署法庭和其他专门法庭仍予以保留。终审法院法官和高等法院首席法官的任免还须行政长官征得立法会同意，并报全国人大常委会备案。

澳门特别行政区法院的设置，基本保留原有分为普通法院和行政法院两套平行的法院系统。澳门基本法对此进行了保留，在普通法院之外仍设行政法院，管辖行政诉讼和税务诉讼的案件。澳门基本法规定，不服行政法院的判决可向中级法院上诉。澳门的普通法院原称“澳门法院”，为隶属于里斯本中级法院的初级法院，对其判决不服可以上诉于里斯本中级法院直至葡萄牙最高法院。澳门回归后，澳门特别行政区享有终审权，因此，必须对原有普通法院进行适度调整。为此，《澳门特别行政区基本法》第84条规定，澳门特别行政区设初级法院、中级法院和终审法院三级，其中终审法院是行使终审权的法院。终审法院法官的免职由行政长官根据澳门特别行政区立法会议员组成的审议委员会的建议决定。终审法院法官的任免须报全国人大常委会备案。

四、特别行政区的法律制度

特别行政区的法律制度不仅自成体系，而且从总体上说，不属于社会主义性质。主要包括特别行政区基本法、予以保留的原有法律、特别行政区立法机关制定的法律、适用于特别行政区的全国性法律和适用于特别行政区的国际条约等。

(1)特别行政区基本法。

特别行政区基本法是根据我国宪法，由全国人大制定的一部基本法律，它反映了包括香港同胞和澳门同胞在内的全国人民的意志和利益，体现了国家的方针政策，是社会主义性质的法律。基本法既是我国社会主义法律体系的组成部分，同时又是特别行政区法律体系的组成部分。在我国社会主义法律体系中，其地位仅低于宪法，但在特别行政区法律体系中，基本法又处于最高的法律地位。正如《香港特别行政区基本法》第11条的规定，香港特别行政区立法机关制定的任何法律，均不得同本法相抵触。基本法的性质可以概括为：①特别行政区基本法是社会主义性质的法律；②特别行政区基本法是宪法性质的法律，不是地方性法规；③特别行政区基本法是全国性质的法律；④特别行政区基本法是国内性质的立法。

(2)予以保留的原有法律。

原有法律予以保留是指除属于殖民统治性质或带有殖民色彩，以及除同基本法相抵触或经特别行政区立法机关做出修改者外，原有法律基本不变。《香港特别行政区基本法》第8条规定：“香港原有法律，即普通法、衡平法、条例、附属立法和习惯法，除同本法相抵触或经香港特别行政区的立法机关作出修改者外，予以保留。”澳门基本法也做了类似规定。但原有法律予以保留必须具备一定条件，即不与基本法相抵触或者未经特别行政区的立法机关做出修改。总的说来，凡属殖民统治性质或者带有殖民主义色彩、有损我国主权的法律，都应废止或者修改。基本法对如何处理与其相抵触的原有法律均有明文规定。

(3)特别行政区立法机关制定的法律。

特别行政区享有立法权，除有关国防、外交和其他根据基本法的有关规定不属于特别行政区自治范围的法律之外，立法会可以制定任何它有权制定的法律，包括民法、刑法、诉讼法、商法等法律。只要制定的法律符合基本法，符合法定程序，就可以在特别行政区生效适用。

(4)适用于特别行政区的全国性法律。

全国性法律是全国人大及其常委会制定的法律。由于特别行政区将保持其原有的法律制度，因而全国性法律一般不在特别行政区实施。但特别行政区作为中华人民共和国不可分离的一部分，有些体现国家主权和统一的全国性法律又有必要在那里实施。因此在特别行政区实施的全国性法律也是特别行政区的法律渊源之一。

实际上，在特别行政区实施的全国性法律是很少的，即使是有关国防、外交的法律，也不是都适用于特别行政区，如《兵役法》等就不适用于特别行政区。在特别行政区适用的全国性法律主要包括：宪法、基本法、驻军法、最高国家权力机关的决定和解释等。根据《香港特别行政区基本法》附件三的规定，具体包括《关于中华人民共和国国都、纪年、国歌、国旗的决议》《关于中华人民共和国国庆日的决议》《中央人民政府公布中华人民共和国国徽的命令》《中华人民共和国政府关于领海的声明》《中华人民共和国国籍法》和《中华人民共和国外交特权与豁免条例》。

第六节　基层群众性自治制度

一、基层群众性自治制度的概念和特点

1. 基层群众性自治制度的概念

基层群众性自治制度是我国宪法规定和保障的政治制度之一。它是基层群众性自治组织自我教育、自我管理、自我服务的方式、方法、程序的总和，是人民直接参与管理国家事务和社会事务的一种形式，是社会主义民主制度的一个重要方面。我国宪法对基层群众自治制度做了原则规定，《中华人民共和国城市居民委员会组织法》和《中华人民共和国村民委员会组织法》分别对基层群众自治制度中的城市居民自治制度和农村村民

自治制度做了具体规定。

2. 基层群众性自治组织的性质和特点

基层群众性自治组织是指依照有关法律规定，以城乡居民（村民）一定的居住地为纽带和范围设立，并由居民（村民）选举产生的成员组成的，实行自我管理、自我教育、自我服务的社会组织。基层群众性自治是非政权型的，即非国家性质的自治，而是一种社会自治。

基层群众性自治组织这一概念出自《宪法》第111条的规定："城市和农村按居民居住地区设立的居民委员会或者村民委员会是基层群众性自治组织。"当然，作为基层群众性自治组织的一种形式，居民委员会早在20世纪50年代就已经存在了。1954年制定的《城市居民委员会组织条例》规定："为了加强城市中街道居民的组织和工作，增进居民的公共福利，在市辖区、不设区的市人民委员会或者它的派出机关指导下，可以按照居住地区成立居民委员会，居民委员会是群众自治性的居民组织。"基层群众性自治组织具有以下几个方面的特点。

(1)独立性。

居民委员会和村民委员会在组织上具有独立性。基层群众性自治组织是群众性的社会组织，不同于国家政权组织和其他政治、经济等社会组织。国家政治组织是以一定行政区划为基础设立的，以实现国家职能为目的的社会组织。其他政治、经济组织是基于特定的政治、经济目的而建立的社会组织。基层群众性自治组织是以居民和村民的居住地为基础，基于一定范围的居民和村民社会生活需要而建立的，其目的是解决居住地范围内的公共事务和公益事业方面的社会问题。它不是以行政区划为基础设立的，也不具有特殊的政治经济目的。同时，它也区别于按性别、年龄、职业、专业等组织起来的群众团体。

(2)自治性。

基层群众性自治组织通过居（村）民的自我教育、自我管理、自我服务开展工作，实行民主选举、民主决策、民主管理、民主监督。尽管不设区的市、市辖区的人民政府或者它的派出机关、乡、民族乡、镇的人民政府，对居民委员会和村民委员会的工作可给予指导、支持和帮助，但不得干预依法应属于居（村）民自治范围的事项。自治是其最大的特性，这种自治性主要表现在以下三个方面：①基层群众性自治组织不从属于基层行政区域内的国家机关，不是它们的下属或下级组织。②就基层群众性自治组织的内部关系来说，它是在居民和村民自愿的基础上，通过自我管理、自我教育、自我服务等途径来实现自治的组织形式，其主体是居民和村民。③从自治的内容上看，基层群众性自治组织是在居住地社区范围内全方位的、综合的自治。

(3)基层性。

这一特点主要体现在两个方面：①从组织系统上看，无论是村民委员会还是居民委员会，都没有上级组织，更没有地区性的或全国性的组织。②从内容上看，基层群众性自治组织所从事的工作，都是居（村）民范围内的社区的公共事务和公益事业。

3. 基层群众性自治组织与基层人民政府的关系

《城市居民委员会组织法》和《村民委员会组织法》分别对基层群众性自治组织和基层人民政府的关系做了规定。《城市居民委员会组织法》第2条规定："不设区的市、市辖区的人民政府或者它的派出机关对居民委员会的工作给予指导、支持和帮助。居民委员会协助不设区的市、市辖区的人民政府或者它的派出机关开展工作。"第20条规定，"市、市辖区的人民政府有关部门，需要居民委员会或者它的下属委员会协助进行的工作，应当经市、市辖区的人民政府或者它的派出机关同意并统一安排。市、市辖区的人民政府的有关部门，可以对居民委员会有关的下属委员会进行业务指导。"《村民委员会组织法》第5条规定，"乡、民族乡、镇的人民政府对村民委员会的工作给予指导、支持和帮助，但是不得干预依法属于村民自治范围内的事项。""村民委员会协助乡、民族乡、镇的人民政府开展工作。"

从这些规定来看，基层群众性自治组织与基层人民政府的关系包括两个方面：①基层人民政府对基层群众性自治组织的指导关系；②基层群众性自治组织对基层人民政府的协助关系。二者之间的指导和协助关系保证了基层群众性自治组织在与基层人民政府的关系中保持了自己的独立性。它表明：基层群众性自治组织不是隶属于基层人民政府的下级行政机关，基层人民政府不可对其采取直接的行政命令；基层人民政府对基层群众性自治组织的工作进行指导，但这种指导不具有法律上的约束力，基层群众性自治组织可以根据需要决定是否采纳；基层群众性自治组织有义务协助基层人民政府或其派出机关或其相关部门进行工作，但应与其自治性相适应。在实践中这种指导与协助关系能否顺利实现是基层群众性自治组织能否成为真正的群众性自治组织的关键。

二、村民委员会

1. 村民委员会的设置

《村民委员会组织法》规定，村民委员会根据村民居住状况、人口多少，按照便于群众自治，有利于经济发展和社会管理的原则设立。自治是村民委员会的本质，其设置必须以便于村民自治为目的，它包括：便于村民参与管理居住地的公共事务；便于村民加强与村民委员会的联系；便于村民享受居住地的公共服务。

村民委员会的设立、撤销、范围调整，由乡、民族乡、镇的人民政府提出，经村民会议讨论同意，报县级人民政府批准。村民委员会可以根据村民居住状况、集体土地所有权关系等分设若干村民小组。

2. 村民委员会的组织

村民委员会由主任、副主任和委员共 3 ~ 7 人组成。村民委员会成员中，应当有妇女成员，多民族村民居住的村应当有人数较少的民族的成员。村民委员会根据需要设人民调解、治安保卫、公共卫生与计划生育等委员会。村民委员会成员可以兼任下属委员会的成员。人口少的村的村民委员会可以不设下属委员会，由村民委员会成员分工负责人民调解、治安保卫、公共卫生与计划生育等工作。村民委员会每届任期 3 年，届满应当及时举行换届选举。村民委员会成员可以连选连任。

村民委员会主任、副主任和委员，由村民直接选举产生。任何组织或者个人不得指定、委派或者撤换村民委员会成员。年满 18 周岁的村民，不分民族、种族、性别、职业、家庭出身、宗教信仰、教育程度、财产状况、居住期限，都有选举权和被选举权；但是，依照法律被剥夺政治权利的人除外。登记参加选举的村民名单应当在选举日的 20 日前由村民选举委员会公布。村民委员会的选举，由村民选举委员会主持。村民选举委员会由主任和委员组成，由村民会议、村民代表会议或者各村民小组会议推选产生。选举村民委员会，由登记参加选举的村民直接提名候选人。村民提名候选人，应当从全体村民利益出发，推荐奉公守法、品行良好、公道正派、热心公益、具有一定文化水平和工作能力的村民为候选人。候选人的名额应当多于应选名额。村民选举委员会应当组织候选人与村民见面，由候选人介绍履行职责的设想，回答村民提出的问题。

选举村民委员会，有登记参加选举的村民过半数投票，选举有效；候选人获得参加投票的村民过半数的选票，始得当选。当选人数不足应选名额的，不足的名额另行选举。另行选举的，第一次投票未当选的人员得票多的为候选人，候选人以得票多的当选，但是所得票数不得少于已投选票总数的 1/3。选举实行无记名投票、公开计票的方法，选举结果应当当场公布。选举时，应当设立秘密写票处。以暴力、威胁、欺骗、贿赂、伪造选票、虚报选举票数等不正当手段当选村民委员会成员的，当选无效。对以暴力、威胁、欺骗、贿赂、伪造选票、虚报选举票数等不正当手段，妨害村民行使选举权、被选举权，破坏村民委员会选举的行为，村民有权向乡、民族乡、镇的人民代表大会和人民政府或者县级人民代表大会常务委员会和人民政府及其有关主管部门举报，由乡级或者县级人民政府负责调查并依法处理。

本村 1/5 以上有选举权的村民或者 1/3 以上的村民代表联名，可以提出罢免村民委员会成员的要求，并说明要求罢免的理由。被提出罢免的村民委员会成员有权提出申辩意见。罢免村民委员会成员，须有登记参加选举的村民过半数投票，并须经投票的村民过半数通过。

3. 村民委员会的任务

① 村民委员会应当支持和组织村民依法发展各种形式的合作经济和其他经济，承担本村生产的服务和协调工作，促进农村生产建设和经济发展。

② 村民委员会依照法律规定，管理本村属于村农民集体所有的土地和其他财产，引导村民合理利用自然资源，保护和改善生态环境。

③ 村民委员会应当尊重并支持集体经济组织依法独立进行经济活动的自主权，维护以家庭承包经营为基础、统分结合的双层经营体制，保障集体经济组织和村民、承包经营户、联户或者合伙的合法财产权和其他合法权益。

④ 村民委员会应当宣传宪法、法律、法规和国家的政策，教育和推动村民履行法律规定的义务、爱护公共财产，维护村民的合法权益，发展文化教育，普及科技知识，促进男女平等，做好计划生育工作，促进村与村之间的团结、互助，开展多种形式的社会主义精神文明建设活动。

⑤ 村民委员会应当支持服务性、公益性、互助性社会组织依法开展活动，推动农村社区建设。

⑥ 在多民族村民居住的村，村民委员会应当教育和引导各民族村民增进团结、互相尊重、互相帮助。

4. 村民会议和村民代表会议

(1)村民会议。

村民会议由本村 18 周岁以上的村民组成。村民会议由村民委员会召集。有 1/10 以上的村民或者 1/3 以上的村民代表提议，应当召集村民会议。召集村民会议，应当提前十日通知村民。召开村民会议，应当有本村 18 周岁以上村民的过半数，或者本村 2/3 以上的户的代表参加，召开村民会议，根据需要可以邀请驻本村的企业、事业单位和群众组织派代表列席。

村民会议审议村民委员会的年度工作报告，评议村民委员会成员的工作；有权撤销或者变更村民委员会不适当的决定；有权撤销或者变更村民代表会议不适当的决定。村民会议可以授权村民代表会议审议村民委员会的年度工作报告，评议村民委员会成员的工作，撤销或者变更村民委员会不适当的决定。

涉及村民利益的下列事项，经村民会议讨论决定方可办理：①本村享受误工补贴的人员及补贴标准；②村集体经济所得收益的使用；③本村公益事业的兴办和筹资筹劳方案及建设承包方案；④土地承包经营方案；⑤村集体经济项目的立项、承包方案；⑥宅基地的使用方案；⑦征地补偿费的使用、分配方案；⑧以借贷、租赁或者其他方式处分村集体财产；⑨村民会议认为应当由村民会议讨论决定的涉及村民利益的其他事项。村民会议可以授权村民代表会议讨论决定以上规定的事项。

村民会议可以制定和修改村民自治章程、村规民约，并报乡、民族乡、镇的人民政府备案。村民自治章程、村规民约以及村民会议或者村民代表会议的决定不得与宪法、法律、法规和国家的政策相抵触，不得有侵犯村民的人身权利、民主权利和合法财产权利的内容。村民自治章程、村规民约以及村民会议或者村民代表会议的决定违反法律规定的，由乡、民族乡、镇的人民政府责令改正。

(2)村民代表会议。

人数较多或者居住分散的村，可以设立村民代表会议，讨论决定村民会议授权的事项。村民代表会议由村民委员会成员和村民代表组成，村民代表应当占村民代表会议组成人员的4/5以上，妇女村民代表应当占村民代表会议组成人员的1/3以上。村民代表由村民按每5户至15户推选一人，或者由各村民小组推选若干人。村民代表的任期与村民委员会的任期相同。村民代表可以连选连任。村民代表应当向其推选户或者村民小组负责，接受村民监督。村民代表会议由村民委员会召集。村民代表会议每季度召开一次。有1/5以上的村民代表提议，应当召集村民代表会议。村民代表会议有2/3以上的组成人员参加方可召开，所做决定应当经到会人员的过半数同意。

5. 村民委员会的财务公开制度

为了使村民委员会真正成为村民的自治性组织，防止村民委员会的组成人员利用职权侵占村民的集体财产，《村民委员会组织法》规定实行村务公开制度。村民委员会应当及时公布下列事项，接受村民的监督：①由村民会议、村民代表会议讨论决定的事项及其实施情况；②国家计划生育政策的落实方案；③政府拨付和接受社会捐赠的救灾救助、补贴补助等资金、物资的管理使用情况；④村民委员会协助人民政府开展工作的情况；⑤涉及本村村民利益，村民普遍关心的其他事项。以上事项中，一般事项至少每季度公布一次；集体财务往来较多的，财务收支情况应当每月公布一次；涉及村民利益的重大事项应当随时公布。村民委员会应当保证所公布事项的真实性，并接受村民的查询。

村民委员会不及时公布应当公布的事项或者公布的事项不真实的，村民有权向乡、民族乡、镇的人民政府或者县级人民政府及其有关主管部门反映，有关人民政府或者主管部门应当负责调查核实，责令依法公布；经查证确有违法行为的，有关人员应当依法承担责任。

三、居民委员会

1. 居民委员会的任务

根据宪法的规定，居民委员会的任务是办理本居住地区的公共事务和公益事业、调解民间纠纷、协助维护社会治安，并且向人民政府反映群众的意见、要求和提出建议。《城市居民委员会组织法》归纳为以下几方面：①宣传宪法、法律、法规和国家的政策，维护居民的合法权益，教育居民履行依法应尽的义务，爱护公共财产，开展多种形式的社会主义精神文明建设活动；②办理本居住地区居民的公共事务和公益事业，调解民间纠纷，协助维护社会治安；③协助人民政府或者它的派出机关做好与居民利益有关的公共卫生、计划生育、优抚救济、青少年教育等项工作；④向人民政府或者它的派出机关反映居民的意见、要求和提出建议。

2. 居民委员会的设置

《城市居民委员会组织法》规定，居民委员会根据居民居住状况，便于居民自治的原则设置。自治是居民委员会的本质，其设置必须以便于居民自治为目的，它包括：便于居民参与管理居住地的公共事务；便于居民加强与居民委员会的联系；便于居民享受居住地的公共服务。根据这一原则，居民委员会一般在 100 ~ 700 户的范围内设立。居民委员会的设立、撤销、规模调整，由不设区的市、市辖区的人民政府决定。

3. 居民委员会的组织

居民委员会由主任、副主任和委员共 5 ~ 9 人组成。多民族居住地区，居民委员会中应当有人数较少的民族的成员。居民委员会主任、副主任和委员，由本居住地区全体有选举权的居民或者由每户派代表选举产生；根据居民意见，也可以由每个居民小组选举代表 2 ~ 3 人选举产生。年满 18 周岁的本居住地区居民，不分民族、种族、性别、职业、家庭出身、宗教信仰、教育程度、财产状况、居住期限，都有选举权和被选举权；但是，依照法律被剥夺政治权利的人除外。居民委员会每届任期 3 年，其成员可以连选连任。

居民委员会根据需要设人民调解、治安保卫、公共卫生等委员会。居民委员会成员可以兼任下属的委员会的成员。居民较少的居民委员会可以不设下属的委员会，由居民委员会的成员分工负责有关工作。居民委员会可以分设若干居民小组，小组长由居民小组推选。

4. 居民会议

居民会议由 18 周岁以上的居民组成。居民会议可以由全体 18 周岁以上的居民或者每户派代表参加，也可以由每个居民小组选举代表 2 ~ 3 人参加。居民会议必须有全体 18 周岁以上的居民、户的代表或者居民小组选举的代表的过半数出席，才能举行。会议的决定，由出席人的过半数通过。居民委员会向居民会议负责并报告工作。

居民会议由居民委员会召集和主持。有 1/5 以上的 18 周岁以上的居民、1/5 以上的户或者 1/3 以上的居民小组提议，应当召集居民会议。涉及全体居民利益的重要问题，居民委员会必须提请居民会议讨论决定。居民会议有权撤换和补选居民委员会成员。

第四章　公民的基本权利与义务

开篇事例

陕西安康对妇女强制引产事件

2012年3月，镇坪县曾家镇计生服务站发现冯建梅第二次怀孕已三个月，镇计生办要求她迁移户口、补办二孩生育证，但她一直未办并准备外出生育。曾家镇政府工作人员多次上门劝说无果，直到6月2日，冯建梅被强行送往镇坪县医院并实施了终止妊娠手术。其间，曾家镇工作人员曾向冯建梅及家属提出先交纳四万元保证金，待冯建梅迁移户口并办理第二孩生育证后再退还保证金的要求，冯建梅及其家属均未予以回应。6月4日，七个月大的胎儿被强制引产，死胎已经近乎完全发育。一周后，冯建梅与死胎的合影被上传到网络，立即引发轩然大波。

6月14日晚，就陕西省安康市镇坪县强制引产大月份产妇一事，安康市政府发布公告，决定对镇坪县政府分管计生工作的副县长于延媚给予行政记大过处分；撤销江能海镇坪县人口计生局局长职务；撤销主持曾家镇全面工作的镇党委副书记、镇长陈抨印副书记及镇长职务；对曾家镇人大主席袁昌勤给予党内严重警告处分；对曾家镇党委副书记、纪委书记龙春来给予党内严重警告处分；对曾家镇干部张学松给予行政记大过处分；对镇坪县医院院长潘益山给予行政记大过处分。责成镇坪县政府按照相关政策规定对冯建梅给予生活补助，帮助其解决家庭困难。①

第一节　基本权利与义务概述

一、基本权利和基本义务的概念

学者们对何谓基本权利有着不同的理解。有的学者认为，基本权利，也可称为宪法权利，是指那些表明权利人在国家生活的基本领域中所处的法律地位的权利。它具有固有性、法定性、不可侵犯性、普遍性和稳定性。② 有的学者认为，基本权利是指那些对于

① 陕西安康通报“大月份引产”调查结果和处理决定［EB/OL］. 新华网.

② 徐显明. 公民权利义务通论［M］. 北京：群众出版社，1991：132.

个人和公民所不可缺少的，不可替代以及不能转让的，具有母体性基础权利。[①] 还有的学者认为，基本权利是由宪法规范所确认的一种综合性的权利体系，是宪法赋予的、表明权利主体在权利体系中重要地位的权利。[②]

基本权利，又称宪法权利或基本人权，是指宪法规定的公民最主要的、必不可少的和最低限度的权利。它反映了民主、法治的真谛，是政治制度运行的基础。

基本权利具有自身的特征。第一，基本权利决定着公民在国家中的法律地位。基本权利旨在界定国家和公民间的关系，为国家划定不得逾越的边界而使公民的权利免遭侵蚀。基本权利是公民要求国家作为或不作为的权利。第二，基本权利是公民在社会生活中最主要、最基本而又不可缺少的权利。公民的基本权利与做人的资格密切相关，在一般情况下，具有不可转让性。第三，基本权利具有母体性，它能派生出公民的一般权利。第四，基本权利具有稳定性。对于公民来说，基本权利是最重要、最根本的权利，同时也是从事社会活动的最低限度的权利。在多样化的权利形态中被纳入基本权利范畴的，一般是国家有能力予以保护并加以实现的具有现实基础的权利，具有相对的稳定性。即便随着社会的发展变化，对基本权利的调整都需要经过慎重地选择和判断，以维护公民宪法地位与社会关系的稳定。

基本义务，又称宪法义务，是指由宪法规定的公民必须遵守和应尽的根本责任。公民的基本义务是公民对国家的具有首要意义的义务，它与基本权利一起，共同反映并决定着公民在国家中的政治与法律地位，构成普通法律规定的公民权利、义务的基础和原则。宪法学上对基本义务的界定方式与基本权利相同。[③]

二、基本权利和基本义务的特征

我国现行宪法总结了历史上历部宪法的经验教训，结合我国实际情况，在公民基本权利和义务方面做出了具有中国特色的、适应改革开放形势的规定，具有广泛性、平等性、现实性和一致性的突出特征。

(1)广泛性。

我国公民所享有的宪法规定的权利和自由十分广泛，这主要是由我国的人民民主专政的国家性质所决定的，具体表现在两个方面：

① 韩大元，主编. 比较宪法［M］. 北京：高等教育出版社，2008：154.

② 胡锦光，韩大元. 中国宪法［M］. 北京：法律出版社，2004：175.

③ 焦洪昌，主编. 宪法学［M］. 北京：中国人民大学出版社，2010.

第一，享有权利和自由的主体广泛。我国是人民民主专政的国家，人民民主专政的国体决定了我国享有权利的主体非常广泛，而且随着国家综合国力的不断加强和政权的逐步巩固，权利主体的范围也会逐步扩大。现阶段，我国的基本权利主体包括占全国人口绝大多数的工人、农民、知识分子及全体社会主体劳动者、社会主义事业的建设者、拥护社会主义的爱国者和拥护祖国统一的爱国者，甚至海外爱国华侨等关心祖国命运的人，都可以成为我国宪法权利的享有者。即使对极少数被剥夺政治权利的公民来说，他们仍然享有与其身份相适应的基本权利。

第二，享有权利和自由的范围广泛。这不仅体现在《宪法》第二章中列举的公民所享有的政治、人身、经济、文化等各项权利和自由，也体现在宪法“总纲”及“国家机构”一章中所确认的公民财产权、继承权、民主管理权等其他方面的权利和自由。另外，随着改革开放的深入推进和民主法制的不断加强，我国公民权利和自由的范围在不断扩大，内容在不断丰富。比如，2004 年《宪法修正案》将《宪法》第 13 条“国家保护公民的合法的收入、储蓄、房屋和其他合法财产的所有权”“国家依照法律规定保护公民的私有财产的继承权”修改为：“公民的合法的私有财产不受侵犯”“国家依照法律规定保护公民的私有财产权和继承权”“国家为了公共利益的需要，可以依照法律规定对公民的私有财产实行征收或者征用并给予补偿”。

(2)平等性。

这体现了我国《宪法》在公民基本权利和义务方面的基本要求，主要表现在以下方面。

第一，我国公民都平等享有宪法和法律规定的权利，也一律平等地履行宪法和法律规定的义务。任何公民不可以只享有权利而不尽义务，也不可以只尽义务而不享有权利。国家机关在适用法律时对公民也一律平等，任何公民的合法权益都平等地受到保护。我国《宪法》第 33 条第 2 款规定：“中华人民共和国公民在法律面前一律平等。”

第二，反对特权。平等和特权是根本对立的。国家不允许任何组织或个人享有宪法和法律之上的特权，人人都必须在宪法和法律的范围内活动。《宪法》第 5 条第 4 款规定：“任何组织或者个人都不得有超越宪法和法律的特权。”

(3)现实性。

这是指我国公民的基本权利和自由不仅表现在宪法条文上，而且在权利和自由的实际享有和履行中也是真实的，主要体现在以下方面。

第一，实事求是的精神。我国《宪法》对公民基本权利和自由的规定，是按照从实际出发、实事求是的精神，全面衡量我国社会主义初级阶段的基本国情做出的，具体表现为四种情况。

一是现实中迫切需要的，而又非确认不可的就坚决明确写进宪法。如“文化大革命”时期公民人格受到践踏，人权没有保障，因此《宪法》第38条规定：“中华人民共和国公民的人格尊严不受侵犯。禁止用任何方法对公民进行侮辱、诽谤和诬告陷害。”

二是能够做到的，或经过创造条件能够做到的，就根据能够做到的程度，做出实事求是的规定。如《宪法》第46条规定公民有受教育的权利，但同时应当看到我国九年制义务教育尚未完全普及，失学儿童仍然存在，因此《宪法》又在第19条规定国家举办各种学校，鼓励社会力量办学和自学成才，实事求是地表明了我国虽然目前尚不能保障所有公民受教育权的完全实现，但正在努力并逐步达到这一目标。

三是虽然应予以规定，但从实际条件看，在相当长的时间内不能做到的，宪法就不予以确认。如1954年《宪法》规定公民有居住和迁徙的自由，但由于我国的大城市人口过于集中，如果突然打破这种格局有可能造成社会不稳定，因此现行宪法没有规定公民的迁徙权。随着社会主义市场经济体制的确立、发展和完善，迁徙自由必定会逐渐成为宪法规定的基本权利。

四是权衡利弊，不宜规定的就不做规定，比如罢工自由。

第二，具有物质和法律的保障性。我国宪法规定的公民的基本权利和自由是有法律保障和物质保障的。任何权利和自由的实现都离不开法律和物质作为后盾，否则只能是空中楼阁。我国在《宪法》中规定了公民广泛的自由和权利，同时又采取许多措施来保障这些权利和自由的实现。比如，我国《选举法》第8条规定，选举经费由国库开支。《选举法》第50条和《刑法》第256条规定，对破坏选举的行为追究行政责任和刑事责任。

(4)一致性。

公民的基本权利和基本义务既具有对立的矛盾性，又具有和谐的一致性，这种辩证统一的权利义务关系是我国社会主义宪法的一个显著特征，具体表现在以下方面。

第一，宪法要求公民既要享有宪法和法律规定的权利，又必须履行宪法和法律规定的义务，不允许只享受权利而不尽义务，也不允许只尽义务而不享有权利。我国《宪法》第33条第4款规定：“任何公民享有宪法和法律规定的权利，同时必须履行宪法和法律规定的义务。”

第二，具有双重性。公民的某些权利和义务密不可分，合为一体，具有双重属性。如《宪法》第42条规定公民有劳动的权利和义务，第46条规定公民有受教育的权利和义务。劳动权、受教育权，它们既是公民的权利，又是公民的义务。

第三，宪法规定的某些权利和义务是相互依存，可以转化的。我国《宪法》第49条第 3 款规定：“父母有抚养教育未成年子女的义务，成年子女有赡养扶助父母的义务。”从中可以看出，子女在未成年期间享有权利，父母则负有义务。当子女长大成年后，权利和义务发生了转化，父母享有权利，而子女则负有义务。之所以发生转化，就在于既然享有了权利就必定要承担相应的义务，而只要承担了义务也必定要享有相应权利，充分体现了权利和义务的一致性。

第四，基本权利和义务是互相促进的、相辅相成的。在我国，宪法确认公民广泛的权利和自由并且国家提供越来越多的实现条件和保障，这就使得公民积极履行义务，从而促进国家经济发展，繁荣昌盛，进而又促进我国公民权利和自由的范围更加广泛。这种良性循环所形成的基本权利和义务之间互相促进、相辅相成的关系，是我国公民基本权利和义务一致性的重要表现。①

三、基本权利和基本义务的主体

从法律学的角度看，法律上的权利主体必须具有“自由意志”“可辨识性”和“不可再分性”的特点，这也是宪法学确立权利主体的传统原则。以这个标准来衡量，基本权利和义务的主体包括有：公民、法人与非法人团体和其他特殊主体，其中公民个人是基本权利最主要的主体。

(1)公民与国籍。

公民是宪法学上的一个基本范畴，是基本权利和义务最主要的主体。公民，又称国民，是相对于外国人和无国籍人而言的，是指具有一个国家的国籍，根据该国的法律规范享有权利和承担义务的自然人。公民资格的取得与丧失是以国籍的取得与丧失为依据的。公民这一概念反映了个人与国家之间的规定的法律关系，属于某一国的公民，就享有该国法律所赋予的权利，可以请求国家保护其权利；同时也负有该国法律所规定的义务，并接受国家的管理。

“公民”一词来源于古希腊语，经过长时期的历史演变过程，已确定为各国宪法普遍公认的法律概念，但是基于文化的不同，各国使用情况不尽相同。就普遍而言，西方国家在宪法和宪法性文件中所使用的公民、国民、臣民、人民等概念具有相同的含义，即指国家中的每一个成员。

我国《宪法》第 33 条第 1 款规定：“凡具有中华人民共和国国籍的人都是中华人民

① 韩大元，李元起，主编．宪法．北京：中国人民大学出版社 2011：117.

共和国公民。”另外，我国《宪法》的序言和正文中多次出现“人民”一词，但是其含义与公民是不同的。具体表现在以下方面。

一是范畴不同。公民是与外国人、无国籍人相对应的法律概念，不掺杂任何政治色彩和感情色彩；而人民是与敌人相对应的政治概念，是从阶级角度将人们划分为人民和敌人两个部分。二是范围不同。我国公民的范围要较人民的范围更为广泛，公民中除包括人民外，还包括人民的敌人，当然现阶段属于敌人的公民已是极少数。三是后果不同。公民中的人民，享有宪法和法律规定的一切公民权利并履行全部义务；公民中的敌人，则不能享有全部公民权利，也不能履行公民的某些光荣义务。当然，基本权利是公民享有的权利，作为公民，无论其是否属于人民范围，除依法被剥夺或限制某种权利外，享有宪法和法律规定的广泛的权利和自由。四是公民所表达的一般是个体的概念，人民所表达的是群体的概念。

国籍是指一个人隶属于某个国家的一种法律上的身份，反映了一个人同某一特定国家固定的法律联系，是确定公民资格的唯一法律条件。在我国，判断一个人是否属于我国公民的标准就是这个人是否依据《国籍法》取得了我国国籍。比如，我国有许多旅居海外的华侨，因其仍具有中国国籍，所以仍然属于中国公民，受到中国法律保护。

根据各国法律的规定，国籍的取得有两种基本方式：一种是出生国籍，即因出生而取得国籍；一种是继有国籍，即因加入而取得国籍。各国对因出生而取得国籍的立法不尽一致，主要有三种原则：血统主义原则，即以一个人出生时父母的国籍为依据确定其国籍；出生地主义原则，即以一个人的出生地所属的国家为依据确定其国籍；混合主义原则，即血统主义和出生地主义相结合的原则。因加入而取得国籍，主要有两种方式：一种是依据当事人的申请，另一种是依据法律规定的一定事实的出现而取得，如婚姻、收养或者领土转移等事实，经过一定的法律程序，由某个国家批准其入籍，从而取得该国国籍。

我国与世界上大多数国家一样，在出生国籍上采取的是血统主义与出生地主义相结合的原则。我国《国籍法》规定：①父母双方或一方为中国公民，本人出生在中国的，具有中国国籍。②父母双方或一方为中国公民，本人出生在外国的，具有中国国籍；如果父母双方或一方为中国公民并定居在外国，本人出生时即具有外国国籍的，则不具有中国国籍。③父母无国籍，或者国籍不明，定居在中国，本人出生在中国的，具有中国国籍。对于继有国籍，我国《国籍法》规定，申请加入我国国籍必须具有两个前提条件：其一，申请人必须愿意遵守中国宪法和法律；其二，申请是出于本人自愿。另外还同时具备下列三个条件其中之一：①申请人为中国公民的近亲属；②定居在中国；③有其他正当理由。

国籍的丧失与继有国籍的取得相似，有自愿丧失和非自愿丧失两种情况。我国《国籍法》主张一人一国籍原则，反对双重国籍，规定经批准加入中国国籍的公民，不再保留外国国籍。中国公民自愿加入或取得外国国籍的，不再保留中国国籍。

(2)法人与非法人团体。

法人和某些独立的非法人团体也是法律上具有自由意志、可辨识性和不可再分性的权利主体。那么，在宪法上，法人和非法人团体是否也可以享有所有基本权利呢？按照国际宪法学的通说，这取决于各类基本权利的性质。一般而言，法人与非法人团体可以享有财产权等一些具有经济自由性质的权利；而人身自由、人格尊严、生存权等根据权利自身的性质就可以判断出，法人与非法人团体不可以成为其主体。

另外，法人可以分为“公法人”和“私法人”。公法人是依据公法上的组织法所成立的、具有一定公权力的机关。公法人一般是公权力的拥有者，各类国家机关就有可能具有公法人的身份。因此，公法人不能成为基本权利的享有主体，作为基本权利主体的法人只限于私法人。

(3)其他特殊主体。

宪法还保护了某些特殊主体享有的某些基本权利。比如，我国《宪法》第 48 条规定，妇女在政治、经济、文化、社会和家庭生活等方面享有同男子平等的权利。《宪法》第 49 条规定：“婚姻、家庭、母亲和儿童受国家的保护”“禁止虐待老人、妇女和儿童”。根据这些规定，在我国宪法中，妇女、老人、儿童等均可视为享有某些基本权利的特殊主体。

另外，我国《宪法》第 32 条第 2 款规定，对于因政治原因要求避难的外国人可以给予受庇护的权利。因此，外国人可以看作政治庇护权这一特殊宪法权利的主体。

四、基本权利的效力

基本权利如何能够实现，以及在何种程度上被尊重、受保护，是宪法发挥其根本大法作用的主要目的之一。保障公民基本权利是宪法运行的主要宗旨，即宪政的核心价值。基于宪政理念，基本权利高于宪法并先于宪法而存在，强调人的尊严和价值。宪政主义者认为，基本权利不是来自宪法的给予，而是来自人的尊严的不可侵犯性。因此，宪法对基本权利的罗列并不是增加其权威性，而是一种保障。换句话说，基本权利并不是因为被宪法罗列才是基本权利，而是因为其是基本权利，才被写于宪法之中。因此，一般而言，宪法所规定的基本权利的效力不同于普通法律，是针对国家的权利，而不针对私法领域。

经历了一段时间的发展之后，这种产生于近代宪法的基本权利的效力学说在20世纪逐渐式微。一些国家的理论和实践还出现了一定程度的扩展趋势，承认基本权利有条件地适用于私法领域的“第三者效力”说逐渐得到了人们的认可，基本权利开始对私人具有一定的拘束力。

(1)对国家的效力。

① 对立法机关的效力。

具体表现在两个方面：一是由根本大法即宪法以基本权利的形式来保障基本人权，用来对抗国家这个极其强势的公权力主体对自己权利的侵犯。世界上凡是拥有宪法的国家，几乎都在其宪法（典）中设定专章或者概括、列举了公民应该享有的基本权利。二是立法活动必须受到基本权利条款的制约。由于立法者可以通过一定程序制定反映民意的法律，推动基本权利价值的具体化，而立法机关却隐含着“多数人的暴政”的危险，因此，立法机关除了不得制定侵害基本权利的法律外，还要尽一切可能为基本权利的实现创造条件。

② 对行政机关的效力。

行政权的扩张性、侵益性特点，使之往往成为公民基本权利的最大威胁。基本权利对行政机关的效力表现为行政机关在其为行政行为时不得侵犯公民基本权利，否则，公民就有诉请国家立法机关或者司法机关予以救济的权利，从而保障公民基本权利，矫正行政行为。

③ 对司法机关的效力。

基本权利的保障与司法之间有着最为直接的关联：司法是对权利的救济，其功能在于使受到侵害的权利得以恢复或得到补偿。基本权利对司法机关的效力具体表现在两个方面：一是法院在使用法律审理普通案件的过程中，对法律的解释不得违反基本权利条款，不得与基本权利条款相抵触。二是基本权利对法院有直接的约束力。比如，美国《权利法案》直接包括了约束法院的内容，主要体现在刑事和民事诉讼审判过程中要求法院为或者不为一定行为的权利。这些权利包括受陪审团审判的权利、同一犯罪不受两次审判的权利、迅速而公开审判的权利、不得自证其罪的权利等。

(2)对私人的效力。

随着社会的发展，基本权利的效力又出现了一些新的理论，如大陆法系的“第三者效力”和美国的“国家行为拟制”理论，承认了基本权利在私法领域适用的可能性，指出宪法规范对私人之间的关系进行一定程度的介入与调整是必要的。当然，这种效力必须严格控制在一定程度之内，不得随意扩张。

我国基本权利的效力问题是一个探讨中的问题。从宪法条文的规定来看，基本权利不仅针对国家，而且可以针对社会乃至私人。比如，《宪法》第36条规定："中华人民共和国公民有宗教信仰自由。任何国家机关、社会团体和个人不得强制公民信仰宗教或者不信仰宗教。不得歧视信仰宗教和不信仰宗教的公民。"《宪法》第40条规定："……任何组织或者个人不得以任何理由侵犯公民的通信自由和通信秘密"等。

五、基本权利的限制界限

(1)限制基本权利的理由。

宪法的根本出发点和最终归宿都在于对公民基本权利和自由的保障。但这并不是说，基本权利就是绝对的或无边界的。宪法不可能保障无限的基本权利，基本权利也会受到一定的边界限制。当然，应当明确的是：限制基本权利的目的并不在于取消或者克减基本权利，而在于实现基本权利。

任何权利和自由的行使都需要一定的物质基础和其他相应条件。当这些基础和条件欠缺时，必然会限制权利和自由的行使。比如，我国《宪法》规定公民有劳动的权利，但是受到客观条件的限制，国家不可能完全消灭失业，保证每个公民都实现劳动权并取得工作报酬。

另外，人类社会的生存空间是有限的，因而一个人权利的膨胀必然迟早会影响到其他人的权利。比如，言论自由和出版自由可能会侵犯他人的名誉权，新闻自由可能会侵犯个人隐私权或泄露国家秘密，传教的自由则可能会妨碍他人不信教的自由，等等。比如，我国《宪法》第51条规定："中华人民共和国公民在行使自由和权利的时候，不得损害国家的、社会的、集体的利益和其他公民的合法的自由和权利。"

基本权利的行使不得违反国家确认和保障的公民基本权利和自由的根本目的。国家确认和保障基本权利，其根本目的在于谋求个人的发展和幸福。享有权利和自由的个人，如果在行使权利和自由的时候，违反了上述目的，自然应受到限制。比如，我国《宪法》第37条第1款规定："中华人民共和国公民的人身自由不受侵犯。"如果公民个人以此为依据，甘愿以自己的身体为买卖的标的物，虽然没有妨碍他人的权利和自由，却与国家确认和保障该基本权利的根本目的背道而驰，应予以一定的限制。

（2）限制基本权利的方式。

① 基本权利的内在限制。基本权利的内在限制又称本质的限制，主要是指基本权利内部已确定限制的范围，不是通过外部设定条件进行限制。宪法所承认并保护的权利被限制在不和他人权利发生冲突的范围内。内在限制是为基本人权设置的一种比较宽松的限制，因为任何一种权利都存在着这种内在制约。

② 宪法、法律限制。在宪法制定保障基本权利条款的同时，又对基本权利的行使做出了限制性的规定，包括以下三种方式。

一是宪法中直接加以具体的限制。前者比如说我国《宪法》第 36 条规定："国家保护正常的宗教活动"，但"任何人不得利用宗教进行破坏社会秩序、损害公民身体健康、妨碍国家教育制度的活动。"但书就是对宗教信仰自由的限制。另外，某些权利通过前缀等修饰词而加以限制。我国《宪法》第 50 条规定，中华人民共和国保护华侨的正当的权利和利益，保护归侨和侨眷的合法的权利和利益，这里的"正当的"和"合法的"就是一种限制。

二是在宪法中对各种权利和自由加以总的原则性限制。比如，我国《宪法》第 51 条规定："中华人民共和国公民在行使自由和权利的时候，不得损害国家的、社会的、集体的利益和其他公民的合法的自由和权利。"

三是法律限制，即宪法明确授权法律对权利加以限制。比如，我国《宪法》第 34 条规定了公民的选举权和被选举权，"但是依照法律被剥夺政治权利的人除外"，这里就授权其他法律（我国《刑法》）对选举权和被选举权进行限制。

（3）限制基本权利的界限——限制的限制。

虽然基本权利需要受到限制，但是，限制基本权利必须遵循一定的条件，符合一定的要求，保持在一定的界限之内，即限制的限制。在法治国家之下，限制基本权利必须不违背法治原则，即只有法律才可以限制基本权利（法律保留原则），且对其限制必须保持在一定范围之内（比例原则），否则，这一限制基本权利的法律就有可能超越界限而构成违宪。最后，权利限制应当遵循正当的法律程序。

六、基本权利与人权

人权是指作为一个人应该享有的尊严和价值应受到尊重和保障的权利，它是一种道德上的和应然层面上的权利。现代宪法中，基本权利与人权概念基本相同，但是两者的性质有所不同：基本权利是来自宪法的确认，表达宪法性概念；人权则不依赖于宪法，是人与生俱来的权利。[1]

人权，起初是资产阶级为了反对封建专制和宗教特权而提出来的一个口号；在资产阶级革命过程中以及革命胜利后，人权也由理论概念上升为法律原则，直接成为政治纲领或者资产阶级宪法的重要组成部分。世界上第一个把人权提到纲领性文件和根本法地位的是1776年美国的《独立宣言》。1789年8月，法国制宪会议通过了《人权宣言》，这是第一次直接以“人权”来命名。2004年的宪法修正案规定在《宪法》第33条中增加一款，作为第3款：“国家尊重和保障人权。”这是我国历史上第一次将人权明确载入宪法，使人权从政治概念成为法律术语，具有重大的意义。

我国对人权的基本立场是：第一，在阶级社会里，人权总是有一定的阶级性。人权不是抽象的，是在社会生产力发展到一定阶段以后，通过斗争取得的。第二，人权实践总要受到一国历史、社会、经济、文化等条件的制约。因而观察一个国家的人权状况，不能割断该国的历史，不能脱离该国的国情。第三，对于一个国家和民族来说，生存权是首要人权；而国家的独立权和发展权是生存权的保障。第四，中国愿意积极参加国际人权活动，重视在相互理解、求同存异的基础上加强人权领域的国际合作。但是，人权问题本质上属于一国内部管辖的事项，任何国家的人权制度都应当由该主权国家通过国内立法加以确认和保护。

第二节　平等权

一、平等权的概念

平等权是指公民平等地享有权利，平等地履行义务，要求国家同等保护，不允许任何人享有法律特权。平等权的价值观念必然推出权利与义务一致性的结论，对整个公民的权利和义务体系都具有指导意义，是公民其他一切权利实现的基本要求，在公民基本权利中占有重要地位。

平等权既是我国宪法赋予公民的一项基本权利，也是一项宪法原则。作为一项基本

① 焦洪昌. 宪法学［M］. 北京：中国人民大学出版社，2010：110.

权利，平等权被视为与生命权、自由权、追求幸福权等具有相同性质的人的与生俱来的基本权利。它的存在形式有一定的特殊性，其权利内容需要与其他权利相结合才能体现，通过与民族平等、男女平等、政治平等权、社会经济平等权以及其他基本权利的结合来体现其作为一种基本权利的具体内容。作为一项原则，平等权的价值观念贯穿于任何一项权利当中。①

二、平等权的内容与类型

(1)平等权的内容。

我国《宪法》关于平等权的规定的内容包括：①《宪法》第33条第2款规定："中华人民共和国公民在法律面前一律平等。"第4款规定："任何公民享有宪法和法律规定的权利，同时必须履行宪法和法律规定的义务。"②《宪法》第5条第5款规定："任何组织或者个人都不得有超越宪法和法律的特权。"③《宪法》第4条第1款规定："中华人民共和国各民族一律平等。国家保障各少数民族的合法的权利和利益，维护和发展各民族的平等、团结、互助关系。禁止对任何民族的歧视和压迫，禁止破坏民族团结和制造民族分裂的行为。"④《宪法》第34条规定："中华人民共和国年满十八周岁的公民，不分民族、种族、性别、职业、家庭出身、宗教信仰、教育程度、财产状况、居住期限，都有选举权和被选举权；但是依照法律被剥夺政治权利的人除外。"⑤《宪法》第36条第2款规定："任何国家机关、社会团体和个人不得强制公民信仰宗教或者不信仰宗教，不得歧视信仰宗教的公民和不信仰宗教的公民。"⑥《宪法》第48条规定："中华人民共和国妇女在政治的、经济的、文化的、社会的和家庭的生活等各方面享有同男子平等的权利。国家保护妇女的权利和利益，实行男女同工同酬，培养和选拔妇女干部。"通过这些规定可以看出，我国平等权的内容主要表现在以下三个方面。

一是我国公民不分民族、种族、性别、职业、家庭出身、宗教信仰、教育程度、财产状况、居住期限等，都一律平等地享有宪法和法律规定的权利，也应平等地履行由宪法和法律规定的义务，反对差别对待。这其中涉及的民族平等、男女平等等在我国尤其具有重要意义。二是国家机关在适用法律时对公民也一律平等，任何公民的合法权益都平等地受到保护，对违法行为也一律依法追究。三是国家不允许任何组织或个人享有宪法和法律之上的特权，人人都必须在宪法和法律的范围内活动。

---

① 韩大元，李元起. 宪法［M］. 北京：中国人民大学出版社，2011：118.

(2)平等权的类型——机会的平等、条件的平等和结果的平等。

① 机会的平等。这是根据日本学者小林植树等的观点作出的分类。机会的平等，也称形式平等，即宪法保障每个人在其人格的形成和实现过程中所应当享有的机会上的平等，旨在保障人们在各种社会活动的起点上的平等。这种平等既不考虑各个具体的“人”在起点上的差别，也不考虑自由竞争之后的结果是否可能达至平等。

形式上的平等是近代宪法所确立的平等原则，对于克服封建社会的特权身份的确是一个巨大的进步。这种从抽象的法律人格意义来要求平等地对待一切个人，保障站在起跑线上的个人机会均等，对于自由的保障，无疑是非常必要的。然而这种平等，仅仅秉承纯粹的形式法律规则，无视现实中的各个个体在各方面存在着的天然差别从而未必具有对等实力的前提条件，也不问自由竞争之后的结果是否平等，则反而容易造成事实上的不平等。“自由所要求的法律面前的人人平等会导向物质的不平等。”[①] 正如法国学者勒鲁所指出的：“在平等的名义下，实现的反而是不平等、非正义、不公平。”[②] 为了纠正这种形式上的平等导致的结果上的不平等，学界有人提出条件的平等（实质的平等）和结果的平等，对其进行必要的修正和补充。

② 条件的平等。条件的平等则是依据个人的不同属性采取不同的方式，对作为各个人的人格发展所必需的前提条件进行实质意义上的平等保障，又称为实质上的平等，旨在保证人们从同一起点出发。

实质性平等的内容是要通过国家权力的干预，来消除国民之中的经济与社会的不公平。但是，所有平等权效果的范围，应当停留在能消除由自由以及形式上平等带来的弊端的程度上。[③] “在现代宪法下，一般来说，形式上的平等原理仍然可以适用于对精神、文化活动的自由、人身的自由与人格的尊严乃至政治权利等宪法权利的保障，而实质上的平等原理则主要适用于以下两种情形：第一，在权利的主体上，男女平等、人种平等和民族平等的实现，就是实质上的平等原理所期待的客观结果；第二，在权利的内容上，实质上的平等原理则主要适用于对社会经济权利的保障，其目的在于使经济强者与经济弱者之间恢复法律内在地所期待的那种主体之间的对等关系。”[④]

③ 结果的平等。结果的平等，是指不问具体过程，只追求最终得到平等的结果，即“是作为一种结果的事实关系的平等状况，通俗地说，是自由竞争之后的结果的平等”。

---

① 哈耶克．自由秩序原理［M］．北京：三联书店，1997：104.

② 皮埃尔·勒鲁．论平等［M］．北京：商务印书馆，1988：45.

③ 大须贺明．生存权论［M］．林浩，译．北京：法律出版社，2001：37.

④ 林来梵．从宪法规范到规范宪法［M］．北京：法律出版社，2001：107.

然而，对于如何理解结果上的平等，国外宪法学界存在不同的看法。日本的芦部信喜教授认为，实质上的平等旨在纠正由于自由竞争中机会平等所引起的现实的不平等，为此，实质上的平等即相对于机会的平等而言的结果平等。小林植树教授等学者认为，实质上的平等不同于结果的平等，所有人最后必须站在同一终点线上，可能导致“无视生活过程中努力或才能之优劣”的那种“恶的平等”，甚至招致为实现强制性资源分配所进行的那种“恐怖的支配”。[①]

三、平等权的效力与适用

(1)立法上的平等，即公民都有权亲自或由其代表参与法律的制定。[②]

平等权最初并不强调立法的平等，立法权可以不受平等原则的约束。后来人们逐渐意识到，平等原则也应在立法过程中加以体现。因为平等权是宪法上的权利，宪法是最高法，是法律的法律，所以法律本身也要遵守宪法，而不能违反宪法的要求。如果平等权不能拘束立法者，则宪法上的平等权则是一纸空文，只能沦落为法律上的权利，而任由法律自行处置。[③] 宪法平等权不仅是法律适用上的平等，同时也是“法律制定之平等”。[④]“透过立法权来形成一个符合平等的法律秩序，无疑是现在法治国家的主要理念。因此，法治国家对平等权的重心已大幅度地移置到‘立法平等’之上。”[⑤]

(2)适用法平等和守法平等。

所谓适用法平等是指执行机关和司法机关在执行法律和适用法律时对所有公民都一律平等，即平等地保护任何公民的合法权益，不因任何外在差别而予以差别对待；对违法行为一律予以追究，不使任何有犯罪行为的人逍遥法外，反对特权。所谓守法平等是指公民一律平等地遵守宪法和法律，不允许任何人享有特权而蔑视法律，也不允许任何公民因受到歧视而承担法外义务，受到法外惩罚。二者互相联系，相辅相成。

(3)平等权承认合理的差别待遇。

平等绝不意味着不加区别的一视同仁、整齐划一，平等必须正视人类的“合理差别”。所谓合理差别，是指根据实质上的平等原则，在合理程度上所采取的具有合理依据

---

① 林来梵. 从宪法规范到规范宪法［M］. 北京：法律出版社，2001：108.

② 苗连营. 宪法学［M］. 郑州：郑州大学出版社，2009：341.

③ 韩大元，李元起. 宪法［M］. 北京：中国人民大学出版社，2011：119.

④ 胡锦光，韩大元. 中国宪法［M］. 北京：法律出版社，2004：229－230.

⑤ 陈新民. 平等原则拘束行政权的问题——论“不法平等”［M］. 台湾行政法学会主编. 行政法争议问题研究（上）. 五南图书出版公司，2000：61.

的差别。合理差别大致有以下几类。

一是由于年龄的差异所采取的责任、权利等方面的合理差别。比如，我国《宪法》第 34 条规定中华人民共和国年满 18 周岁的公民，享有选举权和被选举权；第 79 条规定国家主席、副主席须年满 45 周岁等。

二是依据人的生理差异所采取的合理差别。比如，我国《宪法》第 49 条第 1 款规定："婚姻、家庭、母亲和儿童受国家的保护。"第 45 条第 3 款规定："国家和社会帮助安排盲、聋、哑和其他有残疾的公民的劳动、生活和教育。"

三是依据民族的差异所采取的合理差别。比如，我国《宪法》第 113 条第 2 款规定："自治区、自治州、自治县的人民代表大会常务委员会中应当有实行区域自治的民族的公民担任主任或者副主任。"第 114 条规定："自治区主席、自治州州长、自治县县长由实行区域自治的民族的公民担任。"

四是依据经济上的能力以及所得的差异采取纳税负担轻重方面的合理差别。比如，我国《个人所得税法》第 3 条中有关个人所得税税率的规定："工资、薪金所得，适用超额累进税率，税率为百分之三至百分之四十五""个体工商户的生产、经营所得和对企事业单位的承包经营、承租经营所得，适用百分之五至百分之三十五的超额累进税率"。

五是对从事特定职业的权利主体课以特殊权利和义务。我国《宪法》第 74 条规定："全国人民代表大会代表，非经全国人民代表大会会议主席团许可，在全国人民代表大会闭会期间非经全国人民代表大会常务委员会许可，不受逮捕或者刑事审判。"第 75 条规定："全国人民代表大会代表在全国人民代表大会各种会议上的发言和表决，不受法律追究。"

平等原则反对不合理的差别待遇，即没有合理依据的差别对待，通常包括以种族、职业、家庭出身、宗教信仰、财产状况等作为差别对待的理由，这种理由与差别待遇本身没有实质性的关联关系，或者只有似是而非的关联性。除了不合理的依据之外，差别待遇还不能超出合理的程度，否则将导致"逆反差别"。[1]

第三节　政治权利和自由

政治权利，又称参政权，是指公民依据宪法和法律的规定，参与国家政治生活的行

① 林来梵. 从宪法规范到规范宪法［M］. 北京：法律出版社，2001：116－118.

为可能性。政治权利有广义和狭义之分。狭义的政治权利，即选举权和被选举权，是指公民行使选举权和被选举权，参与国家机关、社会组织与管理的活动。广义的政治权利还包括了六项政治自由在内，即选举权和被选举权、言论、出版、结社、集会、游行、示威自由，是指公民在国家政治生活中发表意见、表达意愿的自由。本教材采取狭义的含义。政治权利和自由反映了公民在国家政治生活中的宪法地位，公民是否享有这些权利和自由以及这些权利和自由的实现程度，是衡量一个国家民主宪政发达程度的重要标志，因此政治权利和自由在公民的基本权利体系中占有突出的地位。

一、选举权和被选举权

(1)选举权和被选举权的概念。

选举权是指公民享有的选举国家权力机关（立法机关）代表和其他国家公职人员代表的权利；被选举权是指公民享有的被选举为国家权力机关（立法机关）代表和其他国家公职人员代表的权利。选举权和被选举权是人民行使国家权力的基本形式，是国家权力属于人民的直接体现，也是人民代表大会制度的基础。

(2)我国选举权和被选举权的内容。

我国宪法关于选举权和被选举权的规定。我国《宪法》第 34 条规定："中华人民共和国年满十八周岁的公民，不分民族、种族、性别、职业、家庭出身、宗教信仰、教育程度、财产状况、居住期限，都有选举权和被选举权；但是依照法律被剥夺政治权利的人除外。"第 77 条规定："全国人民代表大会代表受原选举单位的监督。原选举单位有权依照法律规定的程序罢免本单位选出的代表。"第 102 条规定："省、直辖市、设区的市的人民代表大会代表受原选举单位的监督；县、不设区的市、市辖区、乡、民族乡、镇的人民代表大会代表受选民的监督。地方各级人民代表大会代表的选举单位和选民有权依照法律规定的程序罢免由他们选出的代表。"

可见，我国公民选举权和被选举权具体包括三个方面的内容：一是公民依法有权进行投票参与选举国家权力机关（立法机关）代表和其他国家公职人员代表；二是公民依法享有被选举为国家权力机关（立法机关）代表和其他国家公职人员代表；三是公民依法享有监督和罢免其参与选出的国家权力机关（立法机关）代表和其他国家公职人员代表的权利。

(3)选举权和被选举权的主体——选民。

选举权和被选举权的主体是选民，是指依照宪法和法律的规定，享有选举权，并经过选民登记，领取选民证的公民。具体而言，选民须具备以下条件：一是年满18周岁的中华人民共和国公民，即18周岁以下的公民、外国人和无国籍人等在我国不享有选举权，不能成为选民。二是没有依法被剥夺政治权利。比如，我国《刑法》中明确规定了某些犯罪人员应当依法被剥夺政治权利，而这些人员也不能成为选民。三是精神病患者不能行使选举权利的，经过法定程序之后，不能成为选民。选举权的主体应当是心智健全，具有认识能力和行为能力的公民。四是进行选民登记。选民登记是国家对选民选举权的法律确认程序，具有法律效力。

（4）城乡选举权的平等——从8∶1到4∶1到1∶1。

1953年我国《选举法》第6条中明确规定，每一个选民在一次选举中只有一个投票权，确立了“一人一票”制度；同时还规定，在全国人大，农村每一代表所代表的人口数是城市每一代表所代表的人口数的8倍。根据当时的国情和对国家政权性质的认识，立法者认为只有规定不同的人口比例，才能保证不同阶层代表的合理比例，反映国家各阶层、各民族、各方面在政治生活中的地位，尤其是保证工人阶级的领导作用。有的学者指出：“我国的农业人口几乎占全国总人口的80%左右，如果从等量的人口中选出等量的代表，那么人民代表大会就会形同农民代表大会。”①

1995年，我国《选举法》进行了第三次修订。在这次修订中，将全国和地方各级人大城乡代表所代表的人口数统一修改为4∶1。1995年《选举法》第12条第1款规定，“自治州、县、自治县的人民代表大会代表的名额，由本级人民代表大会常务委员会按照农村每一代表所代表的人口数4倍于城市每一代表所代表的人口数的原则分配。”第14条规定，“省、自治区的人民代表大会代表的名额，由本级人民代表大会常务委员会按照农村每一代表所代表的人口数四倍于城市每一代表所代表的人口数的原则分配。”第16条规定：“省、自治区、直辖市应选全国人民代表大会代表的名额，由全国人民代表大会常务委员会按照农村每一代表所代表的人口数四倍于城市每一代表所代表的人口数的原则分配。”

2010年，我国《选举法》进行了第五次修订。在这次修订中，将全国和地方各级人大城乡代表所代表的人口数修改为1∶1。随着改革开放的深入发展，我国城乡之间的差距逐渐缩小，城乡二元结构的社会结构模式正在逐渐消除，城乡一体化结构的社会结构模式正在逐渐形成。“当前我国正在大规模的工业化和城镇化，城镇人口虽然还不到全国人口的一半，但实际上农村人口每年都在以1500万人的规模转移到城市。这种趋势很快就

---

① 张友渔．宪政论丛［M］．北京：群众出版社，1986：5.

会使我们国家的城镇人口数超过农村人口数。"[1] 城乡选民所代表的人口数存在不同比例的社会基础和政治基础正在逐渐消失，因此，《选举法》第14条第1款、第16条中，都规定了"每一代表所代表的城乡人口数相同的原则"，实现了城乡按相同人口比例选举人大代表。

二、六项政治自由

1. 言论和出版自由

1789年法国的《人权宣言》规定："自由传达思想和意见是人类最宝贵的权利之一，因此每个公民都有言论、著作和出版自由。"此后言论自由普遍规定于各国宪法之中。《公民权利和政治权利国际公约》第19条规定："人人有权持有主张，不受干涉；人人有自由发表意见的权利；此项权利包括寻求、接受和传播各种消息和思想的自由，而不论国界，也不论口头的、书写的、印刷的、采取艺术形式的或通过他所选择的任何其他的媒介。"我国《宪法》第35条规定："中华人民共和国公民有言论、出版、集会、结社、游行、示威的自由。"

言论自由，是指公民享有宪法赋予的通过各种"言论"形式公开或不公开地发表自己的思想和观点的自由。言论的表现形式是多样的，包括口头、书面、电影、戏剧、音乐、广播、电视和网络等等形式，出版和著作也应是广义上的言论的载体。言论的内容是广泛的，包括政治、经济、社会、文化等各个方面。语言是人类相互交流、传播信息的最基本形式，也是形成人民意志的重要手段，因此言论自由是公民政治自由中最重要的一项权利，其他自由都是言论自由的具体化和扩大。从某种意义上讲，一个国家言论自由的程度从一个侧面反映了这个国家的民主程度。

言论自由也并非是无限制的。一般而言，言论自由和其他权利一样也必须在宪法和法律规定的范围内行使，不得用言论颠覆政府、危害国家安全、泄露国家秘密，不得用言论诬告、陷害其他公民，不得用言论侮辱、诽谤、诋毁其他公民的人格尊严。比如，《公民权利和政治权利国际公约》第19条第3款规定："本条第2款所规定的权利的形式带有特殊的义务和责任，因此得受某些限制，但这些限制只应由法律规定并为下列条件所必须：（甲）尊重他人的权利或名誉：（乙）保障国家安全或公共秩序，或公共卫生或

---

① 选举法修改具有十分重大的意义［EB/OL］. 中国人大网：http：//www.npc.gov.cn/npc/xinwen/2009－11/12/content_1526466.htm.

道德。”我国宪法和法律中也有类似的规定。

出版自由，是指公民在宪法和法律规定的范围内，可以通过出版物的形式来表达其思想和见解的自由。出版自由是广义的言论自由的一种形式，但由于报纸、期刊、图书、音像制品、电子出版物等以其发行量大、流传范围广、影响深远而在社会生活中占据着日益重要的地位，因此才单列出来作为一项独立的权利。出版自由一般包括两个方面的内容：一是著作自由，即公民享有的在出版物上发表作品的自由；二是出版单位的设立与管理必须遵循国家宪法和法律的规定。

出版自由与言论自由一样，也要在法律规定的范围内行使，因此出版自由与出版管理是密不可分的，合理的出版管理是对出版自由的重要保障。世界各国都很重视公民的出版自由，并且建立起相应的管理制度。目前各国对出版物的管理主要有预防制和追惩制两种方式。前者也称事前审查制，即在著作出版前审查其内容是否合法的制度；后者是在出版物出版后，根据其社会效果决定是否予以禁止和处罚的制度，现今英、美等许多国家大都采取追惩制。我国实行预防制和追惩制相结合的制度，但事前审查主要由出版单位承担。《出版管理条例》第 5 条规定：“公民在行使出版自由的权利的时候，必须遵守宪法和法律，不得反对宪法确定的基本原则，不得损害国家的、社会的、集体的利益和其他公民的合法的自由和权利。”第 25 条规定：“任何出版物不得含有下列内容：（一）反对宪法确定的基本原则的；（二）危害国家统一、主权和领土完整的；（三）泄露国家秘密、危害国家安全或者损害国家荣誉和利益的；（四）煽动民族仇恨、民族歧视，破坏民族团结，或者侵害民族风俗、习惯的；（五）宣扬邪教、迷信的；（六）扰乱社会秩序，破坏社会稳定的；（七）宣扬淫秽、赌博、暴力或者教唆犯罪的；（八）侮辱或者诽谤他人，侵害他人合法权益的；（九）危害社会公德或者民族优秀文化传统的；（十）有法律、行政法规和国家规定禁止的其他内容的。”

2. 结社自由

结社自由是指有着共同意愿或者利益的公民，为了一定宗旨而依法定程序组成具有持续性的社会团体的自由。积极意义上的结社自由是指个人有结成社团并加入及自主管理的自由，任何公权组织不得在宪法和法律之外压制和干涉社团自由开展活动。消极意义上的结社自由意味着公民有不加入或脱离社团的自由，不因为不加入或脱离社团而受到公权力的侵害，或受到不利的待遇。结社自由是社会生活和民主生活不可缺少的部分，是社会生活走向民主化的标志。

公民的结社因其目的不同，可以分为以营利为目的的结社和非以营利为目的的结社两类。前者是指商业性的结社，如公司、合伙、集团等，由民法、商法等来调整。后者又分为政治性结社和非政治性结社。政治性结社如组织政党、政治团体等，非政治性结社如组织宗教、慈善、文化艺术、学术团体等。

我国宪法规定的结社是指不以营利为目的的结社，目前调整结社行为的主要法律依据是1998年国务院通过的《社会团体登记管理条例》。根据该法的规定，结社主要指成立社会团体。《社会团体登记管理条例》第2条规定："本条例所称社会团体，是指中国公民自愿组成，为实现会员共同意愿，按照其章程开展活动的非营利性社会组织。"

我国社会团体的成立实行严格的许可登记制度。我国境内组织的社会团体，应当根据《社会团体登记管理条例》第11条的规定申请登记。申请筹备成立社会团体，发起人应向登记机关提交下列文件材料：筹备申请书、业务主管单位的批准文件；验资报告、场所使用证明；发起人和拟担任负责人的基本情况、身份证明；章程草案。第13条规定："有下列情形之一的，登记管理机关不予批准筹备：（一）有根据证明申请筹备的社会团体的宗旨、业务范围不符合本条例第四条的规定的；（二）在同一行政区域内已有业务范围相同或者相似的社会团体，没有必要成立的；（三）发起人、拟任负责人正在或者曾经受到剥夺政治权利的刑事处罚，或者不具有完全民事行为能力的；（四）在申请筹备时弄虚作假的；（五）有法律、行政法规禁止的其他情形的。"

我国社会团体的活动则实行社会团体登记机关（各级民政部门）与社会团体业务主管单位的双重监督管理制度。《社会团体登记管理条例》第27条规定："登记管理机关履行下列监督管理职责：（一）负责社会团体的成立、变更、注销的登记或者备案；（二）对社会团体实施年度检查；（三）对社会团体违反本条例的问题进行监督检查，对社会团体违反本条例的行为给予行政处罚。"第28条规定："业务主管单位履行下列监督管理职责：（一）负责社会团体筹备申请、成立登记、变更登记、注销登记前的审查；（二）监督、指导社会团体遵守宪法、法律、法规和国家政策，依据其章程开展活动；（三）负责社会团体年度检查的初审；（四）协助登记管理机关和其他有关部门查处社会团体的违法行为；（五）会同有关机关指导社会团体的清算事宜。"

总之，社会团体的成立与活动必须符合我国宪法和法律的规定，不得损害国家的统一和民族的团结，不得违背社会道德风尚，不得损害国家、社会公共利益和其他公民的合法权利和自由，不得从事以营利为目的的经营活动。

在我国，除中国共产党外，还有8个民主党派以及工会、青年团、妇女联合会等各种社会团体。近年来，各种学术性、学科性讨论会、研究会不断召开，大量的社团如雨后春笋般涌现，结社热情日益高涨。目前，我国全国性社会团体已有1800多个，地方性社会团体已有20多万个，其中学术团体、行业协会、专业团体占90%以上。这表明我国民主生活正在逐步普及和完善，它们对社会主义民主政治的建立和发展发挥着重要的作用。

3. 集会、游行、示威自由

集会自由是指公民聚集于公共场所，发表意见、表达意愿的自由。游行自由是指公民享有的为了广泛地向世人陈诉或宣明一定的政治上或经济上的要求或愿望而在道路或露天场所进行的活动的自由。示威自由是指公民享有的在露天公共场所或者公共道路上以集会、游行、静坐等方式，表达要求、抗议或者支持、声援等共同意愿的自由。集会自由、游行自由、示威自由都是公民表达意见和意愿的自由，具有相当大的共性；三者不同之处仅在于表达方式和程度稍有不同。集会是偏静态的方式，游行则是偏动态的方式，而示威的程度更加强烈一些。

集会、游行、示威自由虽然也是言论自由的延伸和自由化，但是其与言论、出版、结社自由相比，多发生在公共场所，参与、围观的人数众多，情绪感染性强，对社会影响较大，是公民合法表达自己意愿的方式中最激烈的方式。但是集会、游行、示威自由作为宪法明文规定的公民的政治自由，是公民基本权利体系中不可或缺的重要组成部分，是现代民主政治的基本要求。现代社会中价值的多元化、利益的多样化，公权力的行使往往难以满足所有公民的利益诉求，反而可能与少部分公民的利益发生冲突。因此，建立和完善不同利益之间的平衡机制十分必要。而公民集会、游行、示威自由权利的行使，就是这种平衡机制中公民维护自身利益的合法行为的底线，使得政府能够及时了解民意，作出积极回应，是公民行使当家作主权利的必然要求，具有维护政治稳定的积极功能。

同时，集会、游行、示威作为一种激烈的意愿表达方式，在客观上也会造成一定的消极影响。因此，世界各国对集会、游行、示威的自由权利往往给予一定的限制。目前，各国限制的主要方式有：登记制、许可制和追惩制。登记制要求事先通知有关管理部门即可举行集会、游行和示威。许可制要求事先申报并获得有关管理部门的批准。追惩制则是在集会、游行和示威后对违法行为予以惩处。1989年，我国制定了《集会游行示威法》，从法律上确定了保障与限制集会、游行、示威自由的界限。

我国对集会、游行、示威采取的是许可制。申请许可的具体程序如下。《集会游行示威法》第7条规定：“举行集会、游行、示威，必须依照本法规定向主管机关提出申请并获得许可。”依据该法第 8 条的规定：“申请集会、游行、示威的负责人应在举行日期的五日前向主管机关递交书面申请。申请书中应当载明集会、游行、示威的目的、方式、标语、口号、人数、车辆数、使用音响设备的种类与数量、起止时间、地点（包括集合地和解散地）、路线和负责人的姓名、职业、住址。”第 9 条规定：“主管机关接到集会、游行、示威申请书后，应当在申请举行日期的二日前，将许可或者不许可的决定书面通知其负责人。不许可的，应当说明理由。逾期不通知的，视为许可。确因突然发生的事件临时要求举行集会、游行、示威的，必须立即报告主管机关；主管机关接到报告后，应当立即审查决定许可或者不许可。”第 13 条规定：“集会、游行、示威的负责人对主管机关不许可的决定不服的，可以自接到决定通知之日起三日内，向同级人民政府申请复议，人民政府应当自接到申请复议书之日起三日内作出决定。”第 14 条规定：“集会、游行、示威的负责人在提出申请后接到主管机关通知前，可以撤回申请；接到主管机关许可的通知后，决定不举行集会、游行、示威的，应当及时告知主管机关，参加人已经集合的，应当负责解散。”

申请不予许可的具体情形包括：反对宪法所确定的基本原则的；危害国家统一、主权和领土完整的；煽动民族分裂的；有充分根据认定申请举行的集会、游行、示威将直接危害公共安全或者严重破坏社会秩序的。另外，国家机关工作人员不得组织或者参加违背有关法律、法规规定的国家机关工作人员职责、义务的集会、游行、示威。以国家机关、社会团体、企业事业组织的名义组织或者参加集会、游行、示威，必须经本单位负责人批准。

我国对集会、游行、示威的管理制度。集会、游行、示威的主管机关是集会、游行、示威举行地的市、县公安局、城市公安分局；游行、示威路线经过两个以上区、县的，主管机关为所经过区、县的公安机关的共同上一级公安机关。公民在行使集会、游行、示威的权利时，必须遵守宪法和法律，不得反对宪法所确定的基本原则，不得损害国家的、社会的、集体的利益和其他公民的合法的自由和权利。集会、游行、示威应当和平地进行，不得携带武器、管制刀具和爆炸物，不得使用暴力或者煽动使用暴力。另外，第 22 条、第 23 条、第 25 条、第 27 条等明确指出了举行集会、游行、示威不得妨碍公务，严格按照许可的目的、方式、标语、口号、起止时间、地点、路线及其他事项进行，不得违反治安管理法规，不得进行犯罪活动或煽动犯罪等。

第四节　宗教信仰自由

一、宗教信仰自由的概念

宗教信仰，是指对具有超自然的超人格性质的存在（如造物主、神、佛等）的确信、敬畏或者崇拜的心情和行为。宗教信仰自由是指公民依据内心的信念，自愿地信仰宗教的自由。宗教信仰自由，主要包括以下三个方面的内容。

① 内心的信仰自由。内心的信仰纯粹属于内心的精神作用，主要涉及宗教信仰的思想、观念和精神方面，是宗教信仰的起点与归宿。对于这个方面，公民完全有权自由决定，国家不得对公民的内在信仰采取任何形式的限制。具体而言，包括每个公民既有信仰宗教的自由，也有不信仰宗教的自由；有信仰这种宗教的自由，也有信仰那种宗教的自由；有信仰这个教派的自由，也有信仰那个教派的自由；有过去信现在不信的自由，也有过去不信现在信的自由。

② 宗教上的行为自由。主要包括礼拜、祷告、布教以及举行或参加宗教典礼、宗教仪式等宗教上的行为自由，也包括不参加这些宗教行为的自由以及不被强制参加这些行为的自由。

③ 宗教上的结社自由。主要包括设立宗教团体（教会、教派等）并举行团体活动、加入特定的宗教团体的自由，也包括不加入特定宗教团体的自由。和宗教上的行为自由一起，是内心的信仰自由派生而来的，是内心信仰自由的实践方式，三者完整地构成了宗教信仰自由。

二、宗教信仰自由的保障

在我国，宗教信仰自由得到新中国历部宪法的确认和保障。1954 年《宪法》第 88 条规定：“中华人民共和国公民有宗教信仰的自由。”1975 年和 1978 年《宪法》中规定了我国公民“有信仰宗教的自由和不信宗教、宣传无神论的自由”。[①] 我国现行《宪法》第36条第1款、第2款规定：“中华人民共和国公民有宗教信仰自由。任何国家机关、社会团体和个人不得强制公民信仰宗教或者不信仰宗教，不得歧视信仰宗教的公民和不信仰宗教的公民。”

除了宪法外，我国《民族区域自治法》《全国人民代表大会和地方各级人民代表大会选举法》《刑法》《民法通则》《教育法》《劳动法》《村民委员会组织法》《广告法》等部门法律中也具体规定了保障宗教信仰自由。比如，我国《刑法》第251条规定：“国家机关工作人员非法剥夺公民的宗教信仰自由和侵犯少数民族风俗习惯，情节严重的，处二年以下有期徒刑或者拘役。”

保障宗教信仰自由与坚持政教分离原则密切相关，许多国家对宗教信仰自由的保障均以政教分离原则为前提。政教分离原则禁止国家建立国教，禁止国家机关开展或参与宗教活动，也禁止任何宗教团体享有国家赋予的特权或行使政治上的权力。政教分离原则要求国家的宗教中立性，国家应当平等地对待各种宗教，尊重各种宗教所主张的观念，使所有宗教都有平等发展的机会，从而保证公民宗教信仰自由的实现。

为了保障宗教信仰自由，保护民族文化的精神财富，国家曾经投入资金用于维修少数民族地区具有重要历史文化价值的寺庙和宗教设施，对特定的宗教活动提供物质方面的帮助，支持特定宗教整理出版宗教典籍，甚至为特定的宗教设立宗教院校。这些旨在保护民族文化的举措构成了我国宗教信仰自由保障的重要特色。

宗教在社会意识形态上属于唯心主义、有神论，在本质上与马克思主义的辩证唯物主义无神论是根本对立的。那么，我国宪法和法律为什么还要对宗教信仰自由予以明确的确立和保障呢？

第一，宗教信仰作为一种内心的信仰，其自由属于精神自由的内容，是公民人权及宪法权利不可缺少的基本内容。宗教信仰属于思想范畴问题，对待公民的思想认识问题，只能采取民主的方法、说服教育的方法去解决，绝不能依靠简单的行政命令去强制人们改变属于思想意识范畴的宗教信仰。《世界人权宣言》第18条规定：“人人有思想、良心和宗教自由的权利；此项权利包括改变他的宗教或信仰的自由，以及单独或集体、公开或秘密地以教义、实践、礼拜和戒律表示他的宗教或信仰的自由。”

第二，宗教虽然本质上是唯心主义世界观，但是宗教教义本身大都宣传仁爱理念，

---

① 当然，这一规定虽然看似全面、准确地表述了宗教信仰自由的内容，避免了可能产生的偏差，但这种写法的倾向性是明显的，实质上是要强调不信宗教和宣传无神论的自由。参见：蔡定剑．宪法精解［M］．法律出版社，2004：225．

其存在具有相当的合理性。另外，宗教是一种历史现象，有发生、发展和消亡的过程。只要人们还有一些不能从思想上解释和解决的问题，就难以避免有宗教信仰的现象。当社会还没有发展到使宗教赖以存在的历史条件完全消亡的时候，宗教就会存在，需要实事求是地对待宗教。

第三，宗教具有长期性、民族性、群众性和国际性的特点。我国的宗教有着悠久的历史，我国佛教有2000年左右的历史，道教有1700多年的历史，伊斯兰教有1300多年的历史。我国大多数少数民族都信仰宗教，甚至有自己独特的宗教。近些年来，汉族中信仰佛教、道教和一些西方宗教的人数也不断上升。同时宗教也具有国际性，在世界各地有广泛的影响力，全世界的信教人口占总人口的60%到70%。这些客观情况说明，宗教不是在某一个国家、在短期内能解决的问题。

第四，在我国社会主义条件下，信教和不信教的公民在根本利益上是一致的。信教和不信教只体现了公民在思想意识和思想认识上的差别。

三、宗教信仰自由的界限

在宗教信仰自由的内容中，内心的宗教信仰自由与思想和良心的自由一样，是一种纯粹的精神活动，为国家公权力所不能企及的范围，应当受到绝对的保护，不受任何的限制。然而宗教信仰并不仅仅停留于内心，通常还伴有一定的外部行为，如宗教上的行为自由和结社自由。当这种行为与他人的权利或利益发生冲突或者对国家和社会的安全和利益构成具体的危害时，国家可以根据该外部行为所引起的具体危害进行必要的限制。当然，这种限制的依据是宗教信仰的外部行为所引起的具体的危害，而不是对某种内心信仰自身的善恶判断。

我国现行《宪法》第36条第3款、第4款规定："国家保护正常的宗教活动。任何人不得利用宗教进行破坏社会秩序、损害公民身体健康、妨碍国家教育制度的活动。宗教团体和宗教事务不受外国势力的支配。"具体而言，包括：一是禁止任何国家机关、社会团体（包括宗教团体）和公民个人（包括信仰特定宗教的公民）强制公民信仰宗教或不信仰宗教，禁止歧视信仰宗教的公民和不信仰宗教的公民。二是任何人不得利用宗教进行破坏社会秩序、损害公民身体健康、妨碍国家教育制度的活动。三是宗教团体和宗教不受外国势力的支配。我国宗教团体和宗教界人士可以同世界各国的宗教团体和宗教界人士友好往来，开展文化交流，但应当坚持自传、自治、自养的方针，防止国际宗教势力控制、干预我国宗教事务。

除了宪法的规定以外，我国目前调整宗教自由、宗教事务管理的法律规范主要是

2004 年国务院通过的《宗教事务条例》。在《宗教事务条例》中，重申了宪法所规定的宗教信仰自由的界限。比如，《宗教事务条例》第 2 条第 2 款、第 3 款规定：“任何组织或者个人不得强制公民信仰宗教或者不信仰宗教，不得歧视信仰宗教的公民或者不信仰宗教的公民。信教公民和不信教公民、信仰不同宗教的公民应当相互尊重、和睦相处。”第 3 条第 2 款、第 3 款规定：“宗教团体、宗教活动场所和信教公民应当遵守宪法、法律、法规和规章，维护国家统一、民族团结和社会稳定。任何组织或者个人不得利用宗教进行破坏社会秩序、损害公民身体健康、妨碍国家教育制度，以及其他损害国家利益、社会公共利益和公民合法权益的活动。”第 4 条规定：“各宗教坚持独立自主自办的原则，宗教团体、宗教活动场所和宗教事务不受外国势力的支配。宗教团体、宗教活动场所、宗教教职人员在友好、平等的基础上开展对外交往；其他组织或者个人在对外经济、文化等合作、交流活动中不得接受附加的宗教条件。”同时，第 5 条规定了宗教事务的主管部门为县级以上人民政府宗教事务部门。

第五节　人身自由

一、生命权

1. 生命权的概念

什么是生命权？目前我国学界尚未达成一致意见，存在广义和狭义两种观点。狭义的生命权认为：生命权是自然人按照自然规律，享受并处分生命，不被非法剥夺，不受各种危险威胁且得以请求救济的权利。[①]“所谓生命权，简单地说，就是‘活的权利’或‘生命安全的权利’，它是指人的生命受法律保护，不受任何非法剥夺的权利。”[②] 同时认为生命权应与生存权加以区分。

广义的生命权认为，“当今意义上的生命权不仅意味着活着，还意味着像人一样体面地活着；生命也不仅仅是延续自然和生理属性，还具有社会和心理价值，以使活着有目

① 王家福，刘海年，主编．中国人权百科全书［M］．北京：中国大百科全书出版社，1998：531.
② 上官丕亮．生命权应当首先入宪［J］．法学论坛，2003（4）.

的，有意义，有尊严。因而，生命权已不再停留在纯粹自由法治国之下防御意义上抵制国家专断剥夺个人生命的意味上，而是一个同时包含着如何在社会生活中维持生命及提高生命质量意涵的概念。”①

这里适用狭义的概念，即认为生命权是“活”的权利，是指任何人的生命不受无理剥夺和不受被害、威胁的权利。生命权是人关于生命的权利。从生物学意义来看，生命是由核酸和蛋白质特别是酶相互作用而产生的可以不断繁殖的物质反馈循环系统，是人的符号，使人具备区别于动物、植物等生命体的物质基础。从法学的角度来看，生命作为生命权的基础，是人之所以为人并进而成为法律主体的根本和前提。生命权是一切人权的本源和基础，没有生命权，其他一切权利均无从谈起，其他任何权利也就没有意义，也不可能存在。

2. 生命权的保障

“生命权，如果说有什么权利算作人权的话，它就是。”② 在联合国承认的 193 个主权国家中，目前至少有 154 个国家的现行宪法以各种方式规定了生命权，也即 80% 左右的主权国家的宪法中确立和保障生命权。还有一些国家虽然在宪法中没有明确规定生命权，但在违宪审查的实践中通过宪法解释，将生命权确定为一项宪法基本权利。特别是自 20 世纪 90 年代以来，全球先后有 85 个国家通过制定新宪法或修改宪法规定了生命权。可以说，宪法保障生命权已经成为一种全球化的潮流。③ 比如，1996 年南非宪法第 11 条规定：“人人享有生命权。”韩国宪法没有明确规定生命权，但 1996 年 11 月 28 日，韩国宪法法院在有关死刑制度是否违宪的判决中指出，生命权虽然没有具体规定在宪法典之中，但它作为人类生存本能和存在目的的基础，是一种自然法上的权利，构成宪法规定的基本权的前提，生命权是绝对的基本权利。④

世界各国的宪政理论和宪法对生命权的理解和规定不尽相同，保障的具体内容也各有特点。比如，美国宪法修正案第 5 条、第 14 条都规定了：“非经正当程序，不得剥夺任何人的生命。”《公民权利和政治权利国际公约》第 6 条规定：“一、人人有固有的生命权。这个权利应受法律保护。不得任意剥夺任何人的生命。二、在未废除死刑的国家，判处死刑只能是作为对最严重的罪行的惩罚，判处应按照犯罪时有效并且不违反本公约

---

① 郑君贤. 生命权的新概念［J］. 首都师范大学学报，2006（5）.

② 米尔恩. 人的权利与人的多样性——人权哲学［M］. 夏勇，张志铭，译. 北京：中国大百科全书出版社，1995：158.

③ 上官丕亮. 关于生命权入宪的构想［J］. 人大研究，2008（5）.

④ 乔萨托利. 冯克利，等，译. 民主新论［M］. 北京：中国东方出版社，1998：10.

规定和防止及惩治灭绝种族罪公约的法律。这种刑罚，非经合格法庭最后判决，不得执行。三、兹了解：在剥夺生命构成灭绝种族罪时，本条中任何部分并不准许本公约的任何缔约国以任何方式克减它在防止及惩治灭绝种族罪公约的规定下所承担的任何义务。四、任何被判处死刑的人应有权要求赦免或减刑。对一切判处死刑的案件均得给予大赦、特赦或减刑。五、对18岁以下的人所犯的罪，不得判处死刑；对孕妇不得执行死刑。六、本公约的任何缔约国不得援引本条的任何部分来推迟或阻止死刑的废除。”

一般而言，对生命权的保障，包括以下几个方面：一是享受生命的权利。每个人都能平等地享有生命的价值，其主体地位得到宪法的保护。二是生命防御权，也称生命安全权。即对一切侵害生命权的行为进行防御和抵抗，保障每个人的生命安全，有效抵御国家公权力的侵犯。三是生命保护请求权。当人的生命受到威胁、危害时，可以请求国家公权力机关予以保护。四是一定的生命自主权。由于人的社会属性，承担着对社会和家庭的各种责任，因此不能随意选择死亡来逃避责任。有且仅有在少数极端的情况下，严格依照宪法和法律的规定，可以享有对自身生命权的一定的自主决定权。比如，依据某些国家的法律，生命垂危的个人为了免除难以忍受的极端痛苦而选择安乐死。

我国《宪法》第33条第3款规定：“国家尊重和保障人权。”而生命权是首要的人权，是第一位的人权。此外，民法、刑法、行政法等部门法中也对保障生命权进行了规定。比如，《民法通则》第98条规定：“公民享有生命健康权。”《刑法》第232条规定：“故意杀人的，处死刑、无期徒刑或者十年以上有期徒刑；情节较轻的，处三年以上十年以下有期徒刑。”第233条规定：“过失致人死亡的，处三年以上七年以下有期徒刑；情节较轻的，处三年以下有期徒刑。本法另有规定的，依照规定。”2012年修订的《国家赔偿法》还规定了国家机关及其工作人员侵犯公民生命健康权的赔偿责任。

3. 生命权的相关问题

(1)死刑问题。

在一个组织优良的社会里，死刑是否真的有益和公正？自1764年贝卡里亚在《论犯罪与刑罚》一书中发出了这样对死刑的质问以来，死刑不仅成为近现代刑事政策和刑事法理论研究中最具争议的问题，也成为政治家、立法者、司法者、专家学者乃至社会公众普遍关注的一个公共话题。

自死刑制度产生以来，死刑之所以获得广泛的公众认同，首先就在于死刑通过对最极端犯罪的道义报应满足了深藏于集体意识中的正义情感。而集体意识、正义情感对死刑的广泛的公众认同，又使死刑制度获得了凛然于所有的功利性追求之上的正当性和合法性。在许多人看来，即使死刑不具有威慑效果，只要基于道义责任而公正地适用，满足了集体意识中的正义情感，获得了广泛的公众认同，就具有存在的正当性和合法性。[①]

主张废除死刑的人认为，死刑违反了宪法所保护的公民的生命权，死刑和禁止杀人的国家法律是自相矛盾的，适用死刑是残酷和违反人道的。死刑一旦发生误判，就会冤杀无辜，且不可挽回。它断绝了犯罪人的改过自新之路，即使对确实不能改造的犯罪分子而言，终身监禁也足以剥夺其再犯罪的能力了。同时，死刑的适用并无特殊的威慑效果，反而浪费了本可利用的廉价劳动力，是不经济的惩罚方法。

进入19世纪以后，世界很多国家出现了一个限制、废除死刑的高潮。主要表现在两个方面：一是对应判处死刑的罪行的种类，从法律规定的数量来说大大减少；二是死刑由原先的多种残酷执行方法而变为以较为人道的方法来执行。从20世纪后半叶起，特别是晚近20余年来，全球废止死刑的步伐明显加快。截至2009年6月30日，世界上超过三分之二的国家和地区已经在法律上或事实上废止了死刑，其中，在法律上废止所有犯罪死刑的国家和地区已多达95个，废止了普通犯罪死刑的国家和地区为8个，而事实上废止死刑的国家和地区为35个（以过去10年未执行一例死刑为标准），总计在法律上或事实上废止死刑的国家和地区已多达138个。[②]

受传统文化的影响和对实际情况的考虑，目前我国尚不具备完全废除死刑的条件，但已采取多种方式来严格控制并慎用死刑。2006年修改后的《人民法院组织法》第13条规定："死刑除依法由最高人民法院判决的以外，应当报请最高人民法院核准。"这样，从2007年1月1日起，最高人民法院正式收回死刑复核权。2010年6月，最高人民法院、最高人民检察院等联合发布了《关于办理死刑案件审查判断证据若干问题的规定》，对死刑案件的证据审查判断采用更为严格的标准。2011年2月，全国人大常委会审议通过刑法修正案（八），取消13个经济性非暴力犯罪的死刑，死刑罪名削减幅度近五分之一。修正案还对审判时已满75周岁的人犯罪适用死刑作了限制性规定。2012年《刑事诉讼法》第223条规定，判处死刑的第二审案件全部开庭审理，并加强死刑复核监督。

(2)安乐死问题。

古希腊哲学家毕达格拉斯说："生命是神圣的，因此我们不能结束自己和别人的生命。"1992年加拿大一位身患绝症、争取安乐死合法化的老人这样问道："我不能批准自己去死，那我这个躯壳的主人是谁呢？究竟我的生命是谁拥有呢？"是的，生命权是神圣

---

① 梁根林. 公众认同、政治抉择与死刑控制［J］. 法学研究，2004（4）.

② 罗吉尔·胡德，卡罗琳·霍伊儿. 曾彦，等，译. 死刑的全球考察［M］. 北京：中国人民公安大学出版社，2009：1.

的，是至高无上的，是不可侵犯的。但是，既然公民享有生命权，那么，公民是否享有放弃生命的权利呢？是否享有选择“安乐死”的权利呢？一百多年以来，安乐死的问题一直困扰着人们，至今也尚无统一、令人信服的答案。

何谓安乐死？目前尚无一致的定义。牛津词典中解释为，快乐死亡，尊严死亡，患痛苦的不治之症者之无痛苦的死亡；无痛苦致死之术。安乐死根据实施的方式的不同，可分为积极安乐死和消极安乐死两种。积极安乐死是指采取主动措施，如注射或服用药物等所谓不痛苦的方式，帮助身患绝症且极端痛苦的病人提前结束生命。消极安乐死则是指对危重病人不给予治疗或撤除支持其生命的医疗措施，让病人自行死亡。根据被实施安乐死的病人是否明确表达其愿望，安乐死又可分为自愿和非自愿两种。前者系由病人本人通过遗嘱或口头表态方式决定，后者则是因本人无法表达意愿而由亲属或监护人做出决定。①

关于安乐死的问题争议很大，世界各国对此的立法也各不相同，因此实施安乐死合法化的国家比较少。1976 年美国加利福尼亚州制定了消极安乐死法。1993 年 2 月 9 日，荷兰参议院通过了关于“没有希望治愈的病人有权要求结束自己生命”的法案，成为世界上第一个通过安乐死立法的国家。1996 年 5 月，澳大利亚北部地区议会通过了一部积极安乐死法——《垂死病人权利法》，但实施半年后被澳大利亚联邦议会废止。2001 年 4 月 10 日，荷兰议会上院以 46 票赞成、28 票反对的结果通过了一项“安乐死”法案，使荷兰成为世界上第一个把安乐死合法化的国家。随后，比利时众议院于 2002 年 5 月 16 日，以 86∶51 票通过允许实施安乐死法案，允许医生在特殊情况下对病人实行安乐死，从而成为继荷兰之后第二个使安乐死合法化的国家。

安乐死必须受到严格的限制，否则可能沦为在人道、慈悲等名义下进行的谋杀。即使在安乐死合法化的国家，对安乐死的实施也明确了界限。比如，荷兰的安乐死法案中规定：“首先，申请安乐死的病人必须自愿，而且必须是病人深思熟虑之后作出的坚定不移的决定；其次，病人必须在无法忍受病痛的情况下才能申请安乐死；再次，病人所患疾病必须要经过两名医生的诊断，慎重地确定安乐死的方式。”比利时的安乐死法案中也有类似的规定。②

(3)脑死亡问题。

生命始于出生，终于死亡。生与死作为生命的终极存在方式，一直是哲学和医学上

① 陈霆宇. 安乐死几个相关问题探析 [J]. 政法论丛，1998 (2).

② 苗连营. 宪法学 [M]. 郑州：郑州大学出版社，2009：352.

的命题。但是，随着现代生物医学技术的发展，特别是人工生殖器官移植技术的发展，生的方式和死的标准，也日益引起法律界的广泛关注。当代医学与法律所关心的已不仅仅是死亡的概念，而是何时是生命的终止时刻。① 传统的死亡概念是心肺呼吸概念，我国的传统医学和司法实践也是以心跳、呼吸停止作为死亡的标志。

那么，脑死亡②能否作为死亡的标准呢？反对脑死亡的人认为：一是脑死亡的观念不能取得社会公众的一致认同。二是脑死亡十分重视脑干的机能。如果未来医学发展到能把大脑与脑干分离开来，形成人个性特征的大脑虽然不能由其他人的大脑或人工装置所取代，但由于脑干并不决定人的个性特征，完全有可能用其他人工装置等所替代。三是脑死亡的提出，很大程度上是为了满足器官移植的需要，有悖于自康德以来广为认可的“人的存在即为目的，不能沦为工具”的理念。③

支持脑死亡的人认为：一是在价值观念多样化的现代社会，对包括脑死亡在内的许多问题，要想得到社会公众的一致赞同是不现实的，只能按大多数人的意见来处理，而社会调查表明，大多数人是赞成脑死说的。二是以脑干可以通过人工装置等替代，作为否定脑死说的理由是不妥当的。因为脑干与大脑可以分离开来，这只是一种假说，现代医学根本没有达到这种程度，把假说作为立论的根据是不可靠的；即使未来医学发展到了这一步，使这种假说变成了现实，那也不知已经到了何种时代，那时的法秩序同现代社会秩序、乃至人的生死观，可能已经发生了很大改变；另外，以人的个性特征仅仅只与大脑发生关系的这一结论并不一定正确。最后，应该把脑死亡与器官移植的问题区别开来，二者并不是同一问题。④

目前，全世界已经有 80 多个国家对脑死亡予以承认。1968 年 4 月，法国首先以部长令的形式赋予脑死亡标准以法律效力。芬兰的脑死亡标准是 1971 年公布的，它的适用性和可信度受到了广泛赞扬。英国方面则于 1976 年和 1979 年，先后两次公布英国皇家医学院和联合王国医学院制定的脑死亡判定标准。1982 年，联邦德国医师会以会议纪要的形式制定和发表了脑死亡判定标准。美国联邦的正式立法是 1983 年的《统一死亡确定法》，它的标准和表述方式是现代脑死亡立法的典范。日本 1997 年 10 月开始实施《器官移植法》，该法规定，脑死亡就是人的死亡。⑤ 我国长期以来判定死亡的标准是心脏停止说和

---

① 郭自力. 死亡标准的法律与伦理问题 [J]. 政法论坛，2001 (3).

② 脑死亡一般是指临床上虽有心跳但无自主呼吸，脑功能已经永久性丧失。

③ 加藤久雄. 论器官移植涉及的伦理与法律问题 [G]. 中山研一先生古稀祝贺论文集. 成文堂出版社，1997：350.

④ 阿部纯二. 刑法基本问题 [M]. 法学书院，1993：13 - 16.

⑤ 郭自力. 死亡标准的法律与伦理问题 [J]. 政法论坛，2001 (3).

呼吸说，关于脑死亡的标准只是在医学界进行了讨论，宪法学界并没有给予更多的关注。

(4) 堕胎问题。

人的生命从何时算起？胎儿是人吗？胎儿有无生命权？对于这一问题的不同回答，会在堕胎合法性的问题上产生不同的影响，导致对胎儿的保护程度和方式也有重要的差别。若胎儿是人，则其就享有宪法上的所有权利，就需要得到与其他人一样的保护。若胎儿不是宪法上的人，则妇女可随意处置胎儿。① 另外，在承认胎儿享有生命权的同时，胎儿的生命权与妇女的自决权之间也存在一定的冲突，对堕胎合法性的问题也有很大的影响。

当然，堕胎问题涉及哲学、宗教、道德、医学、政治和法律等诸多问题，其合法性问题在世界各国也一直是一个颇具争议的问题。然而，从保护胎儿的生命，保护孕妇的身心健康，尤其是在科技尚不发达的条件下，对堕胎进行适当的限制是积极的、必要的。

我国出于控制人口的数量和提升人的生活质量的压力，并不禁止堕胎。我国现行《宪法》第 25 条规定："国家推行计划生育，使人口的增长同经济和社会发展计划相适应。"第 49 条第 2 款规定："夫妻双方有实行计划生育的义务。"这实际上即是表明堕胎是允许的，至少表明夫妻在履行计划生育义务时是可堕胎的。

与此同时，我国在民法、刑法、行政法等部门法上对胎儿提供了保护。《继承法》当中对胎儿财产继承权予以保护，第 28 条规定："遗产分割时，应当保留胎儿的继承份额。胎儿出生时是死体的，保留的份额按照法定继承办理。"《刑法》和《刑事诉讼法》都规定了对怀孕妇女不判处死刑，其目的也在于保护胎儿的生命。《劳动法》第 61 条规定："不得安排女职工在怀孕期间从事国家规定的第三级体力劳动强度的劳动和孕期禁忌从事的劳动。对怀孕七个月以上的女职工，不得安排其延长工作时间和夜班劳动。"《治安管理处罚法》第 21 条规定，怀孕妇女违反治安管理不执行行政拘留处罚。

(5) 克隆人问题。

生命权是否包括通过克隆技术创造生命的权利？克隆人（Human Cloning）的行为是否侵犯生命权？如果"克隆人"诞生了，是否是宪法上的人？是否享有生命权？当 1997 年第一只多利羊诞生之后，克隆技术给宪法带来的挑战就进入了人们的视野，以上的问题是亟须回答的问题。

克隆人是指无性繁殖的人，也称人的无性生殖。其过程是，首先从女性身上取得卵子，从被克隆的人身上取得体细胞，以细针抽出卵子的细胞核，使其不再具有 DNA，然

---

① 王贵松. 价值体系中的堕胎规制［J］. 法制与社会发展，2007（1）.

后将卵子与被克隆的人的体细胞并置，并通过微量电流促使两者结合，如果一切顺利，新卵子进行分裂，形成胚胎，再将胚胎植入孕母的子宫，着床后发育成正常的胎儿。这实际上是一种无性繁殖，与人的传统生殖方式有根本性的差异。[①]

对于克隆人技术，有支持和反对两种观点。在中国，赞成派支持克隆人技术的理由包括：克隆人技术能够使个人的生命不断延续；是不孕夫妻选择的生育途径；可以避免生出一个患有严重遗传病的孩子；可以提供器官，将来用作移植；能够复制大量符合从事特殊职业、完成特殊任务的人；可以改善人的质量或改良种族；能够增加人口数量；能够满足特殊人群的需要；能够满足思念亲人的需要；增进科学技术和技术能力；从保存的意义上，应该克隆。[②] 可以看出，赞成派只不过是把克隆人当成一个工具，而不是把它当成真正意义上的人。

否定派则认为，克隆人不仅侵犯人的尊严，而且会从道德基础上破坏人类的宪法情感与宪法秩序，带来整个生命伦理价值体系的破坏。克隆人的出现，会导致传统意义的父亲和母亲不复存在，具有个别性、多样性、独特性的“自然”人沦为技术操纵的、可以在流水线上大量复制的产品，极大地侵害了人的尊严，也对现有的爱情、婚姻、家庭等方面的伦理道德观念造成难以承受的冲击，同时也给遗产继承、监护赡养等问题带来各种麻烦。

正因为克隆人会引起严重的道德、伦理、社会和法律问题，所以世界各国和国际社会普遍禁止克隆人。2003 年，塞尔维亚和黑山国家联盟通过了《人权和少数人权利及公民自由宪章》。该宪章第 11 条明确规定：“禁止克隆人。”而《人权和少数人权利及公民自由宪章》是《塞尔维亚和黑山国家联盟宪章》的重要组成部分，也即意味着塞尔维亚和黑山国家联盟从宪法的高度禁止克隆人。1997 年 11 月 11 日，联合国教科文组织第 29 届大会通过了《世界人类基因组与人权宣言》。该文件第 11 条规定：“与人类尊严相抵触的做法，比如人体的生殖性克隆，不予允许。”1998 年 1 月 12 日，欧洲理事会通过了《在生物学与医学应用中保护人权与人类尊严公约禁止克隆人的附属议定书》。该文件第 1 条明确规定：“禁止任何试图创造一个与另一个（无论是活的或死的）遗传上相同的人的这种做法。”2005 年 3 月 8 日，第 59 届联合国大会以 84 票赞成、34 票反对、37 票弃权的结果通过了禁止克隆人的宣言——《联合国关于人的克隆宣言》。[③] 可以说，迄今为止，

---

① 韩大元. 论克隆人技术的宪法界限［J］. 学习与探索，2008（2）.

② 韩东屏. 克隆转忆人［M］. 北京：社会科学文献出版社，2005：12－13.

③ 但比利时、中国、英国、瑞典、日本和新加等国对联大的宣言投了反对票。其主要理由是，不反对禁止生殖性克隆，即克隆人，而反对禁止治疗性克隆。这些国家可以批准克隆出人类受精卵（胚胎），从中提取干细胞以治疗各种疾病。

在国际范围内，公开以国家名义支持生殖性克隆人技术的国家几乎是没有的。

我国对于克隆人技术问题的基本态度和立场是：禁止生殖性克隆人，支持治疗性克隆研究。2004 年 1 月，科技部和卫生部公布的《人胚胎干细胞研究伦理指导原则》第 8 条明确规定：“禁止进行生殖性克隆人的任何研究。”在宪法和法律上则无明确规定。2005 年，联合国通过禁止克隆人的宣言——《联合国关于人的克隆宣言》，我国投了反对票。这里存在的主要分歧在于：能否把生殖性与治疗性克隆技术区别开来，并允许治疗性克隆技术的发展。

二、人身自由

1. 人身自由的含义

在我国宪法学中，人身自由有广义和狭义之分。狭义的人身自由，也称身体自由，是指公民的人身不受非法侵犯的自由；广义的人身自由，包含人身自由不受非法侵犯外，还包括与人身具有紧密联系的人格尊严不受侵犯、住宅不受侵犯以及通信自由和通信秘密受法律保护。这里的人身自由，指的是狭义的人身自由，即公民的肉体和精神不受任何非法的搜查、拘禁、剥夺、限制的权利。

我国现行《宪法》第 37 条规定：“中华人民共和国公民的人身自由不受侵犯。任何公民，非经人民检察院批准或者决定或者人民法院决定，并由公安机关执行，不受逮捕。禁止非法拘禁和以其他方法非法剥夺或者限制公民的人身自由，禁止非法搜查公民的身体。”

我国公民享有人身自由的范围。具体而言，我国公民享有人身自由的范围包括：一是指公民的身体活动自己控制，不受国家权力的非法侵害，即不受国家非法逮捕、羁押，也不受以其他方法非法剥夺或者限制公民的人身自由。二是公民身体不受非法搜查，即国家不得对公民的身体、人体器官或者其他组织进行非法检查。换言之，人身自由包括身体活动的自由和身体器官和组织不被任意检查和搜寻的权利。公民的人身自由，是公民参加各种社会活动、参加国家政治生活和享受其他权利自由的先决条件。失去了人身自由，公民的其他权利自由也就无从谈起。人身自由是公民最基本、最起码的权利。

2. 人身自由的保障

然而，人身自由与其他自由一样，并不是绝对的。在必要时，国家可以依法采取搜查、拘留、逮捕等措施，甚至是剥夺特定公民的人身自由。然而，这种对人身自由的限制有着严格的界限。具体包括：

第一，在实施的法律依据上，人身自由属于法律特别保留的事项，只有法律才可以设定限制公民人身自由的强制措施或者法律制裁措施。换句话说，只有立法机关，而不允许其他国家机关以立法形式来设定限制人身自由的各种措施和手段。我国《立法法》第 8 条规定，限制人身自由的强制措施和处罚只能制定法律。《行政处罚法》第 9 条规定："限制人身自由的行政处罚，只能由法律设定。"目前，我国还存在着一些针对不良少年、吸毒人员、精神病患者的诸如劳动教养、工读学校、收容教养、收容教育、强制戒毒、强制医疗等限制人身自由的行政强制措施或处罚，这些行政强制措施或处罚都不是由法律设定的，并不符合法律保留原则，应当予以纠正。

第二，在实施的主体上，非有权主体不得对公民采取拘留、逮捕、行政处罚或其他形式的限制人身自由的措施。在刑事法律领域，规定了检察机关（或人民法院）为逮捕的决定机关，公安机关为执行机关。我国现行《宪法》第 37 条第 2 款规定："任何公民，非经人民检察院批准或者决定或者人民法院决定，并由公安机关执行，不受逮捕。"《刑事诉讼法》第 3 条规定："对刑事案件的侦查、拘留、执行逮捕、预审，由公安机关负责。检察、批准逮捕、检察机关直接受理的案件的侦查、提起公诉，由人民检察院负责。审判由人民法院负责。除法律特别规定的以外，其他任何机关、团体和个人都无权行使这些权力。"在行政执法领域，对于限制人身自由的行政处罚，只有特定的国家机关即公安机关根据治安管理法律的规定才可以实施。《行政处罚法》第 16 条规定，限制人身自由的行政处罚权只能由公安机关行使。《治安管理处罚法》第 103 条规定："对被决定给予行政拘留处罚的人，由作出决定的公安机关送达拘留所执行。"

第三，在实施的程序上，非依法定程序不得限制公民的人身自由。我国宪法和法律对限制公民人身自由的程序也作出了严格的规定，以求在程序上防止国家权力的任意行使从而可能对人身自由造成一定的伤害。比如，我国《刑事诉讼法》对拘留、逮捕的程序、调查取证的程序等都作了明确的规定。《刑事诉讼法》第 71 条规定："公安机关逮捕人的时候，必须出示逮捕证。逮捕后，除有碍侦查或者无法通知的情形以外，应当把逮捕的原因和羁押的处所，在 24 小时以内通知被逮捕人的家属或者他的所在单位。"

三、人格尊严

1. 人格尊严的含义

人格尊严是指公民作为平等的人的资格和权利应该受到国家的承认和尊重。这里的人格是指公民作为人所必须具有的自主的资格。我国《宪法》第 38 条规定："中华人民共和国公民的人格尊严不受侵犯。禁止用任何方法对公民进行侮辱、诽谤和诬告陷害。"现行宪法第一次规定了保护公民人格尊严的内容，这是对"文化大革命"中大量发生的侵犯人格尊严事件的惨痛历史教训的总结，并参考国外宪法的经验的基础上提出的，适应了时代的要求。

从我国宪法和法律的规定来看，人格尊严的基本内容有：一是公民的姓名权。公民有权决定、使用和依照法律规定改变自己的姓名的权利，他人不得干涉。公民的姓名未经本人同意，他人不得滥用、假冒或用于商业目的。公民的姓名不受侮辱，如不得利用姓名的谐音起一些恶意的外号等。二是肖像权。肖像是通过摄影、摄像等方式对人的形象的客观真实反映，是公民人身的派生物。公民的肖像权包括两层含义：未经本人同意不得以营利为目的使用公民肖像和公民的肖像不受侮辱。三是公民的名誉权。名誉是指个人在人群中享有的良好声誉，名誉权是指公民享有自己的声誉不受诽谤的权利。名誉权是公民人格权的重要组成部分，是公民要求社会和他人对自己的人格尊严给予尊重的权利。四是公民的荣誉权。荣誉是公民因对社会的突出贡献而获得的精神上的奖励，如荣誉称号、奖项、奖章、奖品等。荣誉权是指公民对社会给予的褒奖享有的不可侵犯的权利。随着我国法治水平和公民法律意识的不断提高，公民的人格尊严权利的范围也将不断扩大。

需要特别指出的是，与我国宪法不同，在外国宪法和宪法学中，多数使用"人的尊严""人性尊严"或"人格权"等，较少使用"人格尊严"的概念。比如，德国《基本法》第 1 条第 1 款规定："人的尊严不可侵犯，尊重及保护此项尊严为所有国家机关的义务。"第 2 条第 1 款规定："人人有自由发展其人格的权利，但以不侵害他人的权利或不违反宪法秩序或道德规范者为限。"在德国宪法法院的判例中，人的尊严被视为"宪法的最高价值""基本权利体系的出发点"。包括两个方面的含义：一是在自己的自由权利范围内，公民有自治自觉的高度自主性，"维护人性尊严的首要意涵在于肯认每个人均为自主、自觉的独立个体"。[①] 二是人不能成为纯粹客体，不论以自由意志或他意，人都不能被工具化、物化、商品化。[②]"在'国家——人'的关系上，要求每一个人不能被降低对待，不能被作为手段。"[③] 而人格权的主要内容则包括有关公民一般私生活的权利、隐私权、名誉权、肖像权等，这些权利都体现了"人的尊严"的内在要求。

---

① 许志雄，等，著. 现代宪法论［M］. 台北：元照出版有限公司，1999：48.

② 李震山. 多元、宽容与人权保障［M］. 台北：元照出版有限公司，2005：132.

③ 李累. 宪法上"人的尊严"［J］. 中山大学学报，2002（6）.

2. 人格尊严的保障与界限

在我国，人格尊严的保障存在着宪法上的保障和法律上的保障这两个层次。宪法上的保障具体是指：国家机关或者其他形式公共权力的组织不得侵犯公民的人格尊严。国家要通过立法等手段积极保护公民的人格尊严免受其他社会组织或个人的侵害。比如，我国《民法通则》《刑法》等法律中有关公民人格尊严的规定正是国家履行《宪法》第38条规定的保障义务的具体表现。另外，还表现在为宪法监督机构审查法律有关人格尊严的规定、国家机关有关的行为是否违宪提供审查标准和依据，也为理解和解释法律中的人格尊严条款提供标准和依据。

我国法律层面对人格尊严的保护已经较为广泛，民事、行政、刑事等部门法领域都对人格尊严进行了保护。我国《民法通则》第101条规定："公民、法人享有名誉权，公民的人格尊严受法律保护，禁止用侮辱、诽谤等方式损害公民、法人的名誉。"我国2006年修订的《未成年人保护法》第21条规定："学校、幼儿园、托儿所的教职员工应当尊重未成年人的人格尊严，不得对未成年人实施体罚、变相体罚或者其他侮辱人格尊严的行为。"我国2005年修订的《妇女权益保护法》第42条规定："妇女的名誉权、荣誉权、隐私权、肖像权等人格权受法律保护。禁止用侮辱、诽谤等方式损害妇女的人格尊严。"我国2005年颁布的《治安管理处罚法》第5条第2款规定："实施治安管理处罚，应当公开、公正，尊重和保障人权，保护公民的人格尊严。"我国2011年修订的《刑法》第246条第1款规定："以暴力或者其他方法公然侮辱他人或者捏造事实诽谤他人，情节严重的，处三年以下有期徒刑、拘役、管制或者剥夺政治权利。"

当然，公民的人格尊严不受侵犯也不是绝对的，也存在一定的界限和限制。一般而言，该权利往往与其他主体的表达自由、知情权等权利发生冲突，此时要依据一定的标准对宪法上所肯定的这些价值的实现进行合理的平衡和调整。比如，在一些国家，国家的公职人员或社会公众人物的名誉权、隐私权等人格权往往受到较多的限制。

四、住宅安全权

1. 住宅安全权的含义

住宅安全权，又称住宅不受侵犯权。住宅自由、居住自由等，是指公民居住、生活、休息的场所不受非法侵入或搜查的权利。它保障公民可以享有一个安宁的居住空间，在其住宅内部不受国家公权力的非法侵犯。

住宅，即日常用语中的“家”，是公民日常生活、休息甚至工作的地方，它不仅是公民最重要的财产之一，更是公民个人生活的中心。住宅，是个人最有理由期望拥有安宁生活、最可以放松、最有安全感的私生活场所。如果公民的住宅安全得不到保障，轻易地受到不合理、不合法的侵犯，那么个人的生活将时时受到威胁，不得安宁。此时，公民的人格尊严也难以保障。在西方，很早就有“个人的家就是他的堡垒”（Every man's house is his castle）的说法；还有“风能进，雨能进，国王不能进”的法谚。因此，保障公民的住宅安全权至关重要，住宅安全权成为公民最重要的基本权利之一。

住宅属于私人空间，住宅安全是公民人身自由的延伸，与公民的私生活、隐私权有着内在的、密切的关系。“在私人住宅以外发生的事件属于公共生活的领域并因此受到法律规范和社会行为规范的制约。与之相反，‘一个人的四堵墙之内的事件’，则是私人的，即对公众是隐藏的、秘密的。只有在这样的私领域中，个人才能以一种与其需要和期望相适应的方式追求他或她的自我实现。”① 因此，住宅安全权也较多地与公民隐私权的保障联系在一起。比如，《世界人权宣言》第12条规定：“任何人的私生活、家庭、住宅和通信不得任意干涉，他的荣誉和名誉不得加以攻击。人人有权享受法律保护，以免受这种干涉或攻击。”《公民权利和政治权利国际公约》第17条规定：“任何人的私生活、家庭、住宅或通信不得加以任意或非法干涉，他的荣誉和名誉不得加以非法攻击。人人有权享受法律保护，以免受这种干涉或攻击。”

从住宅安全权与人身自由、隐私权之间的关系来看，“住宅”应作广义的理解，不单是指一般意义上的私人家屋，还应包括寄宿宿舍、旅馆、露营用的旅行车、出租屋、渔民作为生活场所的渔船等其他各种私生活在物理空间上所展开的场所，其成立也无须具备独立的建筑结构或持续性的使用等时空上的要件。② 当然，也无须强调居住者的所有权，是否拥有所有权并不影响公民住宅安全权的享有。而对住宅的非法侵入或搜查，则不仅指直接非法侵入住宅的物理空间内部的行为，而且还应包括在住宅外部通过一定的器具非法监听或窥视住宅内部的私生活或家庭生活情景等行为。

2. 住宅安全权的保障

我国现行《宪法》第39条规定：“中华人民共和国公民的住宅不受侵犯。禁止非法搜查或者非法侵入公民的住宅。”该规定为公民享有住宅安全权提供了宪法上的依据。住

---

① 曼弗雷德·诺瓦克. 民权公约评注（上）[M]. 北京：三联书店，2003：300.

② 林来梵. 从宪法规范到规范宪法 [M]. 北京：法律出版社，2001：172.

宅安全权主要是公民针对国家或公权力所享有的一项基本权利，要求国家机关不得非法侵入或搜查公民的住宅，确保公民能够享受私生活的安宁，不必担心受到非法的干扰。同时，宪法对于住宅安全权的确立和保障也赋予了国家应通过立法和执法活动来保护公民的住宅不受其他社会组织或个人侵犯的义务。我国《刑法》《治安管理处罚法》等便是国家履行《宪法》第 39 条规定的保障义务的具体表现。

我国法律层面对住宅安全也进行了保护。我国 2011 年修订的《刑法》第 245 条规定："非法搜查他人身体、住宅，或者非法侵入他人住宅的，处三年以下有期徒刑或者拘役。司法工作人员滥用职权，犯前款罪的，从重处罚。"我国 2005 年颁布的《治安管理处罚法》第 40 条规定，非法侵入他人住宅的，"处十日以上十五日以下拘留，并处五百元以上一千元以下罚款；情节较轻的，处五日以上十日以下拘留，并处二百元以上五百元以下罚款"。

3. 住宅安全权的限制

公民享有的住宅安全权也不是绝对的，也存在一定的限制和界限。宪法禁止非法侵入和搜查公民住宅，换句话说，如果基于国家、社会和个人利益的考量，依法对公民住宅进行干涉或搜查，则是允许的，这就是对公民住宅安全权的限制。目前，这一限制主要体现在两个方面。

一是刑事上的搜查。我国 2012 年修订的《刑事诉讼法》第 134 条规定："为了收集犯罪证据、查获犯罪人，侦查人员可以对犯罪嫌疑人以及可能隐藏罪犯或者犯罪证据的人的身体、物品、住处和其他有关的地方进行搜查。"但是，为了保障公民住宅安全，侦查人员必须严格依法进行，遵循法定的程序，即对"限制的限制"。比如，我国 2012 年修订的《刑事诉讼法》第 136 条第 1 款规定："进行搜查，必须向被搜查人出示搜查证。"第 137 条第 1 款规定："在搜查的时候，应当有被搜查人或者他的家属，邻居或者其他见证人在场。"

二是在日常行政管理活动中的限制。主要有：为维护公共利益或公民个人的人身、财产安全而进入住宅或利用住宅设施。比如，我国 2008 年修订的《消防法》第 45 条第 2 款规定："火灾现场总指挥根据扑救火灾的需要，有权决定下列事项：（四）利用临近建筑物和有关设施；（五）为了抢救人员和重要物资，防止火势蔓延，拆除或者破损毗邻火灾现场的建筑物、构筑物或者设施等。"另外，行政机关为了履行行政职权，了解相对人是否遵守法律和具体行政决定的事实，也可以进入公民的住宅进行行政检查。比如，我国 2005 年颁布的《治安管理处罚法》第 87 条规定："公安机关对与违反治安管理行为有关的场所、物品、人身可以进行检查。”《公安机关办理行政案件程序规定》第 61 条规定：“公安机关对与违法行为有关的场所、物品、人身可以进行检查。检查时，人民警察不得少于两人，并应当出示工作证件和县级以上公安机关开具的检查证。对确有必要立即进行检查的，人民警察经出示工作证件，可以当场检查。公安机关及其人民警察对机关、团体、企业、事业单位或者公共场所进行日常监督检查，依照有关法律、法规和规章执行，不适用前款规定。检查公民住所必须持有县级以上公安机关开具的检查证。但是，有证据表明或者有群众报警公民住所内正在发生危害公共安全或者公民人身安全的案（事）件，或者违法存放危险物质，不立即检查可能对公共安全或者公民人身、财产安全造成重大危害的，人民警察经出示工作证件，可以立即检查。”当然，这些限制行为也应严格依照法律的规定来进行。

五、通信自由和秘密

1. 通信自由和秘密的含义

通信自由，是指公民与其他主体之间通过书信、电话、电信等方式传递消息和信息不受国家非法限制的自由。随着科学技术的发展和进步，现代化的通信手段愈来愈多样化、便捷化，而“通信”则包含了所有的远程通信方式，比如电话、电报、电传、传真、网络等其他的机械和电子的方式。

通信秘密是指对于公民的通信，国家或公权力不得实施隐匿、扣押、拆阅、检查、监听等刺探或窥视通信内容的行为，他人也不得隐匿、毁弃、私自拆阅或者窃听。通信秘密包括三个方面：一是通信的内容，即公民自由表达的意愿。比如，纸质信件、电子邮件、汇款单附言等。二是与通信相关的资料。比如，与邮政通信相关的资料包括：邮编、收件人、发件人、通信地址、邮戳时间等。三是通信工具使用者的数据，即使用者的姓名、住址、证件号码、费用缴纳情况等。

通信自由蕴含着通信秘密，通信秘密是通信自由的核心。通信自由和通信秘密保护的利益是个人生活的秘密与表现行为的自由。通信自由和通信秘密，“既体现了国家对公民个人隐私权的保护，同时也是实现言论自由和思想自由的一个重要形式”。[①] 一般而言，这里的通信自由和通信秘密的范围主要涉及个人，职务通信除外。

---

① 全国人大常委会办公厅研究室政治组．中国宪法解释［M］．北京：中国民主法制出版社，1996：166.

2. 通信自由和秘密的保障

我国现行《宪法》第40条规定："中华人民共和国公民的通信自由和通信秘密受法律的保护。除因国家安全或者追查刑事犯罪的需要，由公安机关或者检察机关依照法律规定的程序对通信进行检查外，任何组织或者个人不得以任何理由侵犯公民的通信自由和通信秘密。"因此，通信自由和通信秘密是我国公民的一项基本权利。宪法上确立和保障公民的通信自由和通信秘密，禁止国家或公权力非法地将公民通信的行为和内容作为调整的对象，也对限制通信自由和通信秘密的法律规定提供审查的标准和界限。

我国法律层面也对通信自由和通信秘密进行了保护。2009年修订的《邮政法》第1条规定："为了保障邮政普遍服务，加强对邮政市场的监督管理，维护邮政通信与信息安全，保护通信自由和通信秘密，保护用户合法权益，促进邮政业健康发展，适应经济社会发展和人民生活需要，制定本法。"2011年修订的刑法第252条规定："隐匿、毁弃或者非法开拆他人信件，侵犯公民通信自由权利，情节严重的，处一年以下有期徒刑或者拘役。"第253条第1款、第3款规定："邮政工作人员私自开拆或者隐匿、毁弃邮件、电报的，处二年以下有期徒刑或者拘役。国家机关或者金融、电信、交通、教育、医疗等单位的工作人员，违反国家规定，将本单位在履行职责或者提供服务过程中获得的公民个人信息，出售或者非法提供给他人，情节严重的，处三年以下有期徒刑或者拘役，并处或者单处罚金。"2005年颁布的《治安管理处罚法》第48条规定："冒领、隐匿、毁弃、私自开拆或者非法检查他人邮件的，处五日以下拘留或者五百元以下罚款。"

此外，近年来，随着网络技术的普及和发展，为了在网络环境下保障公民的通信自由和通信秘密，我国也颁布了一系列的行政法规和规章来加强对其的保护。比如，1997年，公安部经国务院批准发布了《计算机信息网络国际互联网安全保护管理办法》，在第7条中规定："用户的通信自由和通信秘密受法律保护。任何单位和个人不得违反法律规定，利用国际联网侵犯用户的通信自由和通信秘密。"2000年，国务院颁布的《电信条例》第66条规定："电信用户依法使用电信的自由和通信秘密受法律保护。除因国家安全或者追查刑事犯罪的需要，由公安机关、国家安全机关或者人民检察院依照法律规定的程序对电信内容进行检查外，任何组织或者个人不得以任何理由对电信内容进行检查。电信业务经营者及其工作人员不得擅自向他人提供电信用户使用电信网络所传输信息的内容。"

3. 通信自由和秘密的限制

通信自由和通信秘密不是一项绝对不受限制的权利，国家可以基于法定理由、由法定主体、依法定程序来限制该项权利。依据我国《宪法》第 40 条的规定，因国家安全或侦查刑事犯罪的需要，公安机关或者检察机关有权依照法律规定的程序对公民的通信进行检查。我国刑事诉讼法、国家安全法等公法领域的法律对其进行了明确的规定。

我国 1993 年颁布的《国家安全法》第 11 条规定："国家安全机关为维护国家安全的需要，可以查验组织和个人电子通信工具、器材等设备、设施。"2012 年修订的《刑事诉讼法》第 141 条第 1 款规定："侦查人员认为需要扣押犯罪嫌疑人的邮件、电报的时候，经公安机关或者人民检察院批准，即可通知邮电机关将有关的邮件、电报检交扣押。"2012 年修订的《监狱法》第 47 条规定："罪犯在服刑期间可以与他人通信，但是来往信件应当经过监狱检查。监狱发现有碍罪犯改造内容的信件，可以扣留。罪犯写给监狱的上级机关和司法机关的信件，不受检查。"2000 年修订的《海关法》第 48 条规定："进出境邮袋的装卸、转运和过境，应当接受海关监管。邮政企业应当向海关递交邮件路单。邮政企业应当将开拆及封发国际邮袋的时间事先通知海关，海关应当按时派员到场监管查验。"第 49 条规定："邮运进出境的物品，经海关查验放行后，有关经营单位方可投递或者交付。"

第六节　社会经济权利

一、财产权

1. 财产权的含义

财产权是指公民个人通过劳动和其他合法手段占有、使用、收益和处分一定财产的权利，是维持人的生存所必不可少的、不可剥夺的基本权利。财产权是公民享有的、国家公权力不得非法侵害的权利。

财产权与生命权、自由权、平等权在现代宪政国家被称为支撑公民基本权利体系的四大支柱。在启蒙思想家看来，财产权是个人自由的渊源和保障，是自由的人所必不可少的权利。财产权与生命权、自由权、平等权同属于"天赋人权"，存在于国家之前，人们只是为了保全这些权利才相约组成国家。基于此，资产阶级在反对封建等级特权的斗争中提出了“私有财产神圣不可侵犯的口号”，并在取得政权之后用宪法形式予以确认。[①] 比如，1789 年的法国《人权宣言》中规定：“财产是神圣不可侵犯的权利。”此后，其他资本主义国家也都在宪法中确认了公民的财产权。

财产是个人生存和发展的基本条件，保障财产权对于公民形成独立人格具有重要意义。公民如果不能自由地占有、使用、收益和处分财产，或者公民的财产可以被任意剥夺，那么公民不可避免地陷于一定的人身依附关系之中。财产权为公民行使其他基本权利提供了物质保障。总之，财产权是形成和保护物质财富的权利，它不仅为个人的生存与自由发展提供了必须的物质基础，也为社会秩序的安全奠定了经济条件，为市场经济的发展提供了源源不断的动力，还为社会自治提供了前提条件，从而可以减少个人、组织对国家的依赖。[②]

2. 财产权的保障

我国宪法对财产权的保障。《宪法》第 13 条规定：“公民的合法的私有财产不受侵犯。国家依照法律规定保护公民的私有财产权和继承权。国家为了公共利益的需要，可以依照法律规定对公民的私有财产实行征收或者征用并给予补偿。”[③] 我国宪法的保障主要有以下特点：

其一，这里需要特别指出的是，我国宪法上对财产权的确认和保障并没有规定在“公民的基本权利与义务”部分，而是出现在“总纲”部分。这表明，在我国财产权属于经济制度的一部分。其二，保护的范围。宪法保护的财产范围，既包括一定的生活资料，比如个人的收入、储蓄、房屋等，也包括一定的生产资料，比如从事生产经营的房屋，生产设备，加工原料、运输设施等。宪法不仅保护财产的所有权，也保护其他的合法权益，比如知识产权，债权、用益物权、担保物权等等。其三，规定国家为了公共利益的需要，依照法律的规定，对公民合法财产进行征收征用时应当给予补偿。

我国法律对财产权的保障。我国民法、行政法、刑法等法律部门都对公民合法财产权的保障作出了明确的规定。概括来看，我国法律规定的保护公民合法财产权主要有以下三种方式：一是通过民事诉讼，确定产权、返还原物、排除妨害、赔偿损失等。《民法通则》《物权法》《合同法》《著作权法》等法律中都有相关的规定。二是通过刑事制裁侵犯公民合法财产权的犯罪行为，并可在刑事诉讼中附带提起民事诉讼。比如，刑法中

① 周叶中，主编. 宪法［M］. 北京：高等教育出版社，2011：265.

② 焦洪昌，主编. 宪法学［M］. 北京：中国人民大学出版社，2010：126.

③ 该规定是通过我国 2004 年宪法修正案第 22 条确立的。

设立专章保障公民合法财产（第五章侵犯财产罪）。三是通过行政诉讼，对国家机关及其工作人员的行为造成的损害给予赔偿。比如，2012 年修订的《国家赔偿法》第 4 条规定："行政机关及其工作人员在行使行政职权时有下列侵犯财产权情形之一的，受害人有取得赔偿的权利：（一）违法实施罚款、吊销许可证和执照、责令停产停业、没收财物等行政处罚的；（二）违法对财产采取查封、扣押、冻结等行政强制措施的；（三）违法征收、征用财产的；（四）造成财产损害的其他违法行为。"

3. 财产权的限制

现行《宪法》第 13 条规定："国家为了公共利益的需要，可以依照法律规定对公民的私有财产实行征收或者征用并给予补偿。"依据这一规定，国家可以依照法律规定的程序来限制公民的财产权，但是必须遵循以下三个原则：

一是公共利益需要的原则。对私有财产进行征收或征用，必须是基于公共利益的需要，而不能是基于其他的目的或需要。二是依照法定程序的原则。为了平衡私有财产保护和公共利益需要的关系，对私有财产的征收或征用必须严格依照法律规定的程序进行。三是依法补偿原则。尽管对私有财产的征收或征用是出于公共利益的需要，但也不能采取无偿的方式，而是必须依法进行补偿。补偿的方式、标准等应当有明确的规定。

由于我国曾经对私人财产权利不够重视，在征收、征用等限制公民合法财产权的行为中，经常出现侵犯公民合法财产权的现象，比如暴力拆迁等。目前，公民私人财产权受到越来越多的重视，这方面的保护力度也在逐渐加大。比如，2011 年颁布了新的《国有土地上房屋征收与补偿条例》，废止了 2001 年适用的《城市房屋拆迁管理条例》，该《国有土地上房屋征收与补偿条例》第 31 条规定："采取暴力、威胁或者违反规定中断供水、供热、供气、供电和道路通行等非法方式迫使被征收人搬迁，造成损失的，依法承担赔偿责任；对直接负责的主管人员和其他直接责任人员，构成犯罪的，依法追究刑事责任；尚不构成犯罪的，依法给予处分；构成违反治安管理行为的，依法给予治安管理处罚。"

二、劳动权

1. 劳动权的含义

劳动是公民谋生和发展的手段。公民的劳动权是指有劳动能力的公民有从事劳动并取得相应报酬的权利。劳动创造价值和财富，劳动权为行使其他基本权利提供了一定的物质基础，也是公民追求幸福、实现个人价值的基础。

我国劳动权的基本特征。第一，劳动权的平等性。凡是具有劳动能力的公民，都有权平等地参加社会劳动，享有平等的就业机会。第二，参加社会劳动的公民有权根据所提供的劳动的数量和质量获得相应的报酬。第三，劳动权具有双重性。劳动权既是权利，又是义务，公民有权根据自己的能力参加社会劳动，取得相应报酬，同时也有义务参加社会劳动。我国《宪法》第42条第1款规定："中华人民共和国公民有劳动的权利和义务。"第四，劳动权的规定具有抽象性和纲领性的特点，并不是一项具有具体意义的权利，任何公民不得依据《宪法》第42条向国家提出提供就业机会的请求。劳动权的基本内容如下。

第一，劳动就业权。劳动就业权是劳动权的核心内容，包括职业获得权、自由择业权和平等就业权。职业获得权，即要求国家提供就业机会的权利和拒绝雇主非法解雇的权利。自由择业权是指劳动者依照自己的意愿和规划，结合社会的需要自主选择职业的权利。平等就业权是指劳动者平等地享有就业机会，不受性别、年龄、民族等的歧视。《世界人权宣言》第23条第1款、第2款规定："人人有权工作、自由选择职业、享受公正和合适的工作条件并享受免于失业的保障。人人有同工同酬的权利，不受任何歧视。"

第二，劳动报酬权。劳动报酬权是指劳动者付出劳动后有取得相应的劳动报酬的权利。劳动者有权根据其提供的劳动数量和质量获得相应的报酬。《世界人权宣言》第23条第3款规定："每一个工作的人，有权享受公正和合适的报酬，保证使他本人和家属有一个符合人的尊严的生活条件，必要时并辅以其他方式的社会保障。"

第三，劳动保护权。劳动保护权是指劳动者在劳动中享有人身安全和健康保障，以免遭受职业伤害的权利。《经济、社会和文化权利国际公约》第7条规定，"安全和卫生的工作条件"。

第四，职业培训权。职业培训权是指劳动者享有通过职业培训而获得从事各种职业所需的专业知识和实际操作技能的权利。职业培训有助于增强劳动者的就业竞争能力，扩大择业领域，获得较高的劳动报酬，并能有效地降低遭受职业伤害的可能性。

第五，休息休假权。休息休假权是指劳动者在行使劳动权的过程中，为了保护身心健康、提高工作效率而享有休息和休假的权利。《经济、社会和文化权利国际公约》第7条规定："本公约缔约各国承认人人有权享受公正和良好的工作条件，特别要保证：……休息、闲暇和工作时间的合理限制，定期给薪休假以及公共假日报酬。"

2. 劳动权的保障

我国宪法对劳动权的保障。《宪法》第42条规定："中华人民共和国公民有劳动的权利和义务。国家通过各种途径，创造劳动就业条件，加强劳动保护，改善劳动条件，并在发展生产的基础上，提高劳动报酬和福利待遇。劳动是一切有劳动能力的公民的光荣职责。国有企业和城乡集体经济组织的劳动者都应当以国家主人翁的态度对待自己的劳动。国家提倡社会主义劳动竞赛，奖励劳动模范和先进工作者。国家提倡公民从事义务劳动。国家对就业前的公民进行必要的劳动就业训练。”该条款从我国国情出发，完整地规定了劳动权保障的内容，主要包括：一是国家应当通过积极的措施，创造劳动条件，提供劳动就业机会。国家的义务主要体现在制定相关的法律法规和政策来保障劳动就业和社会雇用。二是国家应当制定和实施有关劳动保护的法律，为劳动者创造安全、卫生、舒适的劳动工作条件，以保障劳动者在劳动生产过程中的安全和健康。三是国家还应当通过各种途径，采取各种措施，发展职业教育与职业培训事业，提高劳动者素质，开发劳动者的职业技能，提升劳动者的就业能力和水平。

我国法律、政策对劳动权的保障。我国制定了有关职业能力开发、就业或雇用、失业对策等等法律法规，为保障公民实现劳动权提供了有力的法律保障。比如，我国2007年颁布的《就业促进法》第2条规定：“国家把扩大就业放在经济社会发展的突出位置，实施积极的就业政策，坚持劳动者自主择业、市场调节就业、政府促进就业的方针，多渠道扩大就业。”我国《劳动法》《劳动合同法》对劳动者的合法权益进行全面、明确的规定。比如，《劳动法》第48条规定：“国家实行最低工资保障制度。最低工资的具体标准由省、自治区、直辖市人民政府规定，报国务院备案。用人单位支付劳动者的工资不得低于当地最低工资标准。”这一规定，确保了劳动者劳动报酬权的实现。此外，《职工带薪年休假条例》《国务院关于职工工作时间的规定》等，也从法规政策的层面为公民劳动权的实现提供了保障。

3. 劳动权的限制

劳动权的内在限制。劳动权作为一项社会经济权利，它的实现必然受到国家经济发展水平、劳动组织程度、人口结构状况等等客观因素的影响。另外，公民行使劳动权的一个前提条件是具备相应的劳动能力，有些职业要求经过专业训练，具备专门知识，比如医生、律师、工程师、教师、法官等，权利主体只有在满足这些要件的情形下才能行使劳动权。我国《法官法》第9条第1款规定：“担任法官必须具备下列条件：（一）具有中华人民共和国国籍；（二）年满二十三周岁；（三）拥护中华人民共和国宪法；（四）有良好的政治、业务素质和良好的品行；（五）身体健康；（六）高等院校法律专业本科毕业或者高等院校非法律专业本科毕业具有法律专业知识，从事法律工作满二年，其中担任高级人民法院、最高人民法院法官，应当从事法律工作满三年；获得法律专业硕士学位、博士学位或者非法律专业硕士学位、博士学位具有法律专业知识，从事法律工作满一年，其中担任高级人民法院、最高人民法院法官，应当从事法律工作满二年。”

三、休息权

1. 休息权的含义

休息权，是指劳动者在行使劳动权的过程中，为了保护身心健康，享有休息和休假的权利。劳动者在付出劳动之后，需要消除疲劳，恢复劳动能力，休息十分必要。从世界各国的相关规定来看，休息权主要包括两个方面的内容：一是要保证劳动者享有充分的休息时间；二是要保证劳动者不因休息而遭受经济上的损失。比如，《世界人权宣言》第 24 条规定：“人人有享受休息和闲暇的权利，包括工作时间有合理限制和定期给薪休假的权利。”

休息权与劳动权有着密切的联系。休息权是劳动者的休息和休养的权利。劳动者在劳动之后只有通过休息才能消除疲劳、恢复正常的劳动能力。因此有劳动权必然就有休息权，休息权是劳动权存在和延续的基础。休息权的享有还能为公民提高劳动技能创造条件，从而为公民行使劳动权提供更多、更好的机会。在这种意义上说，休息权是劳动权存在的一个前提条件，也是劳动权的一个派生形式。此外，从宽泛的意义上说，在劳动权概念的内部结构中，尤其是劳动条件受保障的具体内容之中，已经内在地蕴含了休息的内容。因此，许多国家的宪法在规定劳动权之后，就不再单独规定保障休息权。

休息权不仅与劳动权有内在的关联性，而且与劳动者的生存权以及精神、文化活动的自由也有着密切的联系。一般而言，休息权是劳动者实现生存权的一个重要条件，而劳动者对休息权的行使也可结合对精神、文化活动自由的行使方式（如享受文化、娱乐生活等）来得以实现。总之，休息权为劳动者参加各种文化与社会活动、提高文化素质等提供了机会，是劳动者享受文化生活，自我提高、自我发展不可缺少的重要条件。

2. 休息权的保障与限制

我国宪法对休息权的保障。《宪法》第 43 条规定：“中华人民共和国劳动者有休息的权利。国家发展劳动者休息和休养的设施，规定职工的工作时间和休假制度。”可见，我国宪法对休息权的保障包含两个方面的内容：一是国家公权力不能通过立法或行政行为侵犯该权利。二是国家公权力必须通过立法或行政措施，确立并实施劳动者的工作时间制度和休假制度，同时保证为劳动者提供休息和休假所必需的设施。

我国法律法规对休息权的保障。我国《劳动法》《劳动合同法》《职工带薪年休假条例》《国务院关于职工工作时间的规定》等法律法规中规定了许多具体措施来保障公民休息权的实现。具体而言，有以下内容。

一是工作时间限制。我国《劳动法》第 36 条规定："国家实行劳动者每日工作时间不超过八小时、平均每周工作时间不超过四十四小时的工时制度。"《国务院关于职工工作时间的规定》第 3 条规定："职工每日工作 8 小时、每周工作 40 小时。"

二是休息日制度。休息日制度包括公休日和法定节假日。我国自 1995 年 5 月 1 日起施行"双休日"制度（每周工作五天），并不断增加法定节假日的天数，使得我国公民有更多的休息时间。《国务院关于职工工作时间的规定》第 7 条规定："国家机关、事业单位实行统一的工作时间，星期六和星期日为周休息日。企业和不能实行前款规定的统一工作时间的事业单位，可以根据实际情况灵活安排周休息日。"目前我国的法定节假日有：元旦（1 天）、春节（3 天）、清明节（1 天）、国际劳动节（1 天）、端午节（1 天）、中秋节（1 天）、国庆节（3 天），共计 11 天。

三是年休假制度。职工每年应享有一定期间的带薪连续休假。我国 2008 年实施的《职工带薪年休假条例》第 2 条规定："机关、团体、企业、事业单位、民办非企业单位、有雇工的个体工商户等单位的职工连续工作 1 年以上的，享受带薪年休假（以下简称年休假）。单位应当保证职工享受年休假。职工在年休假期间享受与正常工作期间相同的工资收入。"第 3 条规定："职工累计工作已满 1 年不满 10 年的，年休假 5 天；已满 10 年不满 20 年的，年休假 10 天；已满 20 年的，年休假 15 天。国家法定休假日、休息日不计入年休假的假期。"

最后是工作安排的限制。限制用人单位在夜间安排工作，限制过度加班，保证劳动者在工作期间得到休息时间。比如，《劳动法》第 41 条规定："用人单位由于生产经营需要，经与工会和劳动者协商后可以延长工作时间，一般每日不得超过一小时；因特殊原因需要延长工作时间的，在保障劳动者身体健康的条件下延长工作时间每日不得超过三小时，但是每月不得超过三十六小时。"第 43 条规定："用人单位不得违反本法规定延长劳动者的工作时间。"第 61 条规定："不得安排女职工在怀孕期间从事国家规定的第三级体力劳动强度的劳动和孕期禁忌从事的劳动。对怀孕七个月以上的女职工，不得安排其延长工作时间和夜班劳动。"

同劳动权一样，休息权作为一项社会经济权利，其保障和实现程度同样会受到国家的社会经济条件的制约。目前，我国一些用人单位侵害劳动者休息权的现象广泛存在，这既需要劳动行政主管部门加大监管力度，也有待于国家经济发展和劳动效率的提高，从而为劳动者休息权的实现提供更加有力的保障，并且不断增加劳动者的休息时间。

四、获得物质帮助权

1. 获得物质帮助权

获得物质帮助权是指公民在不能自养时，有获得国家和社会救济的权利，目的在于保障公民的最低生活标准，防止陷入贫困，减少贫富差别，从而实现公民的生存权和发展权等基本人权。我国《宪法》第 45 条规定："中华人民共和国公民在年老、疾病或者丧失劳动能力的情况下，有从国家和社会获得物质帮助的权利。国家发展为公民享受这些权利所需要的社会保险、社会救济和医疗卫生事业。国家和社会保障残废军人的生活，抚恤烈士家属，优待军人家属。国家和社会帮助安排盲、聋、哑和其他有残疾的公民的劳动、生活和教育。"

具体来看，我国宪法上的获得物质帮助权包括以下内容。

一是老年人的物质帮助权。国家通过推行社会保险、设立敬老院和实行"五保户"等制度进行保障。我国 2012 年修订的《老年人权益保障法》第 3 条第 2 款规定："老年人有从国家和社会获得物质帮助的权利，有享受社会服务和社会优待的权利，有参与社会发展和共享发展成果的权利。"该法的第三章专门规定了社会保障制度，包括基本养老保险制度、基本医疗保险制度、对生活长期不能自理、经济困难的老年人给予护理补贴的制度，等等。

二是患病公民的物质帮助权。国家通过推行医疗保险和发展医疗卫生事业进行保障。1998 年，国务院发布了《国务院关于建立城镇职工基本医疗保险制度的决定》，该决定第 1 条规定："医疗保险制度改革的主要任务是建立城镇职工基本医疗保险制度，即适应社会主义市场经济体制，根据财政、企业和个人的承受能力，建立保障职工基本医疗需求的社会医疗保险制度。建立城镇职工基本医疗保险制度的原则是：基本医疗保险的水平要与社会主义初级阶段生产力发展水平相适应；城镇所有用人单位及其职工都要参加基本医疗保险，实行属地管理；基本医疗保险费由用人单位和职工双方共同负担；基本医疗保险基金实行社会统筹和个人账户相结合。"与此同时，黑龙江省、江苏省、云南省、广东省、湖北省、山东省等地也相继出台了农村合作医疗的相关规定。

三是丧失劳动能力公民的物质帮助权。主要是指残疾人（特别是残疾军人和烈士军属）的物质保障权。国家通过安排盲、聋、哑和其他有残疾公民的劳动、生活和教育，特别是通过保障残疾军人生活、抚恤烈士家属、优待军人家属等措施予以切实保障。2008年，我国修订的《残疾人保障法》第12条规定："国家和社会对残疾军人、因公致残人员以及其他为维护国家和人民利益致残的人员实行特别保障，给予抚恤和优待。"该法第六章专章规定了社会保障制度。比如，第48条规定："各级人民政府对生活确有困难的残疾人，通过多种渠道给予生活、教育、住房和其他社会救助。县级以上地方人民政府对享受最低生活保障待遇后生活仍有特别困难的残疾人家庭，应当采取其他措施保障其基本生活。各级人民政府对贫困残疾人的基本医疗、康复服务、必要的辅助器具的配置和更换，应当按照规定给予救助。对生活不能自理的残疾人，地方各级人民政府应当根据情况给予护理补贴。"

2. 获得物质帮助权与社会保障权

我国宪法确立和保障的获得物质帮助权是社会保障权的主要内容。社会保障权，即公民因特定原因不能通过其他正常途径获得必要的物质生活资料时，有从国家和社会获得经济保障、享受社会福利的权利。《世界人权宣言》第22条规定："每个人、作为社会的一员，有权享受社会保障，并有权享受他的个人尊严和人格的自由发展所必需的经济、社会和文化方面各种权利的实现，这种实现是通过国家努力和国际合作并依照各国的组织和资源情况。"第25条第1款规定："人人有权享受为维持他本人和家属的健康和福利所需的生活水准，包括食物、衣着、住房、医疗和必要的社会服务；在遭到失业、疾病、残废、守寡、衰老或在其他不能控制的情况下丧失谋生能力时，有权享受保障。"

社会保障权一方面体现了对人的尊严的尊重和保护，另一方面体现了公平正义的价值。公民在平等地参与市场竞争的过程中，由于先天条件、地位、能力等原因必然会出现贫富的差距和社会分配的不公，国家通过社会保障给予社会生活中的贫困者、失业者、待业者、丧失劳动能力者以及其他生活来源困难的弱者以生活上的扶助，从而保证每个公民都能维持基本的生活水准，过上有尊严的社会生活。与此同时，也有利于化解社会矛盾，形成安定的政治局面，成为国家和社会的安全阀。总之，社会保障权强调国家的责任，体现了公民权利对国家权力的依赖，赋予政府一种广泛的社会责任，也为公民享有其他基本权利与自由创造了条件。①

我国《宪法》总纲部分第14条第4款规定："国家建立健全同经济发展水平相适应的社会保障制度。"第44条规定："国家依照法律规定实行企业事业组织的职工和国家机

① 参见：周叶中，韩大元，主编．宪法［M］．北京：法律出版社，2006：284.

关工作人员的退休制度。退休人员的生活受到国家和社会的保障。”第 45 条的规定，即上述获得物质帮助权的规定。我国 2010 年颁布了《社会保险法》，该法第 2 条规定：“国家建立基本养老保险、基本医疗保险、工伤保险、失业保险、生育保险等社会保险制度，保障公民在年老、疾病、工伤、失业、生育等情况下依法从国家和社会获得物质帮助的权利。”1999 年，国务院颁布了《城市居民最低生活保障条例》，该条例第 2 条第 1 款规定：“持有非农业户口的城市居民，凡共同生活的家庭成员人均收入低于当地城市居民最低生活保障标准的，均有从当地人民政府获得基本生活物质帮助的权利。”2007 年，国务院发布了《国务院关于在全国建立农村最低生活保障制度的通知》，该通知规定：“为贯彻落实党的十六届六中全会精神，切实解决农村贫困人口的生活困难，国务院决定，2007 年在全国建立农村最低生活保障制度。”

最后，无论是获得物质帮助权，还是其他社会保障权，都属于一种社会权。因此，它的实现必然受制于一个国家的社会经济发展水平、人口状况等基本国情。另外，社会保障也并非越全越好、水平越高越好。因为社会保障权以国家财政为基础，过度的社会保障需要更多的税收，势必加重公民的负担，而对于那些获得国家物质帮助的公民来说，可能会使其失去依靠自身努力来提高生活水平的动力。

第七节　文化教育权利

一、受教育权

1. 受教育权的含义

受教育权是指公民在达到适宜的年龄时，有从国家和社会提供的学校和其他机构中学习文化科学知识的权利。受教育权是其他文化教育权利的前提和基础。教育在公民个人人格的形成和发展过程中发挥着重要作用，也是公民获得适应社会生存和生活的知识、技能的重要途径，是公民维持生存和发展、实现自我的基本前提。与此同时，教育也是提高民族素质、建设文化国家、推动社会发展的重要手段。

受教育权的特征。第一，受教育权是自由权与社会权的统一。受教育权的自由权性质要求公民均等地享有受教育权以及亲权人施与教育的自由；受教育权的社会权性质要求国家积极创造条件，为教育活动提供合理的教育制度、适当的教育设施以及平等的教育机会。其中社会权性质反映了教育权的实质内容。第二，受教育权具有双重性，既是公民的一项权利，也是公民的一项义务。从公民的角度而言，在受教育过程中，学习文化科学知识，掌握劳动技能，是公民健康成长和全面发展的保证，国家有义务为公民提供基本的受教育条件，因而受教育权是公民的一项权利。从国家的角度来看，公民是否接受教育不仅仅是公民个人的事情，而且会影响到整个国家和民族的科学文化水平，是关系到国家发展、民族复兴的大事。国家有权要求公民接受各级各类和各种形式的教育，因而受教育又是公民的一项义务。

公民受教育权的具体内容包括：第一，接受教育的权利，这是受教育权的核心内容。第二，义务教育的无偿化。第三，受教育的机会平等。《世界人权宣言》第 26 条规定："人人都有受教育的权利，教育应当免费，至少在初级和基本阶段应如此。初级教育应属义务性质。技术和职业教育应普遍设立。高等教育应根据成绩而对一切人平等开放。教育的目的在于充分发展人的个性并加强对人权和基本自由的尊重。教育应促进各国、各种族或各宗教集团的了解、容忍和友谊，并应促进联合国维护和平的各项活动。父母对其子女所应受的教育的种类，有优先选择的权利。"

2. 受教育权的保障

宪法与法律保障。我国《宪法》第 19 条第 1 款规定："国家发展社会主义的教育事业，提高全国人民的科学文化水平。"第 46 条规定："中华人民共和国公民有受教育的权利和义务。国家培养青年、少年、儿童在品德、智力、体质等方面全面发展。"除了《宪法》外，我国还制定了《教育法》《义务教育法》《高等教育法》《职业教育法》《民办教育促进法》等法律，规范了学前教育、初等教育、初级中等教育、职业教育、高等教育、劳动就业训练教育和民办教育等多种教育形式，来保障公民的受教育权。《教育法》第 53 条规定："国家建立以财政拨款为主、其他多种渠道筹措教育经费为辅的体制，逐步增加对教育的投入，保证国家举办的学校教育经费的稳定来源。企业事业组织、社会团体及其他社会组织和个人依法举办的学校及其他教育机构，办学经费由举办者负责筹措，各级人民政府可以给予适当支持。"第 9 条规定："中华人民共和国公民有受教育的权利和义务。公民不分民族、种族、性别、职业、财产状况、宗教信仰等，依法享有平等的受教育机会。"2006 年修订的《义务教育法》第 2 条规定："国家实行九年义务教育制度。义务教育是国家统一实施的所有适龄儿童、少年必须接受的教育，是国家必须予以保障的公益性事业。实施义务教育，不收学费、杂费。国家建立义务教育经费保障机制，保证义务教育制度实施。”就目前来看，我国有关保障公民受教育权的法律体系已经基本建立。

行政机关的保障。国家行政机关，尤其是教育主管机关，通过制定有普遍约束力的行为规范积极做好教育经费投入和管理、教育机构的管理、教学工作管理、高效学位授予工作管理等行为，来保障宪法、法律上的受教育权切实得到落实，促成公民受教育权的实现。

司法机关的保障。一般而言，对受教育权的司法保障有民事诉讼、行政诉讼和宪法诉讼。就我国目前的教育法律规范的规定来看，对受教育权的司法保障方式是民事诉讼，且限于侵犯受教育的公民的人身权和财产权，而非受教育权本身。换句话说，受教育权本身不可以作为人民法院裁判案件的直接法律依据。① 从我国的司法实践来看，则不限于民事诉讼这一保障方式，已出现保障受教育权本身的行政诉讼。

二、文化权利和自由

1. 文化权利和自由的含义

《经济、社会和文化权利国际公约》和《世界人权宣言》中都对文化权利和自由进行了明确的规定。《经济、社会和文化权利国际公约》第 15 条规定：“本公约缔约各国承认人人有权：参加文化生活；享受科学进步及其应用所产生的利益；对其本人的任何科学、文学或艺术作品所产生的精神上和物质上的利益，享受被保护之利。”《世界人权宣言》第 27 条规定：“人人有权自由参加社会的文化生活，享受艺术，并分享科学进步及其产生的福利。人人以由于他所创作的任何科学、文学或美术作品而产生的精神的和物质的利益，有享受保护的权利。”另外，其他国家的宪法中也都有类似的有关文化权利的规定。

可见，一般而言，文化权利和自由的含义包括以下三个方面：一是有参加文化生活的权利和自由；二是有享受科学进步及其应用所产生的利益的权利和自由；三是有享受其作品所产生的精神和物质利益的权利和自由。②

我国《宪法》第 47 条规定：“中华人民共和国公民有进行科学研究、文学艺术创作和其他文化活动的自由。国家对于从事教育、科学、技术、文学、艺术和其他文化事业的公民的有益于人民的创造性工作，给以鼓励和帮助。”具体而言，我国公民享有的文化权利和自由包括科学研究的自由、文艺创作自由和其他文化活动的自由。

---

① 最高人民法院在齐玉苓案件中所做的司法解释是个例外，该解释已于 2008 年 12 月 18 日被废止。

② 万鄂湘，毛俊响．文化权利内涵刍义［J］．法学杂志，2009（8）．

科学研究的自由。科学研究自由是指公民有权通过各种方式从事自然科学、社会科学和思维科学研究，有选择课题、研究问题、交流看法、发表见解的自由。“科学研究自由在性质上属于精神自由的范畴，体现了宪法保护公民思想自由和表达自由的原则。因此，科学研究自由也称‘学术自由’。”① 科学技术是第一生产力，是国家发展的关键要素，因此，保障公民进行科学研究的自由具有重要的意义。

文艺创作自由。文艺创作自由是指公民有创作各种形式的文学艺术作品并发表成果的自由，包括自由选择创作内容、创作形式和创作风格。文学艺术创作是一种创造性的劳动，也是人类精神文明和成就的集中表现，对公民文学艺术创作自由的保障，不仅有利于保障公民的艺术创作活动不受非法侵犯，而且有助于推动文学艺术事业的不断发展，具有重要的意义。

其他文化活动自由。除了上述科学研究和文艺创作之外，公民还有参加其他文化活动的自由，包括：体育活动、文娱活动、赏析文艺作品等其他文化活动的自由。这些活动对于丰富公民的文化生活，提高国民的文化素质、促进国家文化事业的发展具有重要意义。

2. 文化权利和自由的保障

我国公民享有的文化权利和自由既是自由权，也是社会权。文化权利和自由的保障包括两个方面：第一，国家或公权力不得非法干涉公民从事科学技术、文学艺术创作和其他文化活动的自由。第二，国家或公权力必须为公民的文化活动提供必要的物质条件与具体设施，积极鼓励和帮助科研人员、艺术工作者等从事文化活动的人员，大力保障和推广其科学研究或文艺创作的成果。我国宪法和法律对文化权利和自由的具体保障如下。

对科学研究自由的宪法和法律保障。我国《宪法》第 20 条规定：“国家发展自然科学和社会科学事业，普及科学和技术知识，奖励科学研究成果和技术发明创造。”第 47 条规定：“中华人民共和国公民有进行科学研究、文学艺术创作和其他文化活动的自由。国家对于从事教育、科学、技术、文学、艺术和其他文化事业的公民的有益于人民的创造性工作，给以鼓励和帮助。”此外，《科学技术进步法》《促进科技成果转化法》《专利法》等法律法规，对保障公民的科学研究自由也进行了明确的规定。比如，《科学技术进步法》第 3 条第 1 款规定：“国家保障科学技术研究开发的自由，鼓励科学探索和技术创新，保护科学技术人员的合法权益。”

对文学艺术和其他文化活动自由的宪法和法律保障。我国《宪法》第 22 条第 1 款规

---

① 许崇德，主编．宪法［M］．北京：中国人民大学出版社，1999：167.

定："国家发展为人民服务、为社会主义服务的文学艺术事业、新闻广播电视事业、出版发行事业、图书馆博物馆文化馆和其他文化事业，开展群众性的文化活动。"此外《非物质文化遗产保护法》《著作权法》《电影管理条例》《出版管理条例》等法律法规，对保障公民的文学艺术和其他文化活动自由也进行了相应的规定。《非物质文化遗产保护法》第9条规定："国家鼓励和支持公民、法人和其他组织参与非物质文化遗产保护工作。"第10条规定："对在非物质文化遗产保护工作中做出显著贡献的组织和个人，按照国家有关规定予以表彰、奖励。"《电影管理条例》第1条规定："为了加强对电影行业的管理，发展和繁荣电影事业，满足人民群众文化生活需要，促进社会主义物质文明和精神文明建设，制定本条例。"

3. 文化权利和自由的限制

公民的文化权利和自由不是绝对的，也应受到一定的限制。在科学研究自由方面，不得违背宪法所保障的人的价值和尊严。对科学研究自由的限制主要有：限制某些特定内容的研究，对某些特定的科研手段和方法作出总体性的限制和对科研机构和科研设施施加一定的限制。[①] 我国《科学技术进步法》第29条规定："国家禁止危害国家安全、损害社会公共利益、危害人体健康、违反伦理道德的科学技术研究开发活动。"比如，人体试验、克隆人、生物武器，等等。在文学艺术等文化活动方面，不得损害国家的、社会的、他人的合法权益。我国《著作权法》第4条规定："著作权人行使著作权，不得违反宪法和法律，不得损害公共利益。国家对作品的出版、传播依法进行监督管理。"

第八节　监督权和获得赔偿权

一、监督权

1. 监督权的含义

监督权，是指宪法赋予的公民监督国家机关及其工作人员的活动的权利。作为我国

① 胡锦光，韩大元．中国宪法［M］．北京：法律出版社，2007：308.

公民的一项基本权利，监督权不仅是保障公民其他基本权利实现的一种手段，也是公民参与国家管理、表达意见的一种重要方式。

监督权的特征。第一，监督权体现了人民主权的宪法原则，也是我国人民民主专政性质的国体的具体体现。第二，监督权的监督对象是国家机关及其工作人员行使国家权力过程中的行为。第三，监督权对国家机关及其工作人员具有约束力。第四，监督权有多种行使方式，有利于公民根据不同情况分别行使。

监督权的内容。监督权包括批评权、建议权、控告权、检举权和申诉权等五项权利，具体内容如下。

一是批评权。批评权是指公民对于国家机关和国家工作人员在履行宪法和法律赋予的职权的活动中的缺点和错误，有提出批评意见的权利。

二是建议权。建议权是指公民对国家机关和国家工作人员履行职权的活动表明自己看法的权利，如提出合理化建议等。在我国行使批评建议权的途径包括：新闻报刊、来信来访、座谈讨论会等。

三是控告权。控告权是指公民对国家机关及其工作人员在履行职责的活动过程中作出的侵害自己合法权益的违法失职行为，有向有关国家机关进行控告的权利。我国《行政诉讼法》便是对这一权利的主要立法。

四是检举权。检举权指公民对国家机关及其工作人员在履行职责的活动过程中的违法失职行为，虽未直接侵害自己的合法权益，但基于正义感和维护社会公共利益的目的，向有关国家机关进行举报和揭发的权利。我国行使控告检举权的途径包括：对违法犯罪行为向司法机关提出；对违反政纪的行为向主管单位、行政监察机关或者上级单位提出；对国家机关中党的组织或党员的违法犯罪行为，向同级或上级党的纪律检查委员会提出。

五是申诉权。申诉权是指公民的合法权益因行政机关或司法机关等国家机关作出的错误的、违法的决定或裁决，或者因国家工作人员的违法失职行为而受到侵害时，受害公民有向有关机关申述理由、要求重新作出处理的权利。比如，对已经发生法律效力的判决或裁定，当事人等向人民法院或人民检察院提出申诉，要求改正或撤销原判决或裁定。

2. 监督权的保障和限制

我国宪法对监督权的保障和限制。我国《宪法》第 41 条第 1 款、第 2 款规定：“中华人民共和国公民对于任何国家机关和国家工作人员，有提出批评和建议的权利；对于任何国家机关和国家工作人员的违法失职行为，有向有关国家机关提出申诉、控告或者检举的权利，但是不得捏造或者歪曲事实进行诬告陷害。对于公民的申诉、控告或者检举，有关国家机关必须查清事实，负责处理。任何人不得压制和打击报复。”可见，我国宪法保障公民批评建议、申诉、控告和检举的监督权。与此同时，对监督权的行使也有一定的限制，并非是任意无度的，应当尊重事实，实事求是，即“不得捏造或者歪曲事实进行诬告陷害”。

我国法律对监督权的保障和限制。我国《行政诉讼法》第 2 条规定：“公民、法人或者其他组织认为行政机关和行政机关工作人员的具体行政行为侵犯其合法权益，有权依照本法向人民法院提起诉讼。”我国《刑法》第 254 条规定：“国家机关工作人员滥用职权、假公济私，对控告人、申诉人、批评人、举报人实行报复陷害的，处二年以下有期徒刑或者拘役；情节严重的，处二年以上七年以下有期徒刑。”这些规定，为我国公民行使监督权提供了法律上的保障。同样，法律也对公民行使监督权进行了适当的限制，要求公民在行使监督权的时候必须实事求是。《刑法》第 243 条规定：“捏造事实诬告陷害他人，意图使他人受刑事追究，情节严重的，处三年以下有期徒刑、拘役或者管制；造成严重后果的，处三年以上十年以下有期徒刑。国家机关工作人员犯前款罪的，从重处罚。不是有意诬陷，而是错告，或者检举失实的，不适用前两款的规定。”

二、获得赔偿权

获得赔偿权，是指公民因国家机关和国家机关工作人员违法行使职权，侵犯其合法权益并受到一定损害时，公民有获得国家赔偿的权利。我国《宪法》第 41 条第 3 款规定：“由于国家机关和国家工作人员侵犯公民权利而受到损失的人，有依照法律规定取得赔偿的权利。”1989 年，全国人大通过的《行政诉讼法》确立了行政赔偿的原则和制度；1994 年制定，历经 2010 年修订、2012 年修订的《国家赔偿法》就是对这一权利的具体法律保障。根据以上宪法、法律的规定，我国获得赔偿权的主要内容如下。

一是赔偿的归责原则。《国家赔偿法》第 2 条规定：“国家机关和国家机关工作人员行使职权，有本法规定的侵犯公民、法人和其他组织合法权益的情形，造成损害的，受害人有依照本法取得国家赔偿的权利。”可见，归责原则并不以违法为归责原则，无论是否违法，只要侵犯了合法权益、造成了损害结果，就应当承担赔偿责任。

二是赔偿的类型和范围。我国公民获得赔偿权大概分为两类：行政赔偿和刑事赔偿。

行政赔偿的范围包括侵犯公民人身权的赔偿和侵犯公民、法人或其他组织财产权的赔偿。《国家赔偿法》第3条规定："行政机关及其工作人员在行使行政职权时有下列侵犯人身权情形之一的，受害人有取得赔偿的权利：（一）违法拘留或者违法采取限制公民人身自由的行政强制措施的；（二）非法拘禁或者以其他方法非法剥夺公民人身自由的；（三）以殴打、虐待等行为或者唆使、放纵他人以殴打、虐待等行为造成公民身体伤害或者死亡的；（四）违法使用武器、警械造成公民身体伤害或者死亡的；（五）造成公民身体伤害或者死亡的其他违法行为。"第4条规定："行政机关及其工作人员在行使行政职权时有下列侵犯财产权情形之一的，受害人有取得赔偿的权利：（一）违法实施罚款、吊销许可证和执照、责令停产停业、没收财物等行政处罚的；（二）违法对财产采取查封、扣押、冻结等行政强制措施的；（三）违法征收、征用财产的；（四）造成财产损害的其他违法行为。"

刑事赔偿的范围也包括侵犯公民人身权的赔偿和侵犯公民、法人或其他组织财产权的赔偿。《国家赔偿法》第17条规定："行使侦查、检察、审判职权的机关以及看守所、监狱管理机关及其工作人员在行使职权时有下列侵犯人身权情形之一的，受害人有取得赔偿的权利：（一）违反刑事诉讼法的规定对公民采取拘留措施的，或者依照刑事诉讼法规定的条件和程序对公民采取拘留措施，但是拘留时间超过刑事诉讼法规定的时限，其后决定撤销案件、不起诉或者判决宣告无罪终止追究刑事责任的；（二）对公民采取逮捕措施后，决定撤销案件、不起诉或者判决宣告无罪终止追究刑事责任的；（三）依照审判监督程序再审改判无罪，原判刑罚已经执行的；（四）刑讯逼供或者以殴打、虐待等行为或者唆使、放纵他人以殴打、虐待等行为造成公民身体伤害或者死亡的；（五）违法使用武器、警械造成公民身体伤害或者死亡的。"第18条规定："行使侦查、检察、审判职权的机关以及看守所、监狱管理机关及其工作人员在行使职权时有下列侵犯财产权情形之一的，受害人有取得赔偿的权利：（一）违法对财产采取查封、扣押、冻结、追缴等措施的；（二）依照审判监督程序再审改判无罪，原判罚金、没收财产已经执行的。"

三是赔偿方式和标准。我国国家赔偿的主要赔偿方式为金钱，赔偿标准主要是慰抚性的保准，低于民事侵权赔偿标准。这主要是考虑了我国目前的社会经济发展水平的现状，难以承担充分的赔偿责任。《国家赔偿法》第32条规定："国家赔偿以支付赔偿金为主要方式。能够返还财产或者恢复原状的，予以返还财产或者恢复原状。"

第九节　基本义务

一、基本义务的概念与特点

公民的基本义务，是指宪法中规定的公民对国家所承担的义务，与公民的基本权利，是一对平行的概念。① 我国宪法在确认公民基本权利的同时也明确规定了公民的基本义务，任何公民既是基本权利的享有主体，也是基本义务的承担主体。公民的基本义务是国家对公民最重要、最基本的要求，是其他一般法律义务的基础。

依据我国《宪法》第 52 条至第 56 条的规定，我国公民的基本义务有以下几项：①维护国家统一和民族团结的义务；②遵守宪法和法律的义务；③维护祖国安全、荣誉和利益的义务；④依法服兵役的义务；⑤依法纳税的义务；⑥其他方面的义务。

二、我国公民基本义务的主要内容

1. 维护国家统一和民族团结的义务

我国《宪法》序言规定："中华人民共和国是全国各族人民共同缔造的统一的多民族国家。"第 52 条规定："中华人民共和国公民有维护国家统一和全国各民族团结的义务。"国家统一与民族团结是国家繁荣、民族昌盛的重要标志。只有国力强盛，民族团结，国家才有实力充分保障公民享有各项基本权利和自由。宪法这一规定具体包括以下两项基本义务。

① 维护国家统一的义务。维护国家统一是指维护国家主权和领土完整。国家主权是国家最重要的属性，是国家独立自主地处理本国内外事务、管理自己国家的最高权力，不受任何人的干涉或支配。领土是国家主权的重要组成部分，国家在自己的领土上行使排他性的管辖权，对领土的侵犯就意味着对我国国家主权的侵犯。我国《宪法》确认公民有维护国家统一的义务，因此任何公民都有责任维护国家主权、统一和领土完整，应

---

① 胡锦光. 宪法学原理与案例教程［M］. 北京：中国人民大学出版社，2006：334.

该与分裂国家、破坏国家统一的言行进行斗争。2005 年 3 月 14 日通过的《反分裂国家法》第 2 条规定：“世界上只有一个中国，大陆和台湾同属一个中国，中国的主权和领土完整不容分割。维护国家主权和领土完整是包括台湾同胞在内的全中国人民的共同义务。台湾是中国的一部分。国家绝不允许‘台独’分裂势力以任何名义、任何方式把台湾从中国分裂出去。”另外，我国《刑法》第二编分则第一章专门规定了危害国家安全罪，对从事分裂国家统一的行为分别规定了相应的罪名和刑罚。

② 维护民族团结的义务。我国是一个多民族的国家，民族问题关系到国家的统一与稳定，民族分裂必然导致国家分裂，民族团结是民族和国家繁荣的基本保障。《宪法》第 4 条规定：“中华人民共和国各民族一律平等。国家保障各少数民族的合法的权利和利益，维护和发展各民族的平等、团结、互助关系。禁止对任何民族的歧视和压迫，禁止破坏民族团结和制造民族分裂的行为。国家根据各少数民族的特点和需要，帮助各少数民族地区加速经济和文化的发展。各少数民族聚居的地方实行区域自治，设立自治机关，行使自治权。各民族自治地方都是中华人民共和国不可分离的部分。各民族都有使用和发展自己的语言文字的自由，都有保持或者改革自己的风俗习惯的自由。”这一规定为实现我国的民族团结创造了条件。因此，任何公民都有维护各民族团结的义务，不得以任何形式破坏民族团结。

2. 遵守宪法和法律的义务

我国《宪法》第 53 条规定：“中华人民共和国公民必须遵守宪法和法律，保守国家秘密，爱护公共财产，遵守劳动纪律，遵守公共秩序，尊重社会公德。”遵守宪法和法律是公民最基本和最起码的义务，保守国家秘密，爱护公共财产，遵守劳动纪律，遵守公共秩序，尊重社会公德，是公民遵守宪法和法律义务在不同社会领域的具体表现。

① 遵守宪法和法律。我国《宪法》序言规定：“本宪法以法律的形式确认了中国各族人民奋斗的成果，规定了国家的根本制度和根本任务，是国家的根本法，具有最高的法律效力。全国各族人民、一切国家机关和武装力量、各政党和各社会团体、各企业事业组织，都必须以宪法为根本的活动准则，并且负有维护宪法尊严、保证宪法实施的职责。”法律以宪法作为立法基础和依据，是宪法的具体化。总之，宪法和法律是我国人民根本利益和意志的集中体现，因此，所有公民必须毫无例外地遵守宪法和法律，一切违反宪法和法律的行为必须予以追究。公民遵守宪法和法律的义务是公民基本义务体系的基础和核心。

② 保守国家秘密。国家秘密是关系国家安全和利益，依照法定程序确定，在一定时

间内只限一定范围的人员知悉的事项。泄漏国家秘密必然会给国家和社会造成重大损失，侵害人民的根本利益。因此，任何公民都有保守国家秘密的义务。我国2010年修订的《保守国家秘密法》对这一义务作了更加具体的规定。另外，我国《刑法》对违反保守国家秘密义务、泄露国家秘密等的行为，规定了相应的罪名和刑罚，比如第111条规定："为境外的机构、组织、人员窃取、刺探、收买、非法提供国家秘密或者情报的，处五年以上十年以下有期徒刑；情节特别严重的，处十年以上有期徒刑或者无期徒刑；情节较轻的，处五年以下有期徒刑、拘役、管制或者剥夺政治权利。"

③ 爱护公共财产。我国《宪法》第12条规定："社会主义的公共财产神圣不可侵犯。国家保护社会主义的公共财产。禁止任何组织或者个人用任何手段侵占或者破坏国家的和集体的财产。"公共财产是指全民所有制财产和集体所有制财产。我国是社会主义国家，公有制经济是国家的经济命脉。公共财产是建设社会主义的物质基础，是公民切实享有各项权利和自由的物质保障，与国家和人民的利益息息相关。因此，每个公民都有义务爱护公共财产，有检举和制止一切破坏、侵犯公共财产的行为的义务。

④ 遵守劳动纪律。劳动纪律是劳动者进行社会生产劳动必须遵守的各项生产劳动规章制度的总称，比如劳动规则、工作制度、操作规程等。劳动纪律是保障劳动者人身安全、提高劳动效率和维护社会化大生产的正常秩序的必要保证。因此，每个公民都应负有遵守劳动纪律的义务，这对国民经济发展和社会秩序的稳定有着重要的意义。

⑤ 遵守公共秩序。公共秩序是指由国家法律规定或确认的人们在社会生活中共同形成的基本准则，包括生产秩序、生活秩序、工作秩序、教学秩序等等。良好的公共秩序是国家和社会稳定发展、人民群众日常生活正常进行的基本条件。因此，每个公民都应负有遵守公共秩序的义务，对于严重扰乱公共秩序的行为，《治安管理处罚法》《刑法》等做出了相应的处罚规定。比如，《刑法》第二编分则第六章第一节专门规定了扰乱公共秩序罪。

⑥ 尊重社会公德。社会公德是指社会公共道德，是人们在社会生活中应当遵守的基本道德标准。我国《宪法》第24条第2款规定："国家提倡爱祖国、爱人民、爱劳动、爱科学、爱社会主义的公德……"社会公德作为一种道德，其实现一般依靠社会舆论、信念、习惯、传统和教育等力量，而不依靠国家的强制力量。宪法将尊重社会公德作为公民的一项基本义务加以规定，表明社会公德在我国不仅具有道德意义，也具有法律意义；尊重社会公德，不仅要靠道德力量来维持，也要靠法律来保障。

3. 维护祖国安全、荣誉和利益的义务

我国《宪法》第54条规定："中华人民共和国公民有维护祖国的安全、荣誉和利益

的义务，不得有危害祖国的安全、荣誉和利益的行为。”具体包括以下内容。

① 维护祖国安全。祖国安全是指国家主权和领土完整不受威胁，是国家生存的保障。《宪法》确认公民负有维护祖国安全的义务，这就要求公民提高警惕，同一切危害国家安全的行为作斗争。我国《国家安全法》《刑法》等对此作出了具体的规定。比如，《国家安全法》第16条规定：“公民和组织应当为国家安全工作提供便利条件或者其他协助。”第17条规定：“公民发现危害国家安全的行为，应当直接或者通过所在组织及时向国家安全机关或者公安机关报告。”

② 维护祖国荣誉。祖国荣誉，是指国家在世界上享有的良好声誉，关系到国家和民族的尊严，维护祖国荣誉是公民爱国主义情感的具体表现，也是公民自尊心和国家自豪感的具体表现。由于国旗和国徽是国家的具体象征和标志，我国《国旗法》《国徽法》对维护国家的荣誉进行了具体的规定。比如，《国旗法》第1条规定：“为了维护国旗的尊严，增强公民的国家观念，发扬爱国主义精神，根据宪法，制定本法。”第19条规定：“在公众场合故意以焚烧、毁损、涂划、玷污、践踏等方式侮辱中华人民共和国国旗的，依法追究刑事责任；情节较轻的，参照治安管理处罚条例的处罚规定，由公安机关处以十五日以下拘留。”另外，《国防法》中也有明确的规定。

③ 维护祖国利益。祖国利益是人民利益的代表，对内对外都具有最高性。祖国利益不是政府利益，也不是某个阶级、阶层或派别的利益，而是全国各族人民的共同利益的最集中表现。公民负有维护祖国利益的基本义务，就应该正确处理国家、集体和个人之间的关系，同一切损害国家利益的行为进行斗争，同时合理的追求个人利益，实现个人价值。

4. 依法服兵役的义务

我国《宪法》第55条规定：“保卫祖国、抵抗侵略是中华人民共和国每一个公民的神圣职责。依照法律服兵役和参加民兵组织是中华人民共和国公民的光荣义务。”为了维护国家主权和统一，对外独立，必须保持一定数量的武装部队，有一支强大的人民武装力量。国家兴亡，匹夫有责。因此，保卫祖国，抵抗侵略，是每一个公民的神圣职责。因此，服兵役和参加民兵组织是公民保卫祖国、维护国家安全的实际行动。2011年修订的《兵役法》对此作出了具体的规定。《兵役法》第3条规定：“中华人民共和国公民，不分民族、种族、职业、家庭出身、宗教信仰和教育程度，都有义务依照本法的规定服兵役。有严重生理缺陷或者严重残疾不适合服兵役的人，免服兵役。依照法律被剥夺政治权利的人，不得服兵役。”

5. 依法纳税的义务

我国《宪法》第 56 条规定："中华人民共和国公民有依照法律纳税的义务。"纳税是指纳税义务人依法向国家税收部门缴付税款的行为，具有强制性、无偿性和固定性的特点。税收是国家存续与运作的必要条件，是国家财政的主要收入来源，还是国家进行宏观调控的重要经济杠杆。税收主要用于公共开支，即取之于民，用之于民。因此，依法纳税是公民的基本义务。我国《个人所得税法》《刑法》第二编分则第三章第六节危害税收征管罪等对此做了详细的规定。

6. 其他方面的义务

我国宪法规定的基本义务除了上述内容之外，还有前面提过的具有双重性质的劳动的义务和受教育的义务、以及计划生育的义务和父母抚养教育未成年子女的义务和成年子女赡养扶助父母的义务。

计划生育的义务。我国《宪法》第 49 条第 2 款规定："夫妻双方有实行计划生育的义务。"实行计划生育，控制人口增长，是我国的一项基本国策。《宪法》第 25 条规定："国家推行计划生育，使人口的增长同经济和社会发展计划相适应。"因此，根据宪法的规定，夫妻双方在计划生育义务的履行上负有共同责任，都是义务的主体。我国《人口与计划生育法》对此作出了更为具体的规定。比如，该法第 17 条规定："公民有生育的权利，也有依法实行计划生育的义务，夫妻双方在实行计划生育中负有共同的责任。"

父母抚养教育未成年子女的义务和成年子女赡养扶助父母的义务。我国《宪法》第 49 条第 3 款规定："父母有抚养教育未成年子女的义务，成年子女有赡养扶助父母的义务。"这既是我国的优良传统，也是我国公民处理家庭关系的一项基本准则。《婚姻法》《继承法》《民法通则》《刑法》等法律对这一义务进行了更为具体的规定。比如，《婚姻法》第 21 条规定："父母对子女有抚养教育的义务；子女对父母有赡养扶助的义务。父母不履行抚养义务时，未成年的或不能独立生活的子女，有要求父母付给抚养费的权利。子女不履行赡养义务时，无劳动能力的或生活困难的父母，有要求子女付给赡养费的权利。禁止溺婴、弃婴和其他残害婴儿的行为。"

第五章　国家机构

开篇事例

广东某镇政府登报谴责法院判决等案件

东莞市第一人民法院在执行一案件中，因被执行人无可供执行财产，追加了寮步镇政府直属企业寮步工业发展总公司为被执行人。2015 年 12 月 12 日，东莞市第一人民法院刊登拍卖公告，拟于 12 月 30 日拍卖该公司位于寮步镇塘边管理区的一宗土地使用权及地上 B 栋建筑物。2015 年 12 月 14 日和 15 日，该镇镇政府连续两天在当地党报《东莞日报》上刊登声明，称东莞市第一人民法院拟拍卖寮步镇塘边管理区的一宗土地使用权及地上 B 栋建筑物“罔顾事实，罔顾该镇异议，一意孤行强行拍卖土地”，并声明由此产生不能过户或不能转让等风险，全部由受让人承担。①

第一节　国家机构概述

一、国家机构的概念和特点

国家机构是国家为实现其职能而建立起来的一整套有机联系的国家机关的总和。国家机构是国家机关的总和，但并不是国家机关的简单总和，因为这些国家机关各有分工又相互联系，形成一个完整的组织体系，共同维系国家机构的正常运转。

一般而言，国家机构具有以下阶级性、法定性、强制性和组织性等特点。

① 阶级性。国家是阶级矛盾不可调和的产物，作为国家组成要素及其存在形式的国家机构，其本质取决于国家的本质。国家机构并不是代表社会全体成员利益的组织，而只能是代表统治阶级的组织。

② 法定性。国家机构的设置、职权、工作方式、程序、责任等各个方面都由宪法和法律做出明确规定。国家机构只能由宪法和法律设定，只有法定国家机构才能行使相应的法定职权，且必须遵循法定的方式和程序，并承担相应的法定后果。

③ 强制性。国家机构的活动对于全体社会成员具有普遍的约束力，全体社会成员都

① 王鹏. 镇政府登报指责法院底气何来［EB/OL］. 中国法院网，(2015－12－18)［2016－8－22］.

必须遵循统治阶级所确立的各种社会规范。国家机构以军队、警察、法庭、监狱等暴力机关为后盾，具备国家强制力。

④ 组织性。国家机关的建立、活动以及国家机关之间的相互关系均依据一定的原则和程序，不同层次的国家机关、同一层次的不同的国家机关、国家机关的整体与组成部分构成有机的系统。

二、我国国家机构的组织和活动原则

根据宪法和法律的规定，我国国家机构的组织和活动原则主要包括民主集中制原则、社会主义法治原则、责任制原则、联系群众原则，为人民服务原则和精简与效率原则。

(1)民主集中制原则。

民主集中制是社会主义国家政权组织和活动的基本原则。《宪法》第 3 条第 1 款规定："中华人民共和国的国家机构实行民主集中制的原则。"民主集中制是一种民主与集中相结合的制度，是在民主基础上的集中和在集中指导下的民主的结合。民主和集中都以遵守宪法和法律为前提。我国国家机构贯彻民主集中制原则主要表现如下。

第一，在国家机构与人民的关系方面，国家权力来自人民，由人民组织国家机构；由最高国家权力机关代表人民的最高意志制定法律，决定国家的重大问题。

第二，在同级国家机构方面，国家权力机关居于主导地位。国家行政机关、国家审判机关、国家检察机关、国家军事机关等由国家权力机关选举或决定产生，对它负责，受它监督；各机关在其宪法权限内处理属于各自职权范围内的国家事务。

第三，在中央和地方国家机构的关系方面，遵循在中央统一领导下，充分发挥地方积极性、主动性的原则。

第四，在国家机构内部关系方面，国家权力机关实行集体领导体制，而国家行政机关和国家军事机关则都实行首长个人负责制。国家机关在作出决策和决定时，都在不同程度上实行民主集中制原则。

(2)社会主义法治原则。

《宪法》第 5 条规定："中华人民共和国实行依法治国，建设社会主义法治国家。国家维护社会主义法制的统一和尊严。一切法律、行政法规和地方性法规都不得同宪法相抵触。一切国家机关和武装力量、各政党和各社会团体、各企业事业组织都必须遵守宪法和法律。一切违反宪法和法律的行为，必须予以追究。任何组织或者个人都不得有超越宪法和法律的特权。"因此，有法可依、有法必依、执法必严、违法必究是社会主义法制原则的基本要求，要求国家机关在其组织和活动中都应以宪法为根本的活动准则，维护法律的尊严，建设法治国家，要依法办事，不以个别领导人的个人意志为转移，也不能以政策代替法律。

(3)责任制原则。

《宪法》第27条第1款规定："一切国家机关……实行工作责任制。"责任制原则要求国家机关及其工作人员，对其决定、行使职权、履行职责所产生的结果，都必须承担责任。国家机关体系的责任制表现为：国家权力机关向人民负责，每一个代表都要受选民和原选举单位的监督，选民或原选举单位可随时罢免自己所选出的代表；国家行政机关、国家审判机关、国家检察机关和国家军事领导机关则向国家权力机关负责。

责任制主要有集体负责制和个人负责制两种形式。集体负责制是指机关的全体组成人员和领导成员在重大问题的决策或决定上权力平等，全体成员集体讨论，并按照少数服从多数的原则作出决定，集体承担责任。集体组织中每个成员的地位和权利平等。各级人民代表大会及其常务委员会、人民法院和人民检察院等是实行集体负责制的机关。个人负责制是指在决策问题上由首长个人作出决定并承担相应责任的领导体制。各级各地行政机关和军事机关等都实行个人负责制。

(4)联系群众，为人民服务原则。

《宪法》第27条第2款规定："一切国家机关和国家工作人员必须依靠人民的支持，经常保持同人民的密切联系，倾听人民的意见和建议，接受人民的监督，努力为人民服务。"在我国，国家的一切权力属于人民，因此，人民群众是国家的主人，处理国家事务必须依靠人民群众，一切都要从人民群众的利益出发，按照人民群众的意志办事。

这一原则在具体活动中表现为：第一，国家机关作为制定和执行国家法律、法规和政策的机关，其一切工作都要从最大多数人的最高利益出发，为人民的根本利益服务。第二，国家机关及其工作人员在自己的工作中必须认真贯彻"从群众中来、到群众中去"的工作方法，要开辟各种途径，密切联系群众，倾听他们的意见和要求，尊重他们的主人翁地位和首创精神，广泛地吸收人民群众参加国家管理。第三，必须接受人民的监督。宪法规定："中华人民共和国公民对于任何国家机关和国家工作人员的违法失职行为，有向有关国家机关提出申诉、控告、或者检举的权利。""对于公民的申诉、控告或者检举，有关国家机关必须查清事实，负责处理，任何人不得压制和打击报复。"这也是人民群众参加国家管理和对国家实行民主监督的法律保证。

(5)精简与效率原则。

《宪法》第27条第1款规定："一切国家机关实行精简的原则，实行工作责任制，实行工作人员的培训和考核制度，不断提高工作质量和工作效率，反对官僚主义。”宪法确立国家机关精简和效率原则，是社会主义国家机关履行职能的客观要求。为此，国家机关的设置要做到有法可依、职权明确、定岗定员，避免机构重叠、冗员过剩、人浮于事、官僚主义、办事效率低。要转变政府职能、简政放权，按照经济体制改革和政企分开的原则，将经营管理权下放到企业，同时合并和裁减专业管理部门和综合部门内部的专门机构。此外，要严格执行公务员制度，提高公务员素质，逐步健全国家机关工作人员录用、奖惩、升降、退休、退职和淘汰制度。

第二节　全国人民代表大会及其常务委员会

一、全国人民代表大会

1. 全国人民代表大会的性质和地位

宪法规定：“中华人民共和国的一切权利属于人民。人民行使国家权力的机关是全国人民代表大会和地方各级人民代表大会。”“中华人民共和国全国人民代表大会是最高国家权力机关。”“全国人民代表大会和全国人民代表大会常务委员会实行国家立法权。”这些规定表明了全国人民代表大会的性质和它在整个国家机构体系中的地位。

全国人民代表大会是我国最高国家权力机关。全国人民代表大会集中代表全国各族人民的意志和利益，向全国人民负责，受全国人民监督。全国人民代表大会制定的法律和通过的决议，一切国家机关都必须遵守和执行。在国家机构体系中，全国人民代表大会居于首要地位，其他任何国家机关都不能凌驾于全国人民代表大会之上，也不能与它并列。最高国家行政机关、审判机关、检察机关等都由它产生，对它负责，向它报告工作，并接受它的监督。

2. 全国人民代表大会的组成和任期

根据宪法和法律规定，全国人民代表大会由省、自治区、直辖市、香港特别行政区、澳门特别行政区和人民解放军选出的代表组成，全国人民代表大会代表的名额不超过3000 人。

全国人民代表大会常务委员会决定全国人民代表大会代表的名额分配。各省、自治区、直辖市的全国人民代表大会代表名额，由全国人民代表大会常务委员会根据各省、自治区、直辖市的人口数，按照每一代表所代表的城乡人口数相同的原则，以及保证各地区、各民族、各方面都有适当数量代表的要求进行分配。全国少数民族应选全国人民代表大会代表，由全国人民代表大会常务委员会参照各少数民族的人口数和分布等情况，分配给各省、自治区、直辖市的人民代表大会选出。人口特少的民族，至少应有代表一人。

根据宪法规定，全国人民代表大会每届任期5年。为保证全国人民代表大会工作的衔接，宪法规定全国人民代表大会任期届满的两个月前，全国人民代表大会常务委员会必须完成下届全国人民代表大会代表的选举工作。如果遇到不能进行选举的非常时期，由全国人民代表大会常务委员会以全体组成人员的2/3以上的多数通过，可以推迟选举，延长本届全国人民代表大会的任期；但在非常情况结束后1年以内，全国人民代表大会常务委员会必须完成下届全国人民代表大会代表的选举。

3. 全国人民代表大会的职权

全国人民代表大会是最高国家权力机关，统一行使全国人民赋予的权力。根据宪法的规定，全国人民代表大会的主要职权有：

一是修改宪法和监督宪法的实施。宪法是国家的根本大法，只有代表全国人民意志的全国人民代表大会有权进行修改。宪法的修改需要经过特别的程序，由全国人民代表大会常务委员会或者1/5以上的全国人民代表大会代表提议，并由全国人民代表大会以全体代表的2/3以上的多数通过。此外，为了维护宪法的尊严和权威，保证宪法的实施，全国人民代表大会还有权监督宪法的实施。

二是制定和修改基本法律。基本法律是为实施宪法而由全国人民代表大会制定的最重要的法律，主要包括刑法、刑事诉讼法、民法、民事诉讼法、全国人民代表大会组织法、国务院组织法、地方各级人民代表大会和地方各级人民政府组织法、人民法院组织法、人民检察院、选举法、民族区域自治法、有关特别行政区的立法及其他重要的法律等。由于这些法律涉及公民基本权利和义务，调整国家政治和社会生活中的全局性、根本性问题，关系到全国各族人民的根本利益，因此必须由全国人民代表大会来行使这些法律的制定权和修改权。

三是选举、决定和罢免国家机关领导人。根据宪法规定，全国人民代表大会选举全国人民代表大会常务委员会委员长、副委员长、秘书长和委员，选举国家主席、副主席，中央军事委员会主席、最高人民法院院长、最高人民检察院检察长；根据国家主席的提名，决定国务院总理的人选，并根据国务院总理的提名决定国务院副总理、国务委员、各部部长、各委员会主任、审计长和秘书长的人选；根据中央军事委员会主席的提名，决定中央军事委员会副主席和委员的人选。对于上述人员，根据全国人民代表大会主席团或者 3 个以上的代表团或者 1/10 以上的代表的罢免案，全国人民代表大会有权依照法定程序，在主席团提请大会审议并经全体代表过半数的同意后，予以罢免。

四是对国家重大事项的决定权。包括全国人民代表大会有权审查和批准国民经济和社会发展计划以及计划执行情况的报告；审查和批准国家预算和预算执行情况的报告；批准省、自治区和直辖市的建制；决定特别行政区的设立及其制度；决定战争与和平问题，等等。

五是最高监督权。全国人民代表大会有权监督由其产生的其他国家机关的工作。全国人民代表大会常务委员会、国务院、最高人民法院和最高人民检察院必须对全国人民代表大会负责并报告工作；中央军事委员会主席须对全国人民代表大会负责。全国人民代表大会有权改变或者撤销全国人民代表大会常务委员会不适当的决定。听取和审议国务院、最高人民法院、最高人民检察院的工作报告，是目前全国人民代表大会对这些国家机关进行工作监督的基本形式。成立关于特定问题的调查委员会也是全国人民代表大会对这些国家机关进行监督的重要手段。

六是其他职权。根据宪法规定，全国人民代表大会有权行使“应当由最高权力机关行使的其他职权”。由于国家生活复杂多变，不断发展，宪法文本很难列举全国人民代表大会的职权，一旦国家生活中出现了特别重大的问题、必须由全国人民代表大会处理的事项，本项职权的宪法规定即为全国人民代表大会行使职权提供了宪法依据。例如，审议批准国务院机构改革方案等。

4. 全国人民代表大会的会议制度

全国人民代表大会是通过举行会议来行使职权的。全国人民代表大会的例行会议是全国人民代表大会行使职权的通常方式，于每年第一季度举行一次，会期一般在半个月左右。全国人民代表大会除举行例行会议外，还可举行临时会议。宪法规定，全国人民代表大会常务委员会认为必要，或者 1/5 全国人民代表大会代表提议，可以召集全国人民代表大会临时会议。

全国人民代表大会会议由全国人民代表大会常务委员会召集。每届全国人民代表大会的第一次会议，由上届全国人民代表大会常务委员会召集。代表按各选举单位组成 35

个代表团出席会议。国务院组成人员、中央军事委员会组成人员、最高人民法院院长和最高人民检察院院长列席全国人民代表大会会议；其他机关、团体的负责人，经全国人民代表大会常务委员会决定，可以列席全国人民代表大会会议。全国人民代表大会会议一般公开举行，在必要的时候，经主席团提议、代表团团长会议决定，可以举行秘密会议。

全国人民代表大会正式举行前召开预备会议，由全国人民代表大会常务委员会主持，选举产生大会主席团和秘书长，讨论本次会议议程以及会议其他准备事项。预备会议后，全国人民代表大会由主席团正式主持全体会议。主席团是大会期间的决策机构，其任务主要有：第一，主持本次会议；第二，提出最高国家机关领导人的人选和确定正式候选人名单；第三，组织代表团审议各项议案；第四，处理代表团和代表在会议期间提出的议案、罢免案、质询案；第五，草拟大会审议通过的决议草案。主席团的人数没有法律规定。

会议正式开始后，召开大会全体会议和代表团会议。全体会议的主要任务是听取有关议案的说明；对各项报告和议案进行表决，作出决定；依法选举、决定或者罢免中央国家机关组成人员等。

5. 全国人民代表大会的工作程序

全国人民代表大会的主要工作是讨论、审议并通过议案。其工作程序要经过以下阶段。

一是提出议案。根据《全国人民代表大会组织法》和《全国人民代表大会议事规则》的规定，全国人民代表大会主席团、全国人民代表大会常务委员会、全国人民代表大会各专门委员会、国务院、中央军事委员会、最高人民法院、最高人民检察院，以及一个代表团或者 30 名以上的代表联名，可以向全国人民代表大会提出属于全国人民代表大会职权范围内的议案。

二是审议议案。对国家机关提出的议案，由主席团决定交各代表团审议，或者并交有关专门委员会审议并提出报告，再由主席团审议决定提交大会表决；对代表团和代表提出的议案，则由主席团审议决定是否列入大会议程，或者先交有关专门委员会审议，提出是否列入大会议程的意见，再决定是否列入大会议程。

三是表决通过审议。议案经审议后，由主席团决定提交大会表决，并由主席团决定采用无记名投票方式或者举手表决方式或者其他方式通过。根据宪法规定，宪法修正案由全国人民代表大会全体代表 2/3 以上的多数通过；法律和其他议案由全国人民代表大会全体代表过半数通过。表决结果由会议主持人当场宣布。

四是公布法律、决议。法律议案通过后即成为法律，由中华人民共和国主席签署主席令予以公布；选举结果及其他重要议案由全国人民代表大会主席团发布公告予以公布，或由国家主席发布命令公布。

二、全国人民代表大会常务委员会

1. 全国人民代表大会常务委员会的性质和地位

全国人民代表大会常务委员会，简称全国人大常委会，是全国人民代表大会的常设机关，是全国人民代表大会闭会期间经常行使国家权力的国家权力机关，是行使国家立法权的机关，是最高国家权力机关的组成部分。它隶属于全国人民代表大会，对全国人民代表大会负责并报告工作，接受其监督。全国人民代表大会有权改变或者撤销全国人民代表大会常务委员会不适当的决定。在全国人民代表大会闭会期间，国务院、最高人民法院、最高人民检察院对全国人民代表大会常务委员会负责并报告工作，中央军事委员会也要向全国人民代表大会常务委员会负责。全国人民代表大会常务委员会制定的法律、通过的决议，其他国家机关都必须遵守执行。

2. 全国人民代表大会常务委员会的组成和任期

全国人民代表大会常务委员会由委员长、副委员长若干人、秘书长和委员若干人组成。这些组成人员必须是全国人民代表大会代表，并由每届全国人民代表大会第一次会议选举产生。具体程序是：全国人民代表大会主席团从本届全国人民代表大会代表中提名，经各代表团酝酿协商后，再由主席团根据多数代表的意见，确定正式候选人名单，经全国人民代表大会以无记名投票选举，获得票数超过全体代表的半数的候选人当选。

为了保证全国人民代表大会常务委员会顺利开展工作，能够集中精力搞好常务委员会的本职工作，对行政机关、审判机关和检察机关的工作进行有效的监督，宪法规定，全国人民代表大会常务委员会的组成人员不得担任国家行政机关、审判机关和检察机关的职务。如果担任上述职务，必须向常委会辞去常委会的职务。而且，为优化全国人民代表大会常务委员会的结构，加强全国人民代表大会常务委员会的工作，第十届全国人民代表大会常务委员会增加了一部分专职委员的名额。此外，宪法还规定，全国人民代表大会常务委员会组成人员中应有适当名额的少数民族代表。

常务委员会委员长主持常务委员会会议和常务委员会的工作。副委员长、秘书长协助委员长工作。副委员长受委员长委托，可以代行委员长的部分职权。委员长因健康状况不能工作或者缺位的时候，由常委会在副委员长中推选一人代理委员长的职务，直到委员长恢复健康或者全国人民代表大会选出新的委员长为止。

全国人民代表大会常务委员会的任期与全国人民代表大会相同，即5年，行使职权至下届全国人民代表大会选出新的常委会为止。委员长、副委员长连续任职不得超过两届。常委会其他组成人员的任期则不受限制。

3. 全国人民代表大会常务委员会的职权

根据宪法和有关法律的规定，全国人民代表大会常务委员会的职权主要有以下六个方面。

一是宪法解释、监督权。

宪法与其他普通法律一样，为了正确理解、准确执行，必要时需对其作出有效解释，即对其条文的含义、内容和界限进行说明。但宪法作为根本法，对它的解释权只能由特定的有权解释的国家机关来行使。全国人民代表大会常务委员会是最高国家权力机关的组成部分，又是全国人民代表大会闭会期间的常设机关，由其对宪法进行解释是适宜的。全国人民代表大会常务委员会对宪法条文做出的解释与宪法条文本身有同等效力。同时，1982年宪法在确认全国人民代表大会有权监督宪法实施的基础上，考虑到日常监督宪法实施的需要，增加规定全国人民代表大会常务委员会也有权监督宪法的实施。

二是立法和法律解释权。

全国人民代表大会常务委员会在宪法规定的范围内行使立法权，有权制定和修改除由全国人民代表大会制定的基本法律以外的其他法律。在全国人民代表大会闭会期间，全国人民代表大会常务委员会可以修改、补充由全国人民代表大会制定的基本法律，但不得与该法的基本原则相抵触。立法权之外，全国人民代表大会常务委员会还有权解释法律，不仅可以解释由它自己制定的法律，还可以解释由全国人民代表大会制定的法律。法律有以下情况之一的，由全国人民代表大会常务委员会解释：其一，法律的规定需要进一步明确含义的；其二，法律制定后出现新的情况，需要明确适用法律依据的。国务院、中央军事委员会、最高人民法院、最高人民检察院和全国人民代表大会各专门委员会以及省、自治区、直辖市人大常委会可以向全国人民代表大会常务委员会提出法律解释的要求。法律解释草案表决稿由常委会全体成员过半数通过，由常委会发布并予以公布。法律解释同法律具有同等的效力。

三是国家重大事项的审批、决定权。

在全国人民代表大会闭会期间，全国人民代表大会常务委员会有权审查和批准国民经济和社会发展计划以及国家预算在执行过程中所必须做的部分调整方案，国务院需要向全国人民代表大会常务委员会报告本年度上一阶段国民经济和社会发展计划、预算的执行情况。全国人民代表大会常务委员会有权审查和批准国家决算草案，在每年审查和批准决算的同时，还有权听取和审议国务院提出的审计机关关于上一年度国家预算执行和其他财政收支的审计工作报告。

在全国人民代表大会闭会期间，全国人民代表大会常务委员会还有国家生活中其他重要事项的决定权。其主要表现在：有权决定批准或废除同外国缔结的条约和重要协定；决定驻外全权代表的任免；规定军人和外交人员的衔级制度和其他专门衔级制度；规定和决定授予国家勋章和荣誉称号；决定特赦；遇到国家遭受武装侵犯或者必须履行国家间共同防止侵略的条约的情况，有权决定宣布战争状态；决定全国总动员和局部动员；决定全国或者个别省、自治区和直辖市进入紧急状态。

四是国家机关领导人员的任免权。

在全国人民代表大会闭会期间，全国人民代表大会常务委员会有权根据国务院总理的提名决定部长、委员会主任、审计长、秘书长的人选；根据中央军事委员会主席的提名，决定中央军事委员会其他组成人员的人选；根据最高人民法院院长的提请，任免最高人民法院副院长、审判员、审判委员会委员和军事法院院长；根据最高人民检察院检察长的提请，任免最高人民检察院副检察长、检察员、检察委员会委员和军事检察院检察长，并且批准省、自治区、直辖市人民检察院检察长的任免等。

五是监督权。

全国人民代表大会常务委员会的监督权具体包括对行政法规、地方性法规等的合宪性和合法性实行审查监督和对国家机关的工作实施监督。

全国人民代表大会常务委员会对行政法规、地方性法规等的合宪性和合法性实行审查监督主要表现为：全国人民代表大会常务委员会有权撤销国务院制定的同宪法、法律相抵触的行政法规、决定和命令；有权撤销省、自治区、直辖市的国家权力机关制定的同宪法、法律和行政法规相抵触的地方性法规和决议。

全国人民代表大会常务委员会对国家机关的工作实行监督的具体形式有：第一，在全国人民代表大会常务委员会会议期间，常委会组成人员 10 人以上联名，可以向国务院及其各部委、最高人民法院、最高人民检察院提出书面质询案，由委员长会议决定交受质询机关书面答复，或者由受质询机关的领导人在常务委员会会议上或者有关的专门委员会会议上口头答复。第二，全国人民代表大会常务委员会每年选择若干关系改革发展稳定大局和群众切身利益、社会普遍关注的重大问题，有计划地安排听取和审议国务院、最高人民法院和最高人民检察院专项工作汇报。第三，全国人民代表大会常务委员会开展对法律实施的检查。比如，《各级人民代表大会常务委员会监督法》第 31 条规定，最高人民法院、最高人民检察院作出的属于审判、检察工作中具体应用法律的解释，应当自公布之日起 30 日内报全国人民代表大会常务委员会备案。

六是其他职权。

除上述职权外，全国人民代表大会常务委员会还有行使全国人民代表大会授予的其他职权。例如，主持全国人民代表大会代表的选举，召集全国人民代表大会的会议，在全国人民代表大会闭会期间领导各专门委员会的工作等。

4. 全国人民代表大会常务委员会的会议制度

全国人民代表大会常务委员会主要通过举行会议、作出会议决定的形式行使职权。会议的形式有两种：由全体人员组成的全体会议和由委员长、副委员长、秘书长组成的委员长会议。

全国人民代表大会常务委员会全体会议一般每两个月举行一次。如果有特殊的需要，经委员长会议决定，可以临时召集常委会会议。全体会议由委员长召集和主持，过半数组成人员出席才可开会，全体组成成员过半数赞成方能通过决议。委员长会议主要是决定常委会每次会议的日期，拟订会议议程草案；对提出的议案和质询案交由有关的专门委员会审议或提请常委会全体会议审议；指导和协调各专门委员会的日常工作；处理常委会其他重要日常工作。委员长会议不能代替常务委员会行使职权。

5. 全国人民代表大会常务委员会的工作程序

全国人民代表大会常务委员会在举行会议，审议、通过法律案和其他议案，选举和罢免国家领导人时，均须遵守以下四个程序。

一是提出议案。

委员长会议、国务院、中央军事委员会、最高人民法院、最高人民检察院、全国人民代表大会各专门委员会、常委会组成人员 10 人以上联名，可以向全国人民代表大会常务委员会提出属于其职权范围内的议案。

二是审议议案。

委员长会议提出的议案，由常委会审议。国务院、中央军事委员会、最高人民法院、最高人民检察院、全国人民代表大会各专门委员会提出的议案，由委员长会议决定提请常委会会议审议；或者先把该议案交给有关的专门委员会审议，由专门委员会提出审议报告，委员长会议再根据该报告决定提请常委会审议。常委会组成人员 10 人以上联名提出的议案，由委员长会议讨论决定提请常委会会议审议，或者把议案先交给有关的专门委员会审议，提出审议报告，委员长会议再决定该议案是否提请常委会审议；如果决定不提请常委会审议的，要向常委会会议报告或者向提案人做出说明。

三是通过议案。

审议后的议案由常委会全体会议进行表决，获得全体组成人员的半数以上方可通过。

四是公布议案。

法律通过后由国家主席公布，其他决议由全国人民代表大会常务委员会自行公布。

三、全国人民代表大会各专门委员会

1. 全国人民代表大会专门委员会的地位和作用

全国人民代表大会在审议、讨论、决定国家重大决策和议案问题时，会涉及专业性、技术性很强的问题，需要有专门知识的成员进行专业指导；另外，全国人民代表大会开会要在有限的会期中处理大量的亟待解决的问题，不可能对每项议案或问题作出详尽的审议。所以，宪法设立了各专门委员会，协助全国人民代表大会处理立法和决策过程中的具体工作。

全国人民代表大会各专门委员会是隶属于全国人民代表大会的常设工作机构，是由全国人民代表大会从代表中选举产生，并按照专业进行分工而组织起来的机构，专门委员会受全国人民代表大会的领导；在全国人民代表大会闭会期间，受全国人民代表大会常务委员会的领导。专门委员会不是独立行使职权的国家机关，而只负有帮助全国人民代表大会及其常委会审议及拟定议案的职责，它的决议只是向全国人民代表大会及其常委会提出的意见、建议或议案。

2. 全国人民代表大会专门委员会的组成

常设委员会目前共有 9 个，即民族委员会、法律委员会、财政经济委员会、教育科学文化卫生委员会、外事委员会、华侨委员会、内务司法委员会、环境与资源保护委员会和农业与农村委员会。各委员会由主任 1 人、副主任和委员若干人组成。各委员会的人选由全国人民代表大会主席团在代表中提名，由大会表决决定。在全国人民代表大会闭会期间，全国人民代表大会常务委员会可以补充任命专门委员会的个别副主任委员和部分委员。全国人民代表大会各专门委员会每届任期与全国人民代表大会的任期相同，即为5年。

3. 全国人民代表大会专门委员会的工作职责

根据法律的规定，各专门委员会的任务如下。

第一，审议全国人民代表大会主席团或者全国人民代表大会常务委员会交付的议案。

第二，向全国人民代表大会主席团或者全国人民代表大会常务委员会提出属于全国人民代表大会或全国人民代表大会常务委员会职权范围内同本委员会有关的议案。

第三，审议全国人民代表大会常务委员会交付的被认为同宪法、法律相抵触的行政法规、决定和命令，地方性法规和决议以及省级政府的决定、命令等，并提出报告。

第四，审议全国人民代表大会或全国人民代表大会常务委员会交付的质询案，听取受质询机关的答复，必要时提出报告。

第五，对属于全国人民代表大会或全国人民代表大会常务委员会职权范围内同本委员会有关的问题，进行调查研究，提出建议。

除上述共同任务外，各专门委员会还有自己的特殊职能。比如，民族委员会负责起草有关民族方面的法律草案，审议自治区报请全国人民代表大会常务委员会批准的自治区自治条例和单行条例并向全国人民代表大会常务委员会提出报告；法律委员会同意审议向全国人民代表大会或全国人民代表大会常务委员会提出的法律草案；财政经济委员会负责审议国民经济和社会发展计划、国家预算及执行情况的报告。

临时委员会主要是调查委员会。全国人民代表大会及其常务委员会在认为必要时，可以组织对于特定问题的调查委员会。调查委员会无一定任期，对特定问题的调查任务一旦完成，该委员会即予撤销。

四、全国人民代表大会代表

全国人民代表大会代表，简称人大代表，是依照法律规定选举产生的最高国家权力机关的组成人员，即全国人民代表大会的组成人员。其中一部分代表同时又是全国人民代表大会常务委员会的组成人员。他们是全国人民派往最高国家权力机关的使者，代表着全国人民的意志和利益，依照宪法和法律的规定集体行使国家权力。

1. 全国人民代表大会代表的产生和任期

全国人大代表是间接选举产生的。各省、自治区、直辖市的人民代表大会等选举单位，按照全国人民代表大会常务委员会分配的全国人大代表名额，依照宪法和相关法律的规定选举产生全国人民代表大会代表。全国人大代表名额不超过3000人。

全国人大代表每届任期5年，从每届全国人民代表大会举行第一次会议开始，到下届全国人民代表大会举行第一次会议为任期届满。如果遇到不能进行选举的非常时期，由全国人民代表大会常务委员会以全体组成人员的2/3以上的多数通过，可以推迟选举，延长本届全国人大代表的任期；但在非常情况结束后1年以内，全国人民代表大会常务委员会必须完成下届全国人大代表的选举。

2. 全国人民代表大会代表在全国人民代表大会会议期间的工作

在全国人民代表大会会议期间，全国人民代表大会代表出席和参加全体会议、代表团全体会议、小组会议等。审议各项议案和报告。依照法定程序提出议案，包括修改宪法的议案。参加各项选举，可对主席团提名的由全国人民代表大会选举产生的国家机构领导人的人选和全国人民代表大会各专门委员会的人选，提出意见。参加决定国务院组成人员和中央军事委员会副主席、委员的人选。在审议议案和报告时，可向有关国家机关提出询问，依照法定程序书面提出对国务院和国务院组成部门、最高人民法院、最高人民检察院的质询案。依照法律规定提出罢免案。依照提议组织关于特定问题的调查委员会。向全国人民代表大会提出对各方面工作的建议、批评和意见等。

3. 全国人民代表大会代表在全国人民代表大会闭会期间的工作

在全国人民代表大会闭会期间，全国人民代表大会常务委员会可以组织代表开展各项活动，其具体表现在：在全国人民代表大会常务委员会统一安排下，对有关地区、有关单位进行视察，就被视察的各方面的工作提出建议、批评、意见，但不直接处理问题；可应邀列席全国人民代表大会常务委员会会议以及各专门委员会会议；列席原选举单位的人大会议和人大常委会会议，回答原选举单位对代表工作和代表活动的询问，协助政府执行工作；根据全国人民代表大会或者全国人民代表大会常务委员会的决定，参加关于特定问题的调查委员会；有权向全国人民代表大会常务委员会提出对各方面工作的建议、批评和意见；有权按照法律规定的程序提议临时召集全国人民代表大会会议。

4. 全国人民代表大会代表的权利

根据宪法和全国人民代表大会和地方各级人民代表大会代表法的规定，全国人民代表大会代表享有以下权利。

（1）出席全国人民代表大会会议，参加审议各项议案、报告和其他议题，发表意见。

全国人民代表大会代表受人民委托，按期出席全国人民代表大会会议，并对提交给大会审议的议案进行讨论，发表意见，参与表决，共同决定国家生活中的重大问题。比如，全国人民代表大会代表参加决定国务院组成人员和中央军事委员会副主席、委员的人选，参加表决通过全国人民代表大会各专门委员会组成人员的人选。全国人民代表大会代表有权对主席团提名的全国人民代表大会常务委员会组成人员的人选，中华人民共和国主席、副主席的人选，中央军事委员会主席的人选，最高人民法院院长和最高人民检察院检察长的人选，全国人民代表大会各专门委员会的人选，提出意见。全国人民代表大会代表有权对全国人民代表大会主席团的人选提出意见。

（2）提出议案、质询案、罢免案等。

全国人民代表大会代表有权根据宪法规定的程序向全国人民代表大会提出修改宪法的议案。根据全国人民代表大会组织法的规定，一个代表团或者30名以上代表联名，可以向全国人民代表大会提出属于全国人民代表大会职权范围内的议案。全国人民代表大会代表对全国人民代表大会及其常委会的工作，有提出建议、意见和批评的权利，对提出的建议、意见和批评，由全国人民代表大会常务委员会负责落实。

在全国人民代表大会会议期间，一个代表团或者30名以上代表联名，可以书面提出对国务院和国务院各部委、最高人民法院、最高人民检察院的质询案。质询案按照主席团的决定由受质询机关答复。提出质询案的代表半数以上对答复不满意的，可以要求受质询机关再作答复。

三个以上代表团或1/10以上的代表可以提出对全国人民代表大会常务委员会组成人员、中华人民共和国主席和副主席、国务院组成人员、中央军事委员会组成人员、最高人民法院院长和最高人民检察院检察长的罢免案。

（3）职务保障权。

人身特别保护权。根据宪法和全国人民代表大会组织法、代表法的规定，在全国人民代表大会开会期间，非经过全国人民代表大会会议主席团的许可，在全国人大闭会期间，非经过全国人民代表大会常务委员会的许可，全国人民代表大会代表不受逮捕或者刑事审判。如果因为全国人民代表大会代表是现行犯而被拘留的，执行拘留的公安机关必须立即向全国人民代表大会会议主席团或者立即向全国人民代表大会常务委员会报告。

言论免责权。宪法规定，全国人民代表大会代表在全国人民代表大会各种会议上的发言和表决不受法律追究。全国人民代表大会会议包括大会全体会议、小组会议、代表团会议、专门委员会会议、主席团会议、常委会会议和分组会议。

知情权。全国人民代表大会常务委员会、国务院、最高人民法院和最高人民检察院应当及时向全国人民代表大会代表通报工作情况，提供信息资料，保障代表的知情权。

物质保障权。全国人民代表大会代表在出席全国人民代表大会会议和执行其他属于代表职务的时候，享有国家根据实际需要给予适当的补贴和物质便利的权利。

时间保障权。全国人大代表在全国人民代表大会闭会期间，参加由全国人民代表大会常务委员会安排的代表活动，代表所在单位必须给予时间保障。全国人大代表执行代表职务，其所在单位按正常出勤对待，享受所在单位的工资和其他待遇。

(4)其他权利。

例如，提出对各方面工作的建议、批评和意见，参加全国人民代表大会的各项选举、各项表决，参观、视察等。

5. 全国人民代表大会代表的义务

根据宪法和全国人民代表大会和地方各级人民代表大会代表法的规定，全国人民代表大会代表主要有以下义务。

① 规范地遵守宪法和法律，保守国家秘密，并在自己参加的生产、工作和社会活动中协助宪法和法律的实施。

② 与原选举单位和群众保持密切联系，听取和反映他们的意见和要求，努力为人民服务。全国人民代表大会代表要经常深入选民中了解他们的意愿，向选举单位和群众介绍全国人民代表大会的工作情况。全国人民代表大会代表应当采取多种方式听取人民群众对代表履职的意见，回答原选举单位对代表工作和代表活动的询问，接受原选举单位和群众监督。

③ 按时出席全国人民代表大会会议，认真审议各项议案、报告和其他议题，发表意见，做好会议期间的各项工作。积极参加统一组织的视察、专题调研、执法检查等履职活动，加强履职学习和调查研究，不断提高执行代表职务的能力。自觉遵守社会公德，廉洁自律，公道正派，勤勉尽责。

④ 法律规定的其他义务。

6. 停止执行代表职务和代表资格终止

全国人大代表有下列情形之一的，暂时停止执行代表职务：第一，因刑事案件被羁押，正在受侦查、起诉、审判的；第二，被依法判处管制、拘役或者有期徒刑而没有附加剥夺政治权利，正在服刑的。这些情形在代表任期内消失后，恢复其执行代表职务，但代表资格终止者除外。

全国人大代表有下列情形之一的，其代表资格终止：第一，辞职被接受的；第二，未经批准两次不出席本级人大会议的；第三，被罢免的；第四，丧失中华人民共和国国籍的；第五，依照法律被剥夺政治权利的；第六，丧失行为能力的。

第三节　中华人民共和国主席

一、国家主席的性质和地位

中华人民共和国主席，是中华人民共和国的国家元首，也是我国国家机构的重要组成部分，对内对外代表国家。国家主席是国家主权的代表，是国家统一和民族团结的象征。国家主席对内代表整个国家机构和国家权力，对外代表中华人民共和国和全体中国人民。

二、国家主席的产生和任期

《宪法》第79条规定，有选举权和被选举权的年满45周岁的中华人民共和国公民可以被选为中华人民共和国主席、副主席。据此规定，当选国家主席和副主席有三个基本条件：一是国籍条件，即必须为中华人民共和国公民；二是政治条件，即必须有选举权和被选举权；三是年龄条件，即必须年满45周岁。当选国家主席除国籍和政治条件外，还对其年龄资格加以特别限制，主要是由于国家主席要以国家最高的代表身份在国家内外事务中进行活动，直接关系到国家的尊严，因此，这种重要职务必须由政治成熟、经验阅历十分丰富、在国内外享有较高声誉和威望的人担任，而只有达到一定年龄的人，才可能具备这些条件。

国家主席、副主席由全国人民代表大会选举产生。其产生的具体程序是：在每届全国人民代表大会召开第一次会议时，国家主席、副主席的候选人由会议主席团提名，经过各代表团酝酿协商，再由会议主席团根据多数代表的意见确定正式候选人名单，经大会全体代表过半数表决通过，产生国家主席、副主席。国家主席、副主席要受全国人民代表大会和全国人民代表大会常务委员会的监督，全国人民代表大会有权罢免国家主席、副主席。

国家主席、副主席的任期同全国人民代表大会每届任期相同，即都是5年，连续任职不得超过两届。

三、国家主席的职权

我国国家主席的职权要同全国人民代表大会及其常委会的职权结合起来行使。全国人民代表大会及其常委会行使职权不一定需要国家主席职权的配合，但国家主席行使职权通常必须以全国人民代表大会或全国人民代表大会常务委员会的决定为依据。国家主席行使职权时，主要采取国家主席令的形式。国家主席的职权主要如下。

一是，公布法律、发布命令权。

法律在全国人民代表大会或全国人民代表大会常务委员会正式通过后，由国家主席予以颁布施行。但是，国家主席对全国人民代表大会或全国人民代表大会常务委员会通过的法律无否决权，也不能将其退回，或要求重新审议。此外，国家主席根据全国人民代表大会或全国人民代表大会常务委员会的决定，发布特赦令、宣布进入紧急状态、宣布战争状态、发布动员令等。

二是，国务院组成人员和驻外全权代表的任免权。

全国人民代表大会或全国人民代表大会常务委员会确定国务院总理、副总理、国务委员、各部部长、各委员会主任、审计长、秘书长的正式人选后，由国家主席宣布其任职；在相反的情况下，宣布其免职。根据全国人民代表大会常务委员会的决定，国家主席派出或召回代表国家的常驻外交代表，即驻外使节。

三是，外交权。

国家主席代表国家进行国事活动，接受外国使节。根据全国人民代表大会常务委员会的决定，国家主席宣布批准或废除条约和重要协定。

四是，荣典权。

国家主席根据全国人民代表大会常务委员会的决定，代表国家向那些对国家有重大功勋的人或单位授予荣誉奖章和光荣称号。

根据宪法第82条的规定，中华人民共和国副主席协助主席工作。中华人民共和国副主席受主席的委托，可以代行主席的部分职权，如代替国家主席接受外国使节，代替国家主席进行国事访问，代替国家主席出席重要的国际会议等。副主席受托行使国家主席职权时，具有与国家主席同等的法律地位。

四、国家主席职位的补缺

《宪法》第 84 条规定：“中华人民共和国主席缺位的时候，由副主席继任主席的职位。中华人民共和国副主席缺位的时候，由全国人民代表大会补选。中华人民共和国主席、副主席都缺位的时候，由全国人民代表大会补选；在补选以前，由全国人民代表大会常务委员会委员长暂时代理主席职位。”全国人民代表大会常务委员会委员长代理国家主席职位时的地位与国家主席相同，他所处理的各种国务具有与国家主席同等的法律效力。

第四节　国务院

一、国务院的性质和地位

《宪法》第 85 条规定：“中华人民共和国国务院，即中央人民政府，是最高国家权力机关的执行机关，是最高国家行政机关。”这一规定表明了国务院的性质和它在国家机构中的地位。

一是，国务院是我国的中央人民政府。

国务院是中华人民共和国政府，以中国政府的名义同外国政府交往，代表国家的主权。相对于地方各级人民政府而言，国务院是中央人民政府，统一领导地方各级人民政府的工作。

二是，国务院是最高国家权力机关的执行机关。

国务院是全国人民代表大会及其常委会的执行机关，从属于全国人民代表大会及其常委会。国务院由全国人民代表大会及其常委会产生，并对全国人民代表大会及其常委会负责和报告工作，受全国人民代表大会及其常委会监督。全国人民代表大会及其常委会制定的法律和通过的决议，由国务院执行。

三是，国务院是最高国家行政机关。

国务院在整个国家行政系统中处于最高地位，它负责国家行政管理，通过制定行政法规、规定行政措施、发布决定和命令，统一领导国家的行政工作，包括地方各级行政机关的工作以及国务院组成部门、直属机构等的工作。

二、国务院的组成和任期

根据宪法规定，国务院由总理、副总理若干人、国务委员若干人、各部部长、各委员会主任、审计长、秘书长组成。国务院在每届新选出的全国人民代表大会第一次会议上组成。国务院总理根据国家主席的提名，由全国人民代表大会全体会议决定。副总理、国务委员、各部部长、各委员会主任、审计长和秘书长根据国务院总理的提名，由全国人民代表大会全体会议决定。在全国人民代表大会闭会期间，根据国务院总理的提名，全国人民代表大会常务委员会有权决定部长、委员会主任、审计长和秘书长的任命。

在国务院组成人员中，总理是中央人民政府的最高领导人。副总理是协助总理工作、在国务院组成人员中仅次于总理的一种职务。国务委员的职位相当于副总理级，受总理的委托负责某些方面的工作或者专项任务，并可以代表国务院进行外事活动。

国务院的任期与全国人民代表大会的任期相同，即每届为 5 年。如全国人民代表大会因特殊情况需要延长任期，国务院任期也相应延长。宪法规定，总理、副总理、国务委员连续任职不得超过两届。

三、国务院的领导体制与会议制度

1. 国务院的领导体制

《宪法》第 86 条第 2 款规定，“国务院实行总理负责制。各部、各委员会实行部长、主任负责制。”这一规定明确了国务院整体实行总理负责制。

总理负责制是指国务院总理对其主管的工作负全部责任，与此相联系，他对自己主管的工作有完全的决定权。总理负责制的具体内容是：①领导权。总理领导国务院的工作，副总理、国务委员协助总理工作，其他组成人员都在总理领导下工作，向总理负责。②提名权。国务院除总理外的其他组成人员，即国务院副总理、国务委员、各部部长、各委员会主任、审计长、秘书长，均由总理提名。③召集主持会议权。总理主持召开国务院常务会议，对于所议事项总理有最后决定权，并对决定的后果承担全部责任。④签署权。国务院发布的行政法规、决定和命令、向全国人民代表大会及其常委会提出的议案、任免国务院有关人员的决定，都由总理签署。实行总理负责制有利于加强总理的权威和个人责任，提高国务院的工作效率和效能，符合行政管理的规律和我国的国情。

2. 国务院的会议制度

国务院的会议分为国务院全体会议和国务院常务会议。国务院全体会议由国务院全体成员组成，一般每两个月召开一次。会议主要讨论和部署国务院的重要工作，或者通报国内形势和协调各部门的工作。国务院常务会议由总理、副总理、国务委员、秘书长组成，一般每周召开一次。主要是讨论、决定国务院工作中的重大问题，如讨论议案的提出、讨论行政法规、讨论各部门的请示事项。总理召集和主持国务院的全体会议和常务会议。根据国务院组织法的规定，国务院工作中的重大问题，必须经国务院常务会议或者国务院全体会议讨论决定。

四、国务院的职权

宪法关于国务院职权的规定大致包括行政法规制定权、提出议案权、对行政机关的领导及监督权、对行政工作的领导及管理权、对地方事务的管理权、编制和人事管理权和其他职权。

(1)行政法规制定权。

国务院有权根据宪法和法律规定行政措施，制定行政法规，发布决定和命令。根据《立法法》的规定，国务院可以就下列事项制定行政法规：第一，为执行法律的规定需要制定行政法规的事项；第二，宪法第 89 条规定的国务院行政管理职权的事项。国务院制定的行政法规的法律效力低于宪法和法律，其内容不能与宪法和法律相抵触，否则无效。

(2)提出议案权。

为了完成宪法和最高国家权力机关规定的各项任务，国务院向全国人民代表大会或者全国人民代表大会常务委员会提出议案。比如，提出有关的法律草案、国民经济和社会发展计划和计划执行情况、国家预算和预算的执行情况等的议案，经全国人民代表大会或者全国人民代表大会常务委员会审议批准，使之成为指导社会生活和经济建设的法律性文件。

(3)对行政机关的领导及监督权。

国务院对所属部、委和地方各级行政机关的领导及监督权主要体现在：第一，确定各部委的任务和职责；第二，决定各部委工作中的重大事项，对各部委工作的请示、报告予以批复，作出指示和决定；第三，领导不属于各部委的全国性的行政工作。国务院有权改变或者撤销各部委发布的不适当的命令、指示和规章。同时，国务院统一领导全国地方各级国家行政机关的工作，规定中央和省、自治区、直辖市国家行政机关职权的具体划分，改变或者撤销地方各级国家行政机关的不适当的决定和命令。

(4)对行政工作的领导及管理权。

国务院对国防、民政、文教、经济等各项工作的领导及管理权主要表现在：编制和执行国民经济和社会发展计划以及国家预算；领导和管理经济工作和城乡建设；领导和管理教育、科学、文化、卫生、体育和计划生育工作；领导和管理民政、公安、司法行政和监察工作；领导和管理国防建设事业；管理对外事务，同外国缔结条约和协定；领导和管理民族事务，保障少数民族的平等权利和民族自治地方的自治权利；保证华侨的正当的权利和利益，保护归侨的合法权利和利益。

(5)对地方事务的管理权。

国务院有权批准省、自治区、直辖市的区域划分，批准自治州、县、自治县、市的建置和区域划分；依照法律规定决定省、自治区、直辖市的范围内部分地区进入紧急状态。

(6)编制和人事管理权。

国务院审定行政机构的编制，依照法律规定任免、培训、考核和奖惩行政人员。

(7)全国人民代表大会和全国人民代表大会常务委员会授予的其他职权。

五、国务院所属各部和委员会

(1)各部、各委员会的性质和地位。

为了完成全国范围内的各项组织管理任务，国务院必须设立相应的组织机构。国务院所属各部、各委员会就是这样的部门，并受国务院的统一领导。各部、各委员会，是依法分别履行国务院基本行政职能的机构。各部管理比较专门的行政事务，各委员会则负责管理较综合性的行政事务，其管理对象通常涉及多个部门。目前，列入国务院组成部门的部、委员会有 25 个。它们是：外交部、国防部、国家发展改革委员会、教育部、科学技术部、工业和信息化部、国家民族事务委员会、公安部、安全部、监察部、民政部、司法部、财政部、人力资源和社会保障部、国土资源部、环境保护部、住房和城乡建设部、交通运输部、水利部、农业部、商务部、文化部、国家卫生和计划生育委员会、人民银行、审计署等一共 25 个部委。

各部、各委员会的设立、撤销或者合并，经总理提出，由全国人民代表大会决定；在全国人民代表大会闭会期间，由全国人民代表大会常务委员会决定。各部设部长 1 人，副部长 2 ~4 人；各委员会设主任 1 人，副主任 2 ~4 人，委员 5 ~10 人。

(2)各部、各委员会的领导体制。

各部、各委员会实行部长、主任负责制。各部部长、各委员会主任领导本部门的工作，召集和主持部务会议或者委员会会议、委务会议，讨论决定本部门工作中的重大问题，签署上报国务院的重要请示、报告和下达的命令、指示。副部长、副主任协助部长、主任工作。

部务会议、委员会议、委员会会议是各部、各委员会发挥集体作用的组织。部务会议由部长、副部长和其他成员组成；委员会议由委员会主任、副主任和其他成员组成；委员会会议由主任、副主任、委员组成。

(3)各部、各委员会的职权。

宪法和国务院组织法规定，各部、各委员会根据法律和国务院的行政法规、决定、命令，在本部门的权限内发布命令、指示和规章。包括三个方面的含义：第一，各部、各委员会主要是通过发布命令、指示和规章来管理本部门的工作。第二，各部、各委员会必须在本部门的权限范围内进行领导、组织和管理。第三，各部、各委员会发布的命令、指示和规章，必须以法律和国务院的行政法规、决定、命令为依据，不得同它们相抵触。

六、审计机关

国家审计机关是在国务院领导下的职能部门。根据宪法的规定，国务院设立审计机关，对国务院各部门和地方各级政府的财政收支，对国家的财政金融机构和企业事业组织的财务收支，进行审计监督。同时，为了保证审计机关能够顺利地履行职责，宪法还规定，审计机关在国务院总理领导下，依照法律规定，独立行使审计监督权，不受其他行政机关、社会团体和个人的干涉。

第五节　中央军事委员会

一、中央军事委员会的性质和地位

《宪法》第 29 条规定："中华人民共和国的武装力量属于人民。它的任务是巩固国防，抵抗侵略，保卫祖国，保卫人民的和平劳动，参加国家建设事业，努力为人民服务。”这一规定确认了我国的武装力量属于人民的性质。《宪法》第93条规定：“中华人民共和国中央军事委员会领导全国武装力量。”因而，中央军事委员会是全国武装力量的最高领导机关，享有对国家武装力量的决策权和指挥权。

中国人民解放军是国家机器的重要组成部分，是人民民主专政政权的坚强柱石，在保卫国家、生产建设、救助灾难和精神文明建设以及在国家生活中都起着十分重要的作用。所以，我国军队在国家体制中居于重要地位，中央军事委员会的设立正是对军队在国家生活中的地位的确认，从而明确了武装力量在国家机构中的地位。

二、中央军事委员会的组成和任期

根据宪法规定，中央军事委员会由主席、副主席若干人、委员若干人组成。中央军事委员会主席由全国人民代表大会选举产生，对全国人民代表大会和全国人民代表大会常务委员会负责；根据中央军事委员会主席的提名，全国人民代表大会决定中央军事委员会其他组成人员的人选。全国人民代表大会有权罢免中央军事委员会主席和其他组成人员。全国人民代表大会闭会期间，全国人民代表大会常务委员会根据中央军事委员会主席的提名，决定其他组成人员的人选。

中央军事委员会副主席一般由2～3人担任，由他们协助主席工作；军委委员一般由4～7人担任，他们参与军委的决策工作；中国人民解放军总参谋长、政治工作部主任、后勤保障部部长、装备发展部部长通常都是中央军事委员会委员。

中央军事委员会每届任期同全国人民代表大会每届任期相同，即5年。考虑到军事领导工作的特殊性，军委主席没有任职届数的限制，可以连选连任。

三、中央军事委员会的领导体制

根据宪法规定，中央军事委员会实行主席负责制。中央军事委员会主席有权对中央军事委员会职权范围内的事务作出最后决策。其主要表现在：第一，中央军事委员会副主席和委员均由中央军事委员会主席提名；第二，宪法规定由中央军事委员会主席对全国人民代表大会和人大常委会负责，而不是规定中央军事委员会向最高国家权力机关承担集体责任；第三，有关的重大问题虽然要经委员会集体讨论，但是中央军事委员会主席有决定权。中央军事委员会其他组成人员必须接受中央军事委员会主席的领导。中央军事委员会发布的军令和其他命令须由中央军事委员会主席签署方具有法律效力。

第六节　地方各级人民代表大会和地方各级人民政府

一、地方各级人民代表大会

1. 地方各级人大的性质和地位

根据我国宪法和地方组织法的有关规定，省、自治区、直辖市、设区的市、自治州、县、自治县、不设区的市、乡、民族乡、镇设立人民代表大会。地方各级人民代表大会是地方国家权力机关，是相应行政区域范围内的人民行使国家权力的机关。本级的地方国家行政机关、审判机关、检察机关都由人民代表大会选举产生，对它负责，受它监督，因此，地方各级人大在同级国家机关中处于支配和核心的地位。

地方各级人大与全国人民代表大会一起构成我国国家权力机关体系。全国人民代表大会与地方各级人民代表大会之间、地方各级人民代表大会之间没有隶属关系，上级人大有权依照宪法和法律监督、指导下级人大的工作。地方各级人大是本地方人民行使国家权力的机关，并保证宪法、法律和行政法规在本地方的执行，依照法律规定的权限决定本行政区域内的重大事项。

2. 地方各级人大的组成和任期

(1)地方各级人大的组成。

地方各级人民代表大会由代表组成。省、自治区、直辖市、自治州、设区的市的人民代表大会代表由下一级的人民代表大会选举；县、自治县、不设区的市、市辖区、乡、民族乡、镇的人民代表大会代表由选民直接选举。

根据我国选举法的规定，省、自治区、直辖市的人民代表大会代表的具体名额，由全国人民代表大会常务委员会依照本法确定。设区的市、自治州和县级的人民代表大会代表的具体名额，由省、自治区、直辖市的人民代表大会常务委员会依照本法确定，报全国人民代表大会常务委员会备案。乡级的人民代表大会代表的具体名额，由县级的人民代表大会常务委员会依照本法确定，报上一级人民代表大会常务委员会备案。地方各级人民代表大会代表名额，由本级人民代表大会常务委员会或者本级选举委员会根据本行政区域所辖的下一级各行政区域或者各选区的人口数，按照每一代表所代表的城乡人口数相同的原则，以及保证各地区、各民族、各方面都有适当数量代表的要求进行分配。在县、自治县的人民代表大会中，人口特少的乡、民族乡、镇，至少应有代表一人。

(2)地方各级人大的任期。

地方各级人民代表大会每届任期5年，与全国人民代表大会代表的任期相同。

地方各级人大的任期在不同的历史时期的规定有所不同。根据1982年宪法的规定，省、自治区、直辖市、自治州、设区的市的人民代表大会每届任期5年；县、不设区的市、市辖区的人民代表大会的任期是3年，乡、民族乡、镇的人民代表大会的任期为3年。1993年的宪法修正案将县、市、市辖区的人民代表大会的任期改为5年。2004年宪法修正案将乡、民族乡、镇的人民代表大会的任期与县级以上地方各级人民代表大会的任期统一起来，都是5年。

3. 地方各级人大的职权

根据现行宪法和地方组织法的规定，地方各级人民代表大会在行政区域内，保证宪法、法律、行政法规等的遵守和执行；依照法律规定的权限，通过和发布决议，审查和决定地方的经济建设、文化建设和公共事业的计划。县级以上地方各级人大的职权主要有以下部分。

一是保证宪法、法律和行政法规的实施。在本级行政区域内，保证宪法、法律、行政法规以及上级人大及其常委会决议的遵守和执行，保证国家计划和国家预算的执行。这是县级以上地方各级人大的首要职权。之所以这样，是因为我国是单一制的统一的多民族国家，只有通过地方各级人大保证宪法、法律、行政法规等的遵守和执行，中央的集中统一领导和国家法制的统一才能有保障。

二是决定本地方的重大事项。包括审查和批准本行政区域内的国民经济和社会发展计划、预算以及执行情况的报告；讨论和决定本行政区域内的政治、经济、教育、科学、卫生、民政、民族、环境和资源保护等工作的重大事项。

三是选举和罢免国家机关负责人。选举并罢免本级人大常委会的组成人员、人民法院院长和人民检察院检察长，选出的人民检察院检察长必须报上一级人民检察院检察长提请该级人大常委会批准；选举并罢免省长、副省长，自治区主席、副主席，市长、副市长，州长、副州长，县长、副县长，区长、副区长；选举上一级人大代表。

四是对其他国家机关的监督权。听取和审查本级人大常委会的工作报告；听取和审查本级人民政府和人民法院、人民检察院的工作报告；改变或者撤销本级人大常委会的不适当的决议；撤销本级人民政府的不适当的决定和命令。乡镇人大听取和审议乡、民族乡、镇人民政府的工作报告；撤销乡、民族乡、镇的人民政府不适当的决定和命令。

五是权益保障。保护社会主义的全民所有的财产和劳动群众集体所有的财产，保护公民私人所有的合法财产，维护社会秩序，保障公民的人身权利、民主权利和其他权利；保护各种经济组织的合法权益；保障少数民族的权利；保障宪法和法律赋予妇女的男女平等、同工同酬和婚姻自由等各项权利。

除了以上5个方面的职权以外，自治区、直辖市的人民代表大会及其常务委员会根据本行政区域的具体情况和实际需要，在不同宪法、法律、行政法规相抵触的前提下，可以制定地方性法规。设区的市的人民代表大会及其常务委员会根据本市的具体情况和实际需要，在不同宪法、法律、行政法规和本省、自治区的地方性法规相抵触的前提下，可以对城乡建设与管理、环境保护、历史文化保护等方面的事项制定地方性法规，法律对设区的市制定地方性法规的事项另有规定的，从其规定。设区的市的地方性法规须报省、自治区的人民代表大会常务委员会批准后施行。

地方组织法对乡、民族乡、镇的人民代表大会的职权，另行做了列举性的规定，主要包括以下内容。

一是在本行政区域内，保证宪法、法律、行政法规和上级人民代表大会及其常务委员会决议的遵守和执行。

二是决定本地方的重大事项。在职权范围内通过和发布决议；根据国家计划决定本行政区域内的经济、文化事业和公共事业的建设计划；审查和批准本行政区域内的财政预算和预算执行情况的报告；决定本行政区域内的民政工作的实施计划等。

三是选举和罢免权。选举本级人民代表大会主席、副主席；选举乡长、副乡长，镇长、副镇长。

四是对其他国家机关的监督权。听取和审查乡、民族乡、镇的人民政府的工作报告；撤销乡、民族乡、镇的人民政府的不适当的决定和命令等。

五是权益保障。保护社会主义的全民所有的财产和劳动群众集体所有的财产，保护公民私人所有的合法财产，维护社会秩序，保障公民的人身权利、民主权利和其他权利；保护各种经济组织的合法权益；保障少数民族的权利；保障宪法和法律赋予妇女的男女平等、同工同酬和婚姻自由等各项权利。少数民族聚居的乡、民族乡、镇的人民代表大会在行使职权的时候，应当采取适合民族特点的具体措施。

4. 地方各级人大的会议制度和工作程序

地方各级人大主要以召开会议的方式进行工作。地方组织法对其工作程序以及会议制度都作出了明确的规定。

(1)地方各级人大的会议制度。

地方各级人大每年至少举行一次会议，经 1/5 以上的代表提议，可以临时召集会议。县级以上的地方各级人民代表大会会议由本级人民代表大会常务委员会召集。县级以上的地方各级人民代表大会每次会议举行预备会议，选举本次会议的主席团和秘书长，通过本次会议的议程和其他准备事项的决定。预备会议由本级人民代表大会常务委员会主持。每届人民代表大会第一次会议的预备会议，由上届本级人民代表大会常务委员会主持。县级以上的地方各级人民代表大会举行会议的时候，由主席团主持会议。县级以上的地方各级人民代表大会会议设副秘书长若干人；副秘书长的人选由主席团决定。人民政府组成人员、人民法院院长、人民检察院检察长列席本级人民代表大会会议；其他有关机关、团体负责人，经本级人大常委会决定，可以列席本级人民代表大会会议。

乡、民族乡、镇的人民代表大会举行会议的时候，选举主席团。由主席团主持会议，并负责召集下一次的本级人民代表大会会议。乡、民族乡、镇的人民代表大会主席、副主席为主席团的成员。乡、民族乡、镇人民代表大会每届第一次会议，在本届人民代表大会代表举行完成后的两个月内，由上届人民代表大会主席团召集。乡级人民政府领导人员列席人大会议。

(2)地方各级人大的工作程序。

地方各级人大召开会议，首先举行预备会议，选举本次会议的主席团和秘书长，通过大会的议程和其他准备事项的决定，预备会由本级人大常委会主持。按照法律规定，地方各级人大通过决议、选举和罢免国家机关负责人的具体工作程序如下。

一是审议议案的工作程序。

县级以上地方各级人大举行会议的时候，主席团、人大常委会、各专门委员会、本级人民政府可以向本级人大提出属于本级人大职权范围内的议案，由主席团决定提交人大会议审议，或者先交有关的专门委员会审议，再由主席团审议并提交大会表决。县级以上的地方各级人民代表大会代表 10 人以上联名，乡、镇人大代表 5 人以上联名，也可以向本级人民代表大会提出属于本级人民代表大会职权范围内的议案。代表提出的该类议案，要由主席团或者经专门委员会审议后经主席团决定是否列入大会议程。列入会议议程的议案，在交付大会表决前，提案人要求撤回的，经主席团同意，会议对该项议案的审议即行终止。会议通过各项决议，以全体代表的过半数通过。

二是选举国家机关负责人的工作程序。

县级以上的地方各级人民代表大会常务委员会的组成人员，乡、民族乡、镇的人民代表大会主席、副主席，省长、副省长，自治区主席、副主席，市长、副市长，州长、副州长，县长、副县长，区长、副区长，乡长、副乡长，镇长、副镇长，人民法院院长，人民检察院检察长的人选，由本级人民代表大会主席团提名。

此外，省、自治区、直辖市的人民代表大会代表30人以上书面联名，设区的市和自治州的人民代表大会代表20人以上书面联名，县级的人民代表大会代表10人以上书面联名，可以提出本级人民代表大会常务委员会组成人员，人民政府领导人员，人民法院院长，人民检察院检察长的候选人。乡、民族乡、镇的人民代表大会代表10人以上书面联名，可以提出本级人民代表大会主席、副主席，人民政府领导人员的候选人。

人民代表大会常务委员会主任、秘书长，乡、民族乡、镇的人民代表大会主席，人民政府正职领导人员，人民法院院长，人民检察院检察长的候选人数一般应多1人，进行差额选举；如果提名的候选人只有1人，也可以等额选举。人民代表大会常务委员会副主任，乡、民族乡、镇的人民代表大会副主席，人民政府副职领导人员的候选人数应比应选人数多一人至三人，人民代表大会常务委员会委员的候选人数应比应选人数多1/10至1/5，由本级人民代表大会根据应选人数在选举办法中规定具体差额数，进行差额选举。如果提名的候选人数符合选举办法规定的差额数，由主席团提交代表酝酿、讨论后，进行选举。如果提名的候选人数超过选举办法规定的差额数，由主席团提交代表酝酿、讨论后，进行预选，根据在预选中得票多少的顺序，按照选举办法规定的差额数，确定正式候选人名单，进行选举。

县级以上的地方各级人民代表大会换届选举本级国家机关领导人员时，提名、酝酿候选人的时间不得少于两天。

选举采用无记名投票方式。代表对于确定的候选人，可以投赞成票，可以投反对票，可以另选其他任何代表或者选民，也可以弃权。地方各级人民代表大会选举本级国家机关领导人员，获得过半数选票的候选人人数超过应选名额时，以得票多的当选。如遇票数相等不能确定当选人时，应当就票数相等的人再次投票，以得票多的当选。获得过半数选票的当选人数少于应选名额时，不足的名额另行选举。另行选举时，可以根据在第一次投票时得票多少的顺序确定候选人，也可以依照本法规定的程序另行提名、确定候选人。经本级人民代表大会决定，不足的名额的另行选举可以在本次人民代表大会会议上进行，也可以在下一次人民代表大会会议上进行。

地方各级人民代表大会补选常务委员会主任、副主任、秘书长、委员，乡、民族乡、镇的人民代表大会主席、副主席，省长、副省长，自治区主席、副主席，市长、副市长，州长、副州长，县长、副县长，区长、副区长，乡长、副乡长，镇长、副镇长，人民法院院长，人民检察院检察长时，候选人数可以多于应选人数，也可以同应选人数相等。选举办法由本级人民代表大会决定。

三是罢免的工作程序。

县级以上的地方各级人民代表大会举行会议的时候，主席团、常务委员会或者1/10以上代表联名，可以提出对本级人民代表大会常务委员会组成人员、人民政府组成人员、人民法院院长、人民检察院检察长的罢免案，由主席团提请大会审议。乡、民族乡、镇的人民代表大会举行会议的时候，主席团或者五分之一以上代表联名，可以提出对人民代表大会主席、副主席，乡长、副乡长，镇长、副镇长的罢免案，由主席团提请大会审议。

县级以上的地方各级人民代表大会常务委员会组成人员和人民政府领导人员，人民法院院长，人民检察院检察长，或者乡、镇人大主席、副主席，乡长、副乡长，镇长、副镇长可以向本级人民代表大会提出辞职，由大会决定是否接受辞职；人民检察院检察长的辞职，须报经上一级人民检察院检察长提请该级人民代表大会常务委员会批准。

四是质询和询问的工作程序。

地方各级人民代表大会举行会议的时候，代表十人以上联名可以书面提出对本级人民政府和它所属各工作部门以及人民法院、人民检察院的质询案。质询案由主席团决定交由受质询机关在主席团会议、大会全体会议或者有关的专门委员会会议上口头答复，或者由受质询机关书面答复。在主席团会议或者专门委员会会议上答复的，提质询案的代表有权列席会议，发表意见；主席团认为必要的时候，可以将答复质询案的情况报告印发会议。

质询案以口头答复的，应当由受质询机关的负责人到会答复；质询案以书面答复的，应当由受质询机关的负责人签署，由主席团印发会议或者印发提质询案的代表。在审议议案时，代表可以向有关地方国家机关提出询问，由有关机关派人说明。

二、县级以上地方各级人大常委会

1. 县级以上地方各级人大常委会的性质和地位

县级以上地方各级人民代表大会常务委员会是本级人民代表大会的常设机关，是经常行使国家权力的机关，是同级国家权力机关的组成部分。同时，县级以上地方各级人大常委会要对本级人民代表大会负责并报告工作。

2. 县级以上地方各级人大常委会的组成和任期

省、自治区、直辖市、自治州、设区的市的人民代表大会常务委员会由本级人民代表大会在代表中选举主任、副主任若干人、秘书长、委员若干人组成。县、自治县、不设区的市、市辖区的人民代表大会常务委员会由本级人民代表大会在代表中选举主任、副主任若干人和委员若干人组成。

省、自治区、直辖市每届人民代表大会常务委员会组成人员的名额，由省、自治区、直辖市的人民代表大会依照地方组织法的有关规定，按照人口多少确定。自治州、县、自治县、市、市辖区每届人民代表大会常务委员会组成人员的名额，由省、自治区、直辖市的人民代表大会常务委员会依照地方组织法的有关规定，按照人口多少确定。每届人民代表大会常务委员会组成人员的名额经确定后，在本届人民代表大会的任期内不再变动。

常务委员会的组成人员不得担任国家行政机关、审判机关和检察机关的职务；如果担任上述职务，必须向常务委员会辞去常务委员会的职务。

常委会每届任期同本级人民代表大会每届任期相同，都是5年。它行使职权到下届本级人民代表大会选出新的常务委员会为止。

3. 县级以上地方各级人大常委会的职权

根据我国宪法和法律的有关规定，县级以上地方各级人大常委会的职权主要包括以下几个方面。

① 保证宪法、法律等实施权。在本行政区域内，保证宪法、法律、行政法规和上级人大及其常委会决议的遵守和执行。

② 地方性法规制定权。省、自治区、直辖市的人民代表大会常务委员会在本级人民代表大会闭会期间，根据本行政区域的具体情况和实际需要，在不同宪法、法律、行政法规相抵触的前提下，可以制定和颁布地方性法规，报全国人民代表大会常务委员会和国务院备案。设区的市的人民代表大会常务委员会在本级人民代表大会闭会期间，根据本市的具体情况和实际需要，在不同宪法、法律、行政法规和本省、自治区的地方性法规相抵触的前提下，可以制定地方性法规，报省、自治区的人民代表大会常务委员会批准后施行，并由省、自治区的人民代表大会常务委员会报全国人民代表大会常务委员会

和国务院备案。

③ 会议召集权。领导或者主持本级人大代表的选举；召集本级人民代表大会会议。

④ 重大事项决定权。讨论、决定本行政区域内的政治、经济、教育、科学、文化、卫生、环境和资源保护、民政等工作的重大事项；根据本级政府的建议，决定对本行政区域内的国民经济和社会发展计划、预算的部分变更；审查和批准本行政区域内上一年度的本级决算草案；听取和审议本级人民政府提出的审计机关关于上一年度预算执行和其他财政收支的审计工作报告；决定授予地方的荣誉称号。

⑤ 人事任免权。在本级人大闭会期间，决定副省长、自治区副主席、副市长、副州长、副区长的个别任免；在省长、自治区主席、市长、州长、县长、区长和人民法院院长、人民检察院检察长因故不能担任职务时，从本级人民政府、人民法院和人民检察院副职领导人中决定代理的人选；决定代理检察长，须报上一级人民检察院和人大常委会备案。根据省长、自治区主席、市长、州长、县长、区长的提名，决定本级人民政府秘书长、厅长、局长、委员会主任、科长的任免，报上一级人民政府备案；按照人民法院组织法和人民检察院组织法的规定，任免人民法院副院长、庭长、副庭长、审判委员会委员、审判员，任免人民检察院副检察长、监察委员会委员、检察员；批准任免下一级人民检察院检察长；省、自治区、直辖市人大常委会根据主任会议的提名，决定在省、自治区内按地区设立的和在直辖市内设立的中级人民法院院长的任免，根据省、自治区、直辖市的人民检察院检察长的提名，决定人民检察院分院检察长的任免。

在本级人大闭会期间，决定撤销个别副省长、自治区副主席、副市长、副州长、副县长、副区长的职务；决定撤销由它任命的本级人民政府其他组织人员和人民法院副院长、庭长、副庭长、审判委员会委员、审判员，人民检察院副检察长、检察委员会委员、检察员，中级人民法院院长、人民检察院分院检察长的职务。在本级人民代表大会闭会期间，补选上一级人民代表大会出缺的代表和罢免个别代表。

⑥ 本级国家机关监督权。监督本级人民政府、人民法院和人民检察院的工作。县级以上地方各级人大常委会监督本级“一府两院”工作的主要形式有：听取和审议“一府两院”的专项工作报告；审查和批准决算，听取和审议国民经济和社会发展计划、预算的执行情况报告；听取和审议审计工作报告；法律法规实施情况的检查；审查规范性文件；询问和质询；特定问题调查以及撤职案的审议和决定。

4. 县级以上地方各级人大常委会的会议制度

县级以上地方各级人大常委会的会议包括常务委员会会议和主任会议。

常务委员会会议由主任召集，每两个月至少举行一次。常务委员会的会议内容主要有：第一，审议议案。主任会议可以向本级人大常委会提出属于常务委员会职权范围内的议案，由常务委员会会议审议。人民政府、人大各专门委员会，可以向本级人大常委会提出属于常务委员会职权范围内的议案，由主任会议决定提请常务委员会会议审议，或者先交有关的专门委员会审议、提出报告，再提请常务委员会会议审议。省、自治区、直辖市、自治州、设区的市的人大常委会组成人员五人以上联名，县级的人大常委会组成人员三人以上联名，可以向本级常务委员会提出属于常务委员会职权范围内的议案，由主任会议决定是否提请常务委员会会议审议，或者先交有关的专门委员会审议、提出报告，再决定是否提请常务委员会会议审议。第二，质询。省、自治区、直辖市、自治州、设区的市的人民代表大会常务委员会组成人员五人以上联名，县级的人民代表大会常务委员会组成人员三人以上联名，可以向常务委员会书面提出对本级人民政府、人民法院、人民检察院的质询案。质询案由主任会议决定交由受质询机关在常务委员全体会议上或者有关的专门委员会会议上口头答复，或者由受质询机关书面答复。

省、自治区、直辖市、自治州、设区的市的人民代表大会常务委员会主任、副主任和秘书长组成主任会议；县、自治县、不设区的市、市辖区的人民代表大会常务委员会主任、副主任组成主任会议。主任会议处理常务委员会的重要日常工作。

县级以上地方各级人大常委会设立代表资格审查委员会，并设立办事机构。

三、专门委员会和调查委员会

省、自治区、直辖市、自治州、设区的市的人民代表大会根据需要，可以设法制（政法）委员会、财政经济委员会、教育科学文化卫生委员会等专门委员会；县、自治县、不设区的市、市辖区的人民代表大会根据需要，可以设法制委员会、财政经济委员会等专门委员会。各专门委员会受本级人民代表大会领导；在大会闭会期间，受本级人民代表大会常务委员会领导。各专门委员会的主任委员、副主任委员和委员的人选，由主席团在代表中提名，大会通过。在大会闭会期间，常务委员会可以任免专门委员会的个别副主任委员和部分委员，由主任会议提名，常务委员会会议通过。各专门委员会在本级人民代表大会及其常务委员会领导下，研究、审议和拟订有关议案；对属于本级人民代表大会及其常务委员会职权范围内同本委员会有关的问题，进行调查研究，提出建议。

县级以上的地方各级人民代表大会可以组织关于特定问题的调查委员会。主席团或者 1/10 以上代表书面联名，可以向本级人民代表大会提议组织关于特定问题的调查委员会，由主席团提请全体会议决定。调查委员会由主任委员、副主任委员和委员组成，由主席团在代表中提名，提请全体会议通过。调查委员会应当向本级人民代表大会提出调查报告。人民代表大会根据调查委员会的报告，可以作出相应的决议。人民代表大会可以授权它的常务委员会听取调查委员会的调查报告，常务委员会可以作出相应的决议，报人民代表大会下次会议备案。

四、地方各级人大代表

地方各级人民代表大会代表是地方各级国家权力机关组成人员。他们代表人民的利益和意志，依照宪法和法律赋予本级人民代表大会各项职权，参加行使国家权力。地方各级人大代表依法间接或直接选举产生。省、自治区、直辖市、自治州、设区的市的人大代表由下一级人大选举产生，县、自治县、不设区的市、市辖区、乡、民族乡、镇的人大代表由选民直接选举产生。

1. 地方各级人大代表的权利

根据宪法和代表法的规定，地方各级人大代表主要有以下权利。

(1)参加人大会议。

地方各级人大代表有权参加大会全体会议、代表团全体会议、小组会议；代表可以被推选或者邀请列席主席团会议、专门委员会会议。参加审议各项议案、报告和其他议题，发表意见。省、自治区、直辖市、自治州、设区的市的人民代表大会代表可以列席原选举单位的人民代表大会会议。

(2)提出议案、质询案、罢免案等。

代表有权依照法律规定的程序向本级人大提出属于本级人大职权范围内的议案。

县级以上地方各级人大代表有权依照法律规定的程序提出对本级人民政府及其所属各部门、人民法院、人民检察院的质询案。乡、民族乡、镇的人大代表有权依照法律规定的程序提出对本级人民政府的质询案。

县级以上地方各级人大代表有权依照法律规定的程序提出对本级人大常务委员会组成人员、人民政府组成人员、人民法院院长、人民检察院检察长的罢免案。乡、民族乡、镇的人大代表有权依照法律规定的程序提出对本级人民政府领导人员的罢免案。

代表在审议议案和报告时，可以向本级有关国家机关提出询问。有关国家机关应当派负责人或者负责人员回答询问。

县级以上的各级人民代表大会代表有权依法提议组织关于特定问题的调查委员会。

(3)提出建议、批评和意见。

地方各级人大代表有权向本级人民代表大会或者人大常委会的工作提出建议、批评和意见。除乡镇级人大代表提出的批评、建议和意见由该级人大主席团交由有关机关和组织处理并负责答复外，其他地方各级人大代表提出的批评、建议和意见均由本级人大常委会的办事机构交由有关机关和组织处理并负责答复。

(4)参加本级人大的选举和表决。

其具体表现为：第一，县级以上的地方各级人大代表有权依照法律规定的程序提出本级人大委员会的组成人员、人民政府的组成人员、人民法院院长、人民检察院检察长以及上一级人民代表大会代表的人选，并有权对本级人民代表大会主席团和代表依法提出的上述人员的人选，以及对本级人民代表大会主席团的人选提出意见。对确定的候选人，可以投赞成票，可以投反对票，也可以弃权。第二，乡、民族乡、镇的人大代表有权依照法律规定的程序提出本级人大主席、副主席和人民政府领导人员的人选，并有权对本级人民代表大会主席团和代表依法提出的上述人员的人选提出意见。

(5)言论免责和职务保障。

地方各级人大代表、常委会组成人员在人民代表大会各种会议上的发言和表决，不受法律追究。

县级以上代表非经本级人大主席团许可，在闭会期间，非经本级人大常委会许可，不受逮捕或刑事审判。如果因为是现行犯被拘留，执行拘留的机关应当立即向该级人大主席团或者人大常委会报告。如果采取法律规定的其他限制人身自由的措施，应当经该级人民代表大会主席团或者人民代表大会常务委员会许可。乡镇的人大代表，如果被逮捕、受刑事审判或者被采取法律规定的其他限制人身自由的措施，执行机关应当立即报告乡镇人民代表大会。

县级以上的各级人民代表大会常务委员会，各级人民政府和人民法院、人民检察院，应当及时向本级人民代表大会代表通报工作情况，提供信息资料，保障代表的知情权。地方各级人大代表在闭会期间，参加由本级人大或常委会安排的代表活动，其所在单位必须给予时间保障，并享受所在单位的工资和其他待遇。无固定工资收入的代表执行代表职务，根据实际情况由本级财政给予适当补贴。

(6)其他依法享有的权利。

2. 地方各级人大代表的义务

根据代表法的规定，地方各级人大代表应当履行下列义务。

① 代表必须模范地遵守宪法和法律，保守国家秘密，在自己参加的生产、工作和社会活动中，协助宪法和法律的实施。

② 代表应当与原选区选民或者原选举单位和人民群众保持密切联系，听取和反映他们的意见和要求，努力为人民服务。代表受原选区选民或者原选举单位的监督。选民或者选举单位有权依法罢免自己选出的代表。

③ 代表应当出席本级人民代表大会会议，依法行使代表的职权。代表分工联系选民，依法组成代表小组，反映群众的意见和要求，协助本级人民政府推行工作。

五、地方各级人民政府

1. 地方各级人民政府的性质和地位

根据宪法的规定，地方各级人民政府是地方各级人民代表大会的执行机关，是地方各级国家行政机关，包括省、自治区、直辖市、自治州，设区的市、县、自治县，不设区的市、市辖区以及乡、民族乡、镇人民政府。

地方各级人民政府实行双重负责制，即对本级人大和上一级人民政府负责并报告工作。县级以上的地方各级人民政府在本级人大闭会期间，对本级人大常委会负责并报告工作。地方各级人民政府都是国务院统一领导下的国家行政机关，都服从国务院的领导。

2. 地方各级人民政府的组成、任期和领导体制

省、自治区、直辖市、自治州、设区的市的人民政府分别由省长、副省长，自治区主席、副主席，市长、副市长，州长、副州长和秘书长、厅长、局长、委员会主任等组成。县、自治县、不设区的市、市辖区的人民政府分别由县长、副县长，市长、副市长，区长、副区长和局长、科长等组成。乡、民族乡的人民政府设乡长、副乡长。民族乡的乡长由建立民族乡的少数民族公民担任。镇人民政府设镇长、副镇长。

地方各级人民政府每届任期 5 年，与同级人大的每届任期相一致。

地方各级人民政府实行首长负责制，即分别实行省长、自治区主席、市长、州长、县长、区长、乡长、镇长负责制。这种领导体制是由行政机关的性质和职权决定的，是工作的需要。省长、自治区主席、市长、州长、县长、区长、乡长、镇长分别主持地方各级人民政府的工作。省长、自治区主席、市长、州长、县长、区长召集和主持本级人民政府全体会议和常务会议。政府工作中的重大问题，须经政府常务会议或者全体会议讨论决定。

3. 地方各级人民政府的职权

根据宪法和地方组织法的规定，县级以上地方各级人民政府的职权主要包括以下内容。

① 执行决议权。执行本级人民代表大会及其常务委员会的决议，以及上级国家行政机关的决定和命令，执行国民经济和社会发展计划、预算。

② 制定规章权。省、自治区、直辖市的人民政府可以根据法律、行政法规和本省、自治区、直辖市的地方性法规，制定规章，报国务院和本级人民代表大会常务委员会备案。设区的市的人民政府可以根据法律、行政法规和本省、自治区的地方性法规，制定规章，报国务院和省、自治区的人民代表大会常务委员会、人民政府以及本级人民代表大会常务委员会备案。

③ 领导、管理和监督权。领导所属各部门和下级人民政府的工作；管理本行政区域内的经济、教育、科学、文化、卫生、体育事业、环境和资源保护、城乡建设事业和财政、民政、公安、民族事务、司法行政、监察、计划生育等行政工作；依照法律的规定任免、培训、考核和奖惩国家行政机关工作人员；改变或者撤销所属各工作部门的不适当的命令、指令和下级人民政府的不适当的决定、命令。此外，省、自治区、直辖市的人民政府决定乡、民族乡、镇的建置和区域划分。

④ 依法保护权益。保护社会主义的全民所有的财产和劳动群众集体所有的财产，保护公民私人所有的合法财产，维护社会秩序，保障公民的人身权利、民主权利和其他权利；保护各种经济组织的合法权益；保障少数民族的权利和尊重少数民族的风俗习惯，帮助本行政区域内各少数民族聚居的地方依照宪法和法律实行民族区域自治，帮助各少数民族发展政治、经济和文化的建设事业；保障宪法和法律赋予妇女的男女平等、同工同酬和婚姻自由等各项权利。

⑤ 办理上级国家行政机关交办的其他事项。

4. 地方各级人民政府所属工作部门

依据我国地方组织法，地方各级人民政府根据工作需要和精干的原则，设立必要的工作部门。

县级以上的地方各级人民政府设立审计机关。省、自治区、直辖市的人民政府设厅、局、委员会等工作部门，其设立、增加、减少、合并由本级人民政府报国务院批准，并报本级人大常委会备案。自治州、县、自治县、市、市辖区的人民政府设局、科等工作部门，其设立、增加、减少、合并，由本级人民政府报请上一级人民政府批准，并报本级人大常委会备案。

人民政府设立的审计机关依法独立行使审计监督权，对本级人民政府和上一级审计机关负责。人民政府所属各工作部门受本级人民政府统一领导，并受上级人民政府主管部门的领导或业务指导。

5. 地方各级人民政府的派出机关

派出机关是受派出的人民政府委托、代表派出的人民政府，进行行政管理的机关。根据宪法和法律的规定，省、自治区的人民政府在必要的时候，经国务院批准，可以设立若干派出机关。县、自治县的人民政府在必要的时候，经省、自治区、直辖市的人民政府批准，可以设立若干区公所，作为它的派出机关。市辖区、不设区的市的人民政府，经上一级人民政府批准，可以设立若干街道办事处，作为它的派出机关。

第七节　人民法院与人民检察院

一、人民法院的组织与制度

1. 人民法院的性质与任务

宪法第123条规定，“中华人民共和国人民法院是国家的审判机关。”这一规定表明作为国家审判机关，人民法院专门行使国家审判权，依照法律规定对民事案件、刑事案件、行政案件和其他案件进行审理和判决。审判权是国家权力的重要组成部分，只有人民法院才有权行使，其他任何机关、团体和个人都无权进行审判活动。

根据宪法和人民法院组织法的规定，人民法院的任务是审判刑事案件、民事案件和行政案件，并且通过审判活动惩办一切犯罪分子，解决民事纠纷和行政纠纷，以保卫人民民主专政制度，维护社会主义法制和社会秩序，保护社会主义的全民所有的财产、劳动群众集体所有的财产，保护公民的私有财产，保护公民的人身权利、民主权利和其他权利，保障国家的社会主义建设事业的顺利进行。同时，人民法院通过它的全部活动，教育公民忠于社会主义祖国，自觉地遵守宪法和法律。

2. 人民法院的组织体系与领导体制

(1)人民法院的组织体系。

根据宪法和人民法院组织法的规定，我国人民法院的组织体系是最高人民法院、地方各级人民法院和专门人民法院。

一是最高人民法院。它是我国的最高审判机关，依法行使国家最高审判权，同时监督地方各级人民法院和专门人民法院的工作。

二是地方各级人民法院。地方各级人民法院分为三级：第一，高级人民法院。包括省级高级人民法院、自治区高级人民法院和直辖市高级人民法院。第二，中级人民法院。包括在省、自治区内按地区设立的中级人民法院；在直辖市设立的中级人民法院；在省辖市、自治区辖市设立的中级人民法院；自治州中级人民法院。第三，基层人民法院。包括县人民法院、不设区的市人民法院、自治县人民法院、市辖区人民法院。

三是专门人民法院。专门人民法院是设立在特定部门或者对特定案件设立的审判机关，它们是人民法院组织体系中的一个特殊组成部分。根据宪法和人民法院组织法的规定，目前我国设有军事法院、铁路运输法院、海事法院和森林法院等专门人民法院。

军事法院是设立在军队中的审判机关，包括中国人民解放军军事法院、军区级单位军事法院和军级单位军事法院三级，负责审判军事人员犯罪的刑事案件。

海事法院是为行使海事司法管辖权而在沿海港口城市设立的审判机关。海事法院只设一级，其级别相当于中级人民法院。我国目前在广州、上海、青岛、天津、大连等10座港口城市设立了海事法院。海事法院管辖民事主体之间的第一审海事案件和海商案件，对海事法院判决和裁定的上诉案件，由海事法院所在地的高级人民法院管辖。

铁路法院是设立在铁路沿线的审判机关，分为两级：在各铁路局所在地设立铁路运输中级人民法院，在各铁路分局所在地设立铁路运输法院。

森林法院分为基层森林法院和森林中级法院，基层森林法院一般设置在某些特定林区的一些林业局的所在地，在地区（盟）林业管理局所在地或者国有森林集中连片地区设立森林中级法院。

(2)人民法院的领导体制。

《宪法》第127条第2款规定，最高人民法院监督地方各级人民法院和专门人民法院的审判工作，上级人民法院监督下级人民法院的审判工作。该规定表明上下级人民法院之间的关系不是领导关系，而是监督关系。其目的是为了保障各级人民法院能够依法独立行使审判权。上级人民法院对下级人民法院的监督主要是指对下级人民法院在审判工作中是否正确适用法律进行监督，这种监督主要通过审理对下级人民法院的判决和裁定的上诉案件和抗诉案件，以及对下级人民法院已经发生法律效力的判决和裁定发现确有错误，提审或者指令下级人民法院再审等方式来实现。

3. 人民法院的职权

人民法院的主要任务是审理各类案件，因此，人民法院的职权主要表现为最高人民法院、地方各级人民法院和专门人民法院之间在审理各类案件上的权限划分。

(1)最高人民法院的职权。

根据宪法和有关法律规定，最高人民法院的主要职权包括：一是一审管辖权。法律规定由它管辖的和它认为应当由自己审判的第一审案件，包括全国性的重大刑事案件，全国范围内重大、复杂的第一审行政案件，在全国有重大影响的民事案件。二是上诉管辖权。审判对高级人民法院、专门人民法院判决和裁定的上诉案件和抗诉案件。三是审判监督权。监督地方各级人民法院和专门人民法院的审判工作，审理最高人民检察院按照审判监督程序提出的抗诉案件。四是司法解释权。对于在审判过程中如何具体应用法律问题进行解释。五是死刑核准权。核准除由最高人民法院判决以外的所有死刑案件。

除了审理上述案件之外，作为国家的最高审判机关，最高人民法院还行使下列职权：决定海事法院的设置或者变更、撤销，并规定海事法院的审判机构和办事机构的设置。

(2)地方各级人民法院的职权。

一是基层人民法院的职权。基层人民法院负责审判除法律规定的由上级人民法院和专门法院管辖以外的所有第一审案件，并且指导人民调解委员会的工作。基层人民法院对所受理的案件，认为案情重大应当由上级人民法院审判的，可以请求移送上级人民法院。

二是中级人民法院的职权。中级人民法院管辖的案件是：第一，法律规定由其管辖的第一审案件。在刑事案件方面，包括危害国家安全的案件，可能判处无期徒刑、死刑的案件，外国人犯罪的案件；在民事案件方面，包括重大涉外案件，在本辖区内有重大影响的案件，最高人民法院确定由中级人民法院管辖的案件；在行政案件方面，包括确认发明专利权的案件、海关处理的案件，对国务院各部门或者省、自治区、直辖市人民政府作出的行政行为提起诉讼的案件，在本辖区内重大、复杂的案件。第二，基层人民法院移送审理的第一审案件。第三，对基层人民法院判决和裁定的上诉案件和抗诉案件。第四，人民检察院按照审判监督程序提出抗诉的案件。

中级人民法院受理的案件，认为案情重大应当由上级人民法院审理时，可以请求移送上级人民法院受理。

三是高级人民法院的职权。高级人民法院管辖的案件包括：第一，法律规定由其管辖的第一审案件。按照有关法律规定，包括在全省（自治区、直辖市）性的重大刑事案件、在本辖区范围内有重大影响的第一审民事案件和在本辖区内重大、复杂的第一审行政案件。第二，下级人民法院移送审理的第一审案件。第三，对下级人民法院判决和裁定的上诉案件和抗诉案件。第四，对辖区内海事法院和铁路运输中级法院的判决和裁定上诉的案件。第五，人民检察院按照审判监督程序提出抗诉的案件。

(3)专门人民法院的职权。

一是军事法院的职权。军事法院管辖的案件包括：在刑事案件方面，是现役军人和军内在编职工的刑事犯罪案件；在民事案件方面，是当事人双方均为军队内部单位的经济纠纷案件。军事法院不审理行政案件。

二是海事法院的职权。海事法院管辖第一审的海事案件和海商案件。

三是铁路运输法院的职权。铁路运输法院管辖与铁路有关的案件，一般是在铁路公安机关侦破、铁路检察机关起诉的发生在铁路沿线的刑事案件，以及根据最高人民法院规定受理的与铁路运输有关的民事纠纷案件。

四是森林法院的职权。森林法院审理破坏森林资源案件、严重责任事故案件等案件。

4. 人民法院的组成和任期

(1)人民法院的组成。

最高人民法院由院长一人、副院长、庭长、副庭长和审判员若干人组成。最高人民法院设刑事审判庭、民事审判庭、行政审判庭和根据需要设立的其他审判庭。最高人民法院院长由全国人民代表大会选举和罢免，副院长、审判委员会委员、庭长、副庭长和审判人员由最高人民法院院长提请全国人民代表大会常务委员会任免。

地方各级人民法院由院长一人，副院长、庭长、副庭长和审判员若干人组成。地方各级人民法院设刑事审判庭、民事审判庭、行政审判庭和根据需要设立的其他审判庭。地方各级人民法院院长由地方各级人民代表大会选举和罢免，副院长、审判委员会委员、庭长、副庭长和审判人员由本院院长提请本级人民代表大会常务委员会任免。在省、自治区内按地区设立的和在直辖市内设立的中级人民法院院长，由省、自治区、直辖市人民代表大会常务委员会根据主任会议的提名决定任免，副院长、审判委员会委员、庭长、副庭长和审判员由高级人民法院院长提请省、自治区、直辖市的人民代表大会常务委员会任免。

根据《人民法院组织法》的规定，专门人民法院的组织和职权由全国人民代表大会常务委员会另行规定。《法官法》规定军事人民法院等专门法院院长、副院长、审判委员会委员、庭长、副庭长和审判员的任免办法，由全国人民代表大会常务委员会另行规定。《全国人民代表大会常务委员会关于在沿海港口城市设立海事法院的决定》规定海事法院院长由所在地的市人民代表大会常务委员会主任提请本级人民代表大会常务委员会任免；海事法院副院长、庭长、副庭长、审判员和审判委员会委员，由海事法院院长提请所在地的市人民代表大会常务委员会任免。

各级人民法院设立审判委员会，实行民主集中制。审判委员会的任务是总结审判经验，讨论重大的或者疑难案件和其他有关审判工作的问题。各级人民法院审判委员会会议由院长主持，本级人民检察院检察长可以列席。另外，根据《国家赔偿法》的规定，中级以上人民法院设立赔偿委员会，处理所管辖的国家赔偿案件。

(2)法院院长的任期。

各级人民法院院长任期与本级人民代表大会每届任期相同，都是5年。最高人民法院院长连续任职不得超过两届。

(3)人民法院的法官。

在我国，最高人民法院、地方各级人民法院和军事法院等专门法院的院长、副院长、审判委员会委员、庭长、副庭长、审判员和助理审判员等依法行使国家审判权的审判人员，统称为法官。

一是法官的任职资格。担任法官必须具备下列条件：第一，具有中华人民共和国国籍；第二，年满23周岁；第三，拥护中华人民共和国宪法；第四，有良好的政治、业务素质和良好的品行；第五，身体健康；第六，高等院校法律专业本科毕业或者高等院校非法律专业本科毕业具有法律专业知识，从事法律工作满两年，其中担任高级人民法院、最高人民法院法官，应当从事法律工作满3年；获得法律专业硕士学位、博士学位或者非法律专业硕士学位、博士学位具有法律专业知识，从事法律工作满1年，其中担任高级人民法院、最高人民法院法官，应当从事法律工作满2年。曾因犯罪受过刑事处罚和曾被开除公职的人员不得担任法官。

二是法官的职责、义务和权利。根据《法官法》的规定，法官的职责主要有：第一，依法参加合议庭或者独任审判案件；第二，法律规定的其他职责。院长、副院长、审判委员会委员、庭长、副庭长除履行审判职责外，还应当履行与其职务相适应的职责。

法官应当履行下列义务：第一，严格遵守宪法和法律；第二，审判案件必须以事实为依据，以法律为准绳，秉公办案，不得徇私枉法；第三，依法保障诉讼参与人的诉讼权利；第四，维护国家利益、公共利益，维护自然人、法人和其他组织的合法权益；第五，清正廉明，忠于职守，遵守纪律，恪守职业道德；第六，保守国家秘密和审判工作秘密；第七，接受法律监督和人民群众监督。

法官享有下列权利：第一，履行法官职责应当具有的职权和工作条件；第二，依法审判案件不受行政机关、社会团体和个人的干涉；第三，非因法定事由、非经法定程序，不被免职、降职、辞退或者处分；第四，获得劳动报酬，享受保险、福利待遇；第五，人身、财产和住所安全受法律保护；第六，参加培训；第七，提出申诉或控告；第八，辞职。

三是法官的任免。法官职务的任免，依照宪法和法律规定的任免权限和程序办理。出任法官采用严格考核的办法，按照德才兼备的标准，从通过国家统一司法考试取得资格，并且具备法官条件的人员中择优提出人选。人民法院的院长、副院长应当从法官或者其他具备法官条件的人员中择优提出人选。法官有下列情形之一的，应当依法提请免除其职务：第一，丧失中华人民共和国国籍的；第二，调出本法院的；第三，职务变动不需要保留原职务的；第四，经考核确定为不称职的；第五，因健康原因长期不能履行职务的；第六，退休的；第七，辞职或者被辞退的；第八，因违纪、违法犯罪不能继续任职的。

(4)法官的等级。

法官的级别分为12级。最高人民法院院长为首席大法官，2－12级法官分为大法官、高级法官、法官。法官的等级的确定，以法官所任职务、德才表现、业务水平、审判工作实绩和工作年限为依据。

根据《法官法》的规定，各级人民法院设立法官考评委员会，负责指导对法官的培训、考核、评议工作。

5. 人民法院审判工作的基本制度

(1)两审终审制。

《人民法院组织法》规定，人民法院审判案件，实行两审终审制。两审终审制是我国的审级制度，是指一个案件经过两级人民法院的审判，即告终结的制度。地方各级人民法院第一审案件的判决和裁定，当事人可以按照法律规定的程序向上一级人民法院上诉，人民检察院可以按照法律规定的程序向上一级人民法院抗诉。上一级人民法院对上诉、抗诉案件按照第二审程序进行审理后所作的判决和裁定，就是终审的判决或者裁定，发生法律效力，当事人不服的也不能再提起上诉。地方各级人民法院第一审案件的判决和裁定，如果在上诉期限内当事人不上诉、人民检察院不抗诉，就是发生法律效力的判决和裁定。

在我国，并非所有案件的审理都适用两审终审制。最高人民法院审理的一审案件，其判决和裁定都是终审判决和裁定，实际上是一审终审；根据《民事诉讼法》的规定，对于适用特别程序审理的案件也实行一审终审，无论哪一级人民法院作出此类案件的判决，当事人均不得提起上诉。这是两审终审制的例外情况。而根据我国法律规定，死刑案件，不论是否经过两审判处死刑的案件，都必须经最高人民法院核准，判决方能生效。这是一种特殊情况。

审级过多，容易引起诉讼拖延，浪费人力物力；审级过少，使错误或者不当的裁判难以得到及时纠正。两审终审制是我国多年司法经验的总结，便于公民通过诉讼维护合法权益，也便于人民法院在其辖区内行使管辖权。

(2)合议制。

《人民法院组织法》规定，人民法院审判案件，实行合议制。合议制是指由3人以上单数的审判员或者审判员与人民陪审员组成审判庭，以人民法院的名义，采取少数服从多数的原则，对案件进行审理并作出裁判的制度。人民法院审判第一审案件，由审判员组成合议庭或者由审判员和人民陪审员组成合议庭进行；简单的民事案件、轻微的刑事案件和法律另有规定的案件可以由审判员一人独任审判。人民法院审判上诉和抗诉案件，由审判员组成合议庭进行。合议庭由院长或者庭长指定审判员一人担任审判长；院长或庭长参加审判案件的时候，院长或庭长自己担任审判长。

合议庭审判是我国人民法院审理案件的基本组织形式。与由一名审判员独立审判案件的独任制相比，合议制可以发挥集体智慧，克服单个审判人员个人知识的片面性和局限性，防止个人专断，有利于提高案件审判的质量，保证司法公正。

(3)审判委员会制度。

《人民法院组织法》规定，各级人民法院设立审判委员会，实行民主集中制。审判委员会是各级人民法院内设立的审判工作组织，同时又是人民法院进行审判工作的一项制度。审判委员会由人民法院院长、副院长、各庭庭长以及一些资深审判员组成，审判委员会成员由同级人大常委会任命。

审判委员会并不直接审理案件，其任务是总结审判经验，讨论重大的或者疑难的案件和其他有关审判工作的问题。对于合议庭审理的重大的或者疑难的案件，一般都要提交审判委员会讨论、决定。审判委员会对于经过讨论的案件，最后以少数服从多数的原则作出决定。

（4）审判监督制度。

审判监督制度是指对人民法院已经发生法律效力的判决、裁定，发现确有错误的，经法定的人民法院或者人民检察院提起，依法重新进行审判的一种特殊制度。根据法律规定，有权提起审判监督程序的主体是以下几个。

一是各级人民法院院长对本院已经发生法律效力的判决和裁定，如果发现在认定事实上或者在适用法律上确有错误，必须提交审判委员会处理。

二是最高人民法院对各级人民法院已经发生法律效力的判决和裁定，上级人民法院对下级人民法院已经发生法律效力的判决和裁定，如果发现确有错误，有权提审或者指令下级人民法院再审。

三是最高人民检察院对各级人民法院已经发生法律效力的判决和裁定，上级人民检察院对下级人民法院已经发生法律效力的判决和裁定，如果发现确有错误，有权按照审判监督程序提出抗诉。

审判监督制度是一种补救性制度，也是对我国两审终审制的补充。通过审判监督制度纠正错误的判决和裁定，能够保护公民和组织的合法权益，也有利于社会的稳定。一般来说，已经发生法律效力的判决、裁定具有普遍的约束力，一旦确定，不得随意更改。因此，为了维护司法权威，对审判监督制度的运用必须十分慎重。

（5）回避制度。

诉讼中的回避制度是指在诉讼过程中，如果审判人员以及其他人员与人民法院正在审理的案件有利害关系或者其他关系，退出该案诉讼程序的制度。这一制度是古老的“自然正义”原则的基本要求之一，任何人不得做自己案件的法官。该制度是为了防止审判人员因与案件有利害关系或者其他关系而可能产生的主观偏向、故意偏袒、徇私枉法等不公正现象，保证案件得到客观、公正的处理，保障当事人合法权益。实行回避制度，还能够增强当事人对人民法院以及审判人员的信任，从而有利于当事人接受案件的处理结果，也有利于维护人民法院的权威。

为保证回避制度得以落实，人民法院在开庭时，应当向当事人宣布合议庭组成人员以及书记员名单，告知当事人有申请回避的权利。审判人员一般应当回避的情形是：第一，是本案当事人或者当事人的近亲属；第二，本人或者他的亲属与本案有利害关系；第三，担任过本案的证人、鉴定人、辩护人或者附带民事诉讼当事人的代理人；第四，与本案当事人有其他关系可能影响案件公正处理的。具有以上情形的审判人员以及书记员、翻译人员、鉴定人、勘验人等，应当报告本院院长要求回避；当事人也有权申请回避。在刑事司法实践中，应当回避的人员，本人没有自行回避的，当事人和他们的法定代理人也没有申请其回避的，院长或者审判委员会应当决定其回避。

6. 人民法院行使审判权的原则

(1)依法独立审判原则。

根据宪法和《人民法院组织法》规定，人民法院依照法律规定独立行使审判权，不受行政机关、社会团体和个人的干涉。这一原则要求人民法院在审判工作中要以事实为依据、以法律为准绳，独立进行审判，对案件作出公正判决和裁定。依法独立审判原则，是法治国家一个必不可少的标志。贯彻这一原则有利于国家审判权的统一行使，保证国家法律统一执行，保证审判工作正常进行，保证案件得到公正判决。

人民法院独立行使审判权包括以下三个方面。

一是人民法院整体独立，即人民法院行使审判权独立于人民法院以外的国家机关、社会组织和个人。国家行政机关、社会团体和个人不得干涉人民法院的审判工作。各级人民代表大会作为国家权力机关，有权对人民法院行使审判权进行监督，这种监督应当通过听取人民法院的工作报告、对人民法院的工作进行询问和质询、对人民法院的司法解释和其他规范性文件进行审查以及任免人民法院的审判人员等方式进行，而不得直接审理案件或者对案件的审理结果作出命令性的指示。人民检察院作为国家的法律监督机关，有权对人民法院行使审判权进行监督，但是这种监督必须按照法律规定的程序进行，比如对人民法院的判决提出抗诉。

二是人民法院之间的独立，即人民法院独立于上级人民法院。上级人民法院与下级人民法院之间是监督与被监督的关系，而不是行政隶属关系。上级人民法院只能通过第二审程序或审判监督程序对下级人民法院进行监督，而不能在法定程序之外干预或者指挥下级人民法院的工作。

三是法官个人的独立。人民法院行使国家审判权，但是具体的审判工作还是由单个的法官来承担，人民法院审理案件采用合议制，那么在合议庭中就应当尊重每一个法官的独立判断，在此基础上，根据少数服从多数的原则作出判决。在实行独任制的情况下，法官个人的独立判断表现得更为明显。

(2)当事人在适用法律上一律平等原则。

根据《人民法院组织法》的规定，人民法院审判案件，对于一切公民，不分民族、种族、性别、职业、社会出身、宗教信仰、教育程度、财产状况、居住期限，在适用法律上一律平等，不允许有任何特权。这一原则要求人民法院在审判案件时，对一切公民都必须一律平等对待，一切公民的合法权益，都要依法予以保护，任何公民的违法犯罪行为，都要依法予以追究。

当事人在适用法律上一律平等，还要求在审判案件时，保证当事人双方诉讼地位平等，既享有诉讼权利，又必须履行诉讼义务。只有这样，才能保证当事人双方充分地陈述案件事实，以便人民法院对当事人提出的事实加以查证，弄清事实真相，做出公正的判决。

（3）公开审判原则。

公开审判是指人民法院对受理的案件公开审理和公开宣判。宪法规定，人民法院审理案件，除法律规定的特别情况外，一律公开进行。《人民法院组织法》规定，审理案件，除涉及国家机密、个人隐私和未成年人犯罪案件以外，一律公开进行。人民法院应当在案件开庭审理前公告当事人的姓名、案由、开庭的时间、地点；在开庭审理期间，除法律有规定的以外，公民可以旁听案件的审理，新闻记者可以对案件进行采访报道；人民法院对案件的判决应当公开宣告。

审判活动公开，可以把人民法院的审判活动直接置于社会广泛的监督之下，有助于增强审判人员的责任感，防止徇私枉法等违法乱纪行为的发生，促使审判人员严格依法审判案件，从而保证审判质量，防止冤假错案的发生，公正地解决社会纠纷。另外，实行公开审判，还可以使旁听群众受到深刻的法制教育，提高其法治观念，有利于预防纠纷、减少诉讼，也可以对犯罪分子起到威慑作用。

（4）被告人有权获得辩护原则。

被告人有权获得辩护，是宪法和有关法律规定的一项重要的司法原则，是国家赋予被告人反驳不实指控、保护自己合法权益的一种重要诉讼权利。在刑事诉讼中，被告人和他的辩护人有权针对控诉进行申辩，通过提出相应的事实和材料等手段，说明自己无罪、罪轻、或者有应当从轻、减轻、免除处罚的情节，以维护自己的合法权益。这是被告人所享有的最基本、最重要的诉讼权利。人民法院有义务保障被告人行使辩护权，应当告知被告人享有辩护权，按时送达起诉书副本以保证被告人有充分的时间为辩护做准备，必要时还应当为被告人指定承担法律援助义务的律师担任其辩护人，认真听取并慎重研究被告人及其辩护人的意见。实行辩护制度，有助于人民法院全面客观地认定案件事实，正确适用法律，公正判决或者裁定案件以及避免错案、冤案的发生。

（5）使用本民族语言文字进行诉讼原则。

宪法规定，各民族公民都有使用本民族语言文字进行诉讼的权利。人民法院和人民检察院对于不通晓当地通用的语言文字的诉讼参与人，应当为他们翻译。在少数民族聚居或者多民族共同居住的地区，应当用当地通用的语言进行审理；起诉书、判决书、布告和其他文书应当根据实际需要使用当地通用的一种或者几种文字。

我国是统一的多民族国家，各民族公民都有使用和发展本民族语言文字的自由。有权用本民族语言文字进行诉讼，是民族平等原则在诉讼制度方面的具体表现，宪法和法律的这一规定，是确保各民族公民平等地享有诉讼的权利和地位，反对民族歧视，维护民族平等和加强民族团结的重要法律保障。

二、人民检察院的组织与制度

1. 人民检察院的性质与任务

《宪法》第129条规定："中华人民共和国人民检察院是国家的法律监督机关。"这一规定明确了人民检察院的性质。人民检察院也被称为检察机关，它通过行使检察权，对国家机关及其工作人员和公民是否遵守法律进行监督，保障法律的统一实施。从当前人民检察院法律监督实践来看，人民检察院法律监督主要是对国家机关工作人员是否违反刑法实行监督，以及对在刑事诉讼中公安机关、人民法院和监狱等机关的活动是否合法实行监督，并包括对人民法院的民事审判和行政审判活动的事后监督。

根据宪法和人民检察院组织法的规定，人民检察院的任务是：通过行使检察权，镇压一切叛国的、分裂国家的以及其他危害国家安全的活动，打击危害国家安全的犯罪分子和其他犯罪分子，保卫国家的安全，维护人民民主专政的政权和社会主义制度，维护社会主义法制，维护社会秩序、生产秩序、工作秩序、教学科研秩序和人民群众生活秩序，保护社会主义的全民所有的财产和劳动群众的集体所有的财产，保护公民私人所有的合法财产，保护公民的人身权利、民主权利和其他权利，保卫社会主义现代化建设的顺利进行，并通过检察活动教育公民效忠于社会主义祖国，自觉地遵守宪法和法律，积极同违法行为做斗争。

2. 人民检察院的组织体系和领导体制

(1)人民检察院的组织体系。

根据宪法和人民检察院组织法的规定，我国人民检察院的组织体系包括：全国设立最高人民检察院、地方各级人民检察院和专门人民检察院。

一是最高人民检察院。最高人民检察院是最高检察机关，领导地方各级人民检察院和专门人民检察院的工作。

二是地方各级人民检察院。地方各级人民检察院分为三级，分别是：第一，省、自治区、直辖市人民检察院；第二，省、自治区、直辖市人民检察院分院，自治州，省辖市、自治区辖市人民检察院；第三，县、自治县、不设区的市、旗、市辖区人民检察院。省一级人民检察院和县一级人民检察院，根据工作需要，提请本级人民代表大会常务委员会批准，可以在工矿区、农垦区、林区等区域设置人民检察院，作为派出机构。

三是专门人民检察院。专门人民检察院是在特定的组织系统内设立的检察机关，主要有军事检察院和铁路运输检察院等。军事检察院设立在军队中，包括中国人民解放军军事检察院，大军区、军兵种军事检察院，省军区、集团军区军事检察院三级。铁路运输检察院受省、自治区、直辖市人民检察院领导，包括在各铁路局所在地设立的铁路运输检察院分院和在各铁路分局所在地设立的基层铁路运输检察院。

(2)人民检察院的领导体制。

根据宪法和人民检察院组织法的规定，我国人民检察院实行双重领导体制，既要对国家权力机关负责，又要对上级人民检察院负责。

国家权力机关对人民检察院的领导，主要表现为人大及其常委会选举、罢免或者任免人民检察院主要组成人员，审议工作报告，进行各种形式的监督。

检察机关系统实行最高人民检察院领导地方各级人民检察院和专门人民检察院的工作，上级人民检察院领导下级人民检察院的工作。下级人民检察院必须接受上级人民检察院和最高人民检察院的领导，对上级人民检察院负责。这种垂直领导体制主要表现为：第一，人事任免。地方各级人民检察院检察长的任免必须报请上一级人民检察院检察长提请该级人大常委会批准。第二，业务领导。对下级检察院检察工作给予指示或对专项问题的请示给予答复。当下级人民检察院在办理案件遇到特殊困难时，上级人民检察院及时给予支持和指示，必要时可派人协助工作，也可以将案件调上来自己办。

3. 人民检察院的职权

根据宪法和人民检察院组织法等有关法律的规定，各级人民检察院行使下列职权。

① 立案侦查权。人民检察院直接受理侦查的刑事案件主要有：贪污贿赂犯罪；渎职犯罪；国家机关工作人员利用职权实施的非法拘禁、刑讯逼供、报复陷害、非法搜查等侵犯公民人身权利和民主权利的犯罪；需要人民检察院直接受理并经省级以上人民检察院决定的国家工作人员利用职权实施的其他重大的犯罪案件。

② 对公安机关的侦查活动进行监督，批准逮捕、审查起诉。人民检察院根据法律规定对公安机关的侦查活动进行监督，发现公安机关侦查活动中的违法行为，通知其纠正，保证公安机关办案合法；对公安机关提请逮捕案件进行审查，作出批准逮捕、不批准逮

捕或要求补充侦查的决定；对公安机关侦查终结后移送起诉的案件，审查决定是否起诉。

③ 提起公诉权。除自诉案件外，其他刑事案件一律由人民检察院依法提起公诉。人民法院开庭审理时，人民检察院应当依法派检察人员出庭支持公诉。

④ 审判监督权。人民检察院对人民法院审判活动是否合法进行监督；对审理刑事案件中人民法院违反法律规定的诉讼程序，人民检察院有权向人民法院提出纠正意见。对人民法院的刑事、民事、行政案件中已经发生法律效力的判决、裁定，发现确有错误的，依照法律规定提起审判监督程序引起人民法院对该案件再审。

⑤ 执行监督权。对刑事案件判决、裁定的执行和监狱、看守所等执行机关的活动是否合法实行监督。

⑥ 其他职权。例如，依法保障公民对于违法的国家工作人员提出控告、申诉的权利，追究侵犯公民的人身权利、民主权利和其他权利的人的法律责任，受理公民的控告、检举和申诉。

各级人民检察院的职责划分如下。

① 最高人民检察院的职责。

最高人民检察院的主要职责是：领导地方各级人民检察院和专门人民检察院的工作；对全国性的重大刑事案件行使检察权；对各级人民法院已经发生法律效力的判决和裁定，如发现有错误，按照审判监督程序提出抗诉；依法对监管改造场所的活动实行监督；依法对民事诉讼、行政诉讼实行监督；对检察工作中具体应用法律问题，进行解释。制定检察工作条例、细则和规定；管理和规定各级人民检察院的人员编制。

② 地方各级人民检察院的职责。

地方各级人民检察院的职责划分，在案件方面一般是根据诉讼法中规定的同级人民法院的管辖案件范围确定，在其他法律监督职责方面则根据地域管辖权限和统一领导原则及对地方权力机关负责原则确定。在刑事案件管辖上，根据刑事诉讼法规定的各级人民法院管辖刑事第一审案件的权限，确定同级人民检察院刑事案件的管辖权。对于人民检察院根据刑事诉讼法规定直接受理并进行侦查的案件，上级人民检察院可以将案件移交下级人民检察院办理；下级人民检察院根据情况也可以将自己侦查的案件报请上级人民检察院侦查，但在向人民法院提起公诉时，则要根据管辖的人民法院的级别，由同级人民检察院公诉并派员出庭支持公诉。对于人民检察院按照审判监督程序提出抗诉的案件，由上级人民检察院向同级人民法院提出抗诉。地方各级人民检察院的职责划分大致如下。

一是省、自治区、直辖市人民检察院的职责是：领导本辖区内各级人民检察院及铁路运输检察分院的工作；对全省（自治区、直辖市）性的重大刑事案件行使检察权；对直接受理的刑事案件行使侦查权；对同级公安机关、国家安全机关的侦查活动进行监督，批准逮捕、审查起诉；批准延长侦查期限；对当地高级人民法院作一审的刑事案件，由省级人民检察院提起公诉，省级人民检察院派检察人员出庭支持公诉；对下级人民法院已经发生法律效力的判决和裁定，如果发现确有错误，有权按审判监督程序向当地高级人民法院提出抗诉；对于当地高级人民法院已经生效的判决和裁定，如果发现确有错误，应当提请最高人民检察院向最高人民法院提出抗诉；对本辖区内高级人民法院的刑事案件的判决、裁定的执行进行监督；对本辖区内监狱、看守所等执行判决、裁决机关的活动是否合法实行监督；对法院的审判活动是否合法进行监督；根据有关法律规定行使的其他法律监督职权，以及最高人民检察院交办的其他案件。

二是省、自治区、直辖市人民检察院分院，自治州、直辖市、自治区人民检察院的职责是：领导本辖区内的县级人民检察院的检察工作；对本辖区内的重大刑事案件行使检察权；对同级公安机关、国家安全机关的侦查活动进行监督，批准逮捕、审查起诉；对本辖区中级人民法院管辖的第一审刑事案件提起公诉，派检察人员出庭支持公诉；在人民法院审理过程中，如发现违反法律规定的诉讼程序，有权向人民法院提出纠正意见；对县级人民法院已经发生法律效力的判决、裁定发现确有错误，有权按审判监督程序向中级人民法院提出抗诉；如认为中级人民法院已经生效的判决和裁定确有错误，则提请上级人民检察院向高级人民法院提出抗诉；对刑事诉讼法规定的人民检察院直接受理的侦查案件行使侦查权；对本辖区中级人民法院判决或裁定的刑事案件的执行进行监督；对本辖区监狱、看守所等执行裁定、判决机关的活动是否合法进行监督；对法院审判活动是否合法进行监督；行使法律规定的其他法律监督职权，以及上级人民检察院交办的其他案件。

三是县、自治县、不设区的市、旗、市辖区人民检察院的职责主要是：对本辖区内应由同级人民法院管辖的刑事案件行使检察权；对依据刑事诉讼法规定的应由人民检察院直接受理侦查的案件行使侦查权，该类案件应当是可能由同级人民法院管辖的案件；对同级公安机关侦查活动进行监督，批准逮捕，审查起诉，对同级人民法院管辖的第一审刑事案件中的公诉案件，提起公诉并派员出庭支持公诉，根据《刑事诉讼法》的规定，对适用简易程序审理的公诉案件，人民检察院可以不派员出席法庭，对人民法院审理活动进行监督；对同级人民法院已经发生效力的判决和裁定，如果发现确有错误，可以提请上级人民检察院向中级人民法院提出抗诉；对同级公安机关看守所的活动是否合法进行监督；行使法律规定的其他法律监督职权，以及负责上级人民检察院交办的其他案件。

③ 专门人民检察院的职责。

军事检察院的主要职责是：上级军事检察院领导下级军事检察院的工作；维护国家的法律、法规和各种军事法规、命令、条例在军队的统一实施；对危害国家军事利益的和侵犯军人权利的各种军职人员犯罪案件行使检察权；向军事法院提起公诉；教育广大指战员增强法制观念，严格自觉履行军人职责，提高部队的战斗力，巩固国防等职责。

铁路运输检察院的主要职责是：对于铁路运输有关的刑事犯罪案件行使检察权；向相应的铁路运输法院提起公诉并派员支持公诉；通过行使检察权，打击和防范在铁路上发生的刑事犯罪活动，维护国家的法律、法规在铁路运输系统统一实施，维护铁路的运输秩序，保护铁路财产和运输物资，保护旅客和职工的人身权利和财产权利不受侵犯。铁路运输检察院管辖的案件与同级铁路运输法院管辖的案件相对应。

4. 人民检察院的组成和任期

根据《人民检察院组织法》的规定，各级人民检察院由检察长一人，副检察长和检察员若干人组成。检察长统一领导检察院的工作。各级人民检察院设立检察委员会。监察委员会实行民主集中制，在检察长的主持下，讨论决定重大案件和其他重大问题。如果检察长在重大问题上不同意多数人的决定，可以根据本级人民代表大会常务委员会决定。

最高人民检察院根据需要，设有侦查监督厅、公诉厅、渎职侵权检察厅、民事行政检察厅、控告检察厅、刑事申诉检察厅、铁路运输检察厅、职务犯罪预防厅等业务机构。地方各级人民检察院根据工作需要分别设立相应的检察处、科和其他业务机构。

最高人民检察院检察长由全国人民代表大会选举和罢免。最高人民检察院副检察长、检察委员会委员、检察员和军事检察院检察长由最高人民检察院检察长提请全国人民代表大会常务委员会任免。

省、自治区、直辖市的人民检察院检察长由省、自治区、直辖市人民代表大会选举和罢免；副检察长、检察委员会委员和检察员以及人民检察院分院检察长、副检察长、检察委员会委员、检察员由省、自治区、直辖市人民检察院检察长提请本级人民代表大会任免。省、自治区、直辖市的人民检察院检察长的任免，须报请最高人民检察院检察长提请全国人民代表大会常务委员会批准。

自治州、设区的市、县、自治县、不设区的市、旗、市辖区的人民检察院检察长由本级人大选举和罢免；副检察长、检察委员会委员和检察员由该检察院检察长提请该级人大常务委员会任免。自治州、设区的市、县、自治县、旗、不设区的市、市辖区的人民检察院检察长的任免，须报上一级人民检察院检察长提请该级人大委员会批准。省一级人民检察院和县一级人民检察院设置的工矿区、农垦区、林区人民检察院检察长、副检察长、检察委员会委员和检察员，均由派出的人民检察院检察长提请本级的人大常委会任免。

各级人民检察院检察长的任期，与本级人民代表大会每届任期相同，都是5年。最高人民检察院检察长连续任职不得超过两届。

人民检察院实行检察官制度。检察官制度的具体内容除检察长任命程序及检察官职责与法官不同外，其他与法官制度基本相同。

5. 人民检察院行使检察权的原则

一是人民检察院依法独立行使检察权原则。根据《宪法》和《人民检察院组织法》规定，人民检察院依法独立行使检察权，不受行政机关、社会团体和个人的干涉。这是检察机关的一项重要原则，也是检察机关进行法律监督、实现检察职能的重要保证。人民检察院在办理案件过程中，依法行使检察权，以事实为根据，以法律为准绳，不受任何干扰。人民检察院独立行使检察权，有利于维护社会主义法制的统一实施，保证案件得到公正处理。

二是公民在适用法律上一律平等。《人民检察院组织法》规定，人民检察院在行使检察权过程中，对于一切公民在适用法律上一律平等。要求人民检察院对任何公民，不分民族、种族、性别、职业、社会出身、宗教信仰、教育程度、财产状况、居住期限等，在法律适用上都一律平等，不允许有超越法律的特殊公民，也不许歧视任何人。

三是公民使用本民族语言文字进行诉讼原则。这一原则与人民法院审判活动中的公民使用本民族语言文字进行诉讼原则性质相同，是宪法规定的重要司法工作原则。人民检察院在办理案件过程中，对于不通晓当地语言文字的当事人，应当为他配备翻译。在少数民族聚居区或者多民族杂居的地区，应当用当地通用的语言进行讯问，用当地通用的文字制作起诉书或者其他法律文书。

三、公检法三机关的关系

《宪法》第135条规定："人民法院、人民检察院和公安机关办理刑事案件，应当分工负责，互相配合，互相制约，以保证准确有效地执行法律。"《刑事诉讼法》第7条作出同样的规定。这是一项重要的宪法原则。

“分工负责”指的是人民法院、人民检察院和公安机关根据法律规定的责任，依照法定程序，各司其职、各尽其责，既不越权代办，也不相互推委。其主要表现在：除人民检察院依法自行侦查的案件及当事人自诉案件外，在办理刑事案件时，公安机关负责对案件的侦查、预审、执行逮捕、依法执行判决；人民检察院负责批准逮捕、审查起诉和出庭公诉、抗诉；人民法院负责审判。

“相互配合”是指人民法院、人民检察院和公安机关在分工负责的基础上，通力合作，相互支持，密切配合，依法办理刑事案件。其主要表现在：公安机关依照法律规定完成自己的职责后及时移交人民检察院，人民检察院完成自己的职责后依法及时向人民法院提起公诉，由人民法院对该案件进行审判。同时，每一个机关在工作上需要另一机关协助时，能依法在职权范围内协助。例如，人民法院决定逮捕犯罪嫌疑人或对罪犯执行某些刑罚由公安机关执行，人民法院执行死刑可要求公安机关派警察维持秩序等。互相配合是为了保证国家权力运行的有效性，要求把三个机关的工作看成一个整体，经过各自工作而完成共同的打击刑事犯罪、预防犯罪、减少犯罪的任务。

“互相制约”是指人民法院、人民检察院和公安机关在分工配合的基础上，依照法律的规定，相互监督，防止错案的发生，保证准确有效地执行法律。其具体表现在：公安机关在侦查过程中，需要逮捕犯罪嫌疑人时要经过人民检察院审查批准，对不予批准的，公安机关认为有错误的可以要求复议以及向上级人民检察院要求复核。人民检察院对公安机关侦查终结移送起诉的案件，进行审查，决定是否起诉。犯罪事实不清、证据不足的，可以退回公安机关补充侦查或自行侦查。在办理案件中发现公安机关有违法情况，通知公安机关予以纠正。公安机关对人民检察院的决定认为有错误的，可以要求复议，以及要求上一级检察机关复核。人民法院对人民检察院提起公诉的案件，经审判，根据具体情况和法律作出有罪、无罪的判决。人民检察院认为判决有错误的，可以提起抗诉。对发生法律效力的判决，人民检察院认为有错误的，可以依照审判监督程序通过抗诉引起再审。

分工负责、互相配合和互相制约三者密切相关，分工负责是前提，互相配合是基础，互相制约是核心。只有分工负责，才能互相配合，互相制约；只有互相制约才能保证办案质量。只有在办理刑事案件中实行分工负责、互相配合、互相制约，才能发挥三个机关的基本功能，既达到打击犯罪、预防犯罪和减少犯罪的目的，又防止主观片面和滥用权力，保证准确有效地适用法律，保护公民的基本权利。

参考文献

［1］J. M. 凯利. 西方法律思想简史[M]. 王笑红，译. 法律出版社，2002.

［2］阿部照哉，等. 宪法——总论篇、统治机构篇（上册）[M]. 周宗宪，译. 北京：中国政法大学出版社，2006.

［3］查士丁尼. 法学总论—法学阶梯[M]. 张企泰，译. 北京：商务印书馆，1989.

［4］戴雪. 英宪精义[M]. 雷宾南，译. 北京：中国法制出版社，2001.

［5］邓建宏. 宪法学[M]. 北京：中国检察出版社，2002.

［6］董和平. 宪法学[M]. 北京：法律出版社，2007.

［7］龚祥瑞. 宪政的理想与现实[M]. 北京：中国人事出版社，1995.

［8］龚祥瑞. 比较宪法与行政法[M]. 北京：法律出版社，2003.

［9］韩大元，林来梵，郑贤君. 宪法学专题研究[M]. 北京：中国人民大学出版社，2008.

［10］韩大元，莫纪宏. 外国宪法判例[M]. 北京：中国人民大学出版社，2005.

［11］韩大元. 中国宪法事例研究（一）[M]. 北京：法律出版社，2005.

［12］汉密尔顿等. 联邦党人文集［G］. 程逢如，在汉，舒逊，译. 北京：商务印书馆，1980.

［13］何华辉. 比较宪法学[M]. 武汉：武汉大学出版社，1988.

［14］胡锦光，韩大元. 中国宪法[M]. 北京：法律出版社，2007.

［15］胡锦光. 宪法[M]. 北京：清华大学出版社，2008.

［16］胡锦光. 宪法学原理与案例教程[M]. 北京：中国人民大学出版社，2009.

［17］胡肖华，肖北庚. 宪法学[M]. 长沙：湖南人民出版社，湖南大学出版社，2001.

［18］焦洪昌. 宪法学[M]. 北京：北京大学出版社，2009.

［19］焦洪昌. 宪法学[M]. 北京：中国人民大学出版社，2010.

［20］焦洪昌. 选举权的法律保障[M]. 北京：北京大学出版社，2005.

［21］李步云. 宪法比较研究[M]. 北京：法律出版社，1998.

［22］刘怡昌，许文惠，徐理明. 行政科学发展[M]. 北京：中国人事出版社，1996.

［23］卢梭. 论人类不平等的起源和基础[M]. 李常山，译. 北京：商务印书馆，1962.

[24] 卢梭. 社会契约论[M]. 何兆武，译. 北京：商务印书馆，1983.
[25] 芦部信喜. 宪法[M]. 林来梵，凌维慈，龙绚丽，译，北京：北京大学出版社，2006.
[26] 洛克. 政府论（下篇）[M]. 叶启芳，瞿菊农，译. 北京：商务印书馆，1964.
[27] 马克思恩格斯选集（第四卷）[G]，北京：人民出版社，1972.
[28] 孟德斯鸠. 论法的精神（上册）[M]. 北京：商务印书馆，1982.
[29] 莫纪宏. 宪法学[M]. 北京：社会科学文献出版社，2004.
[30] 乔治·萨拜因，托马斯·索尔森. 政治学说史[M]. 邓正来，译. 上海：世纪出版集团，上海人民出版社，2008.
[31] 秦前红. 宪法[M]. 武汉：武汉大学出版社，2010.
[32] 史卫民，雷兢璇. 直接选举：制度与过程[M]. 北京：中国社会科学出版社，1999.
[33] 孙关宏，胡雨春. 政治学[M]. 上海：复旦大学出版社，2006.
[34] 童之伟. 宪法学[M]. 北京：清华大学出版社，2008.
[35] 王锴. 宪法教程[M]. 北京：对外经济贸易大学出版社，2010.
[36] 王人博，程燎原. 法治论[M]. 济南：山东人民出版社，1989.
[37] 王世杰，钱端升. 比较宪法[M]. 北京：中国政法大学出版社，1997.
[38] 王仲田. 政治学导论[M]. 北京：中共中央党校出版社，1997.
[39] 魏定仁. 宪法学[M]. 北京：北京大学出版社，2005.
[40] 萧蔚云，姜明安. 北京大学法学百科全书·宪法学行政法学卷[G]. 北京：北京大学出版社，1999.
[41] 许崇德，胡锦光，等. 宪法[M]. 北京：中国人民大学出版社，2007.
[42] 许崇德. 中国宪法（修订本）[M]，北京：中国人民大学出版社，1996.
[43] 亚里士多德. 政治学[M]. 吴寿彭，译. 商务印书馆，1965.
[44] 燕继荣. 现代政治分析原理[M]. 北京：高等教育出版社，2004.
[45] 杨光斌. 政治学原理[M]. 北京：中国人民大学出版社，1998.
[46] 俞子清. 宪法学[M]. 北京：中国政法大学出版社，2007.
[47] 张千帆. 宪法[M]. 北京：北京大学出版社，2012.
[48] 张千帆. 宪法学导论：原理与应用[M]. 北京：法律出版社，2008.
[49] 张庆福. 宪法学基本理论[M]. 北京：社会科学文献出版社，1994.
[50] 张文范. 中国行政区划研究[M]. 北京：中国社会出版社，1989.
[51] 张文显. 西方法哲学史纲[M]. 北京：中国政法大学出版社，2008.
[52] 赵晓呼，政党论[M]. 天津：天津人民出版社，2002.
[53] 周叶中. 宪法[M]. 北京：高等教育出版社，2011.
[54] 周叶中. 宪法[M]. 北京：高等教育出版社，北京大学出版社，2007.